ウクライナ戦争をめぐる 国際法と国際政治経済

浅田正彦・玉田大 編著

東信堂

はしがき

　2022年2月24日、ロシアはウクライナへの侵攻を開始した。国連の発足後、国連憲章違反といえる武力行使は数多く発生している。しかし、今回の事態は、それらとは様々な観点から質的に異なるものである。それは、あからさまな侵略行為であること、他の主権国家から公然と領土を奪い取ること、他の主権国家を併合することを目的とした武力行使であるといった点ではない。そうした侵略行為や武力行使がこれまでもなかった訳ではない。1990年に発生したイラクによるクウェート侵攻は、まさにそのようなものであった。

　今回の事態がこれまでのものと異なるのは、安全保障理事会（安保理）の常任理事国である国が、領土拡張のための侵略行為を行っているということ、しかもそれが核兵器を保有する国であり、その使用の威嚇の下にそうした侵略行為が行われていること、である。安保理常任理事国による侵略に対しては、国連は基本的に無力である。侵攻の直後に、安保理は拒否権によって機能不全に陥った。また、ロシアが核兵器を保有していることによって、侵略国であるにも拘らず、侵略を行ったロシアの領域に対して反撃が行うことが事実上不可能となっている。その結果、異常ともいえる武力紛争法違反、残虐行為が行われながら、ロシア本国はあたかもサンクチュアリーのような扱いを受けているのである。

　こうした異常な事態に直面して、我々は国際法の役割を問い直さなければならないのか。ロシアは少なくとも外見上は自己の行為を国際法に基づいて正当化しているように思えることから、国際法学者の任務として、この戦争の帰趨がいかなる方向へ行こうとも、そうした正当化が誤りであることを唱え続ける必要があろう。

　そのような観点から、本書の第1部においては、ウクライナ戦争の政治的、軍事的な側面を国際法と国際政治の観点から分析した。第1章（浅田正彦）は総論的に国際法関連の諸側面、具体的には武力行使禁止、NATO諸国を中心とする軍事支援と中立義務との関係、ロシアの武力紛争法違反と戦争犯罪

について検討する。第2章(阿部達也)は武力行使禁止違反の問題に焦点を当て、ソ連／ロシアによる過去の関連する事案との比較においてロシアの法的正当化について詳述する。第3章(佐藤丙午)では、ウクライナに対する武器支援の問題を中立義務や武器貿易条約との関係を中心に検討し、さらには日本による武器移転について、防衛装備移転三原則との関係を含めて論ずる。

　今回の事態では、ロシアによる侵略行為に対抗すべく、ウクライナに対して軍事支援が行われているだけでなく、西側諸国を中心に対ロ経済制裁が実施されている。これは、拒否権のため国連安保理が機能不全となっているため、いわゆる独自制裁の形で実施されたものである。次の第2部においては、経済制裁に焦点を当てた検討が行われる。第4章(林美香)では、対ロ経済制裁について、制裁発動国と制裁対象国の主張を適法性・正当性の観点から整理し、その上で「一方的制裁」であるとする批判および第三者対抗措置との関係を中心に検討する。第5章(中谷和弘)は、対ロシア経済制裁の中でも金融制裁に焦点を当て、ロシアの金融機関のSWIFTからの排除、ロシア政府高官やロシア中央銀行の資産凍結、さらには凍結資産の没収などの問題について国際法の観点から分析する。第6章(鈴木一人)は、対ロシア経済制裁を国際政治経済の観点から分析し、その目的と効果を制裁実施国と制裁対象国の双方から説明する。

　第2部で見たように、ロシアのウクライナ侵略を停止させるための手段として残されているのが経済制裁であるが、本来的に経済制裁は国際経済法上の多くの問題を引き起こす。本書第3部は、国際通商法・WTO協定と国際投資法・投資仲裁の観点から対ロシア経済制裁を分析する。第7章(川島富士雄)では、各国による経済制裁がWTO協定に違反するか否かを論じる際に最も大きな争点となるGATT 21条(安全保障例外)の適用可能性について論じる。第8章(平覚)は、上記の安全保障例外が作用しない場合、すなわち対ロシア経済制裁がWTO協定違反となる場合であっても、なお一般国際法上の対抗措置として違法性が阻却されるか否かについて論じる。第9章(玉田大)は、ウクライナ戦争(及びクリミア編入)に起因する多数の投資紛争につき、紛争の主体と適用される投資協定の違いに注目し、投資仲裁を通じた投資紛争解決の可能性について論じる。

　本書は、科学研究費補助金の助成を受けて行っている共同研究（課題番号21H04384）の一環として、2022 年 9 月 25 日にオンライン形式で開催した「ウクライナ問題をめぐる国際法と国際政治経済」と題するシンポジウムで行われた報告を中心に、若干の追加論文を含めて編集したものである。共同研究の一環として開かれたシンポジウムの成果を、このような形で書籍として出版することができたのも、日本学術振興会による助成のおかげである。ここに執筆者を代表して感謝の意を表したい。また、出版事情の厳しい中、快く出版をお引き受け頂いた東信堂の下田勝司社長と下田勝一郎氏にお礼を申し上げたい。

　2022 年 12 月

編　者

目次／ウクライナ戦争をめぐる国際法と国際政治経済

略語表

ATT (Arms Trade Treaty)	武器貿易条約
BIS (Bank for International Settlements)	国際決済銀行
BIT (Bilateral Investment Treaty)	二国間投資条約
CFSP (Common Foreign and Security Policy)	ヨーロッパ連合共通外交・安全保障政策
CIPS (Cross-Border Interbank Payment System)	中国人民元国際決済システム
DSU (Dispute Settlement Understanding)	紛争解決了解
EPF (European Peace Facility)	欧州平和ファシリティー
ESBU (Economic Security Bureau of Ukraine)	ウクライナ経済安全保障局
EU (European Union)	ヨーロッパ連合
FMF (Foreign Military Financing)	米国外国軍事基金
GATS (General Agreement on Trade in Services)	サービスの貿易に関する一般協定
GATT (General Agreement on Tariffs and Trade)	関税および貿易に関する一般協定
HIMARS (High Mobility Artillery Rocket System)	高機動ロケット砲システム
ICC (International Criminal Court)	国際刑事裁判所
ICJ (International Court of Justice)	国際司法裁判所
ICRC (International Committee of the Red Cross)	赤十字国際委員会
ICSID (International Centre for Settlement of Investment Disputes)	国際投資紛争解決センター
ILC (International Law Commission)	国連国際法委員会
IMF (International Monetary Fund)	国際通貨基金
JBIC (Japan Bank for International Cooperation)	国際協力銀行
MANPAD (Man-portable air-defense systems)	携帯式地対空ミサイルシステム
NATO (North Atlantic Treaty Organization)	北大西洋条約機構
OHCHR (Office of the United Nations High Commissioner for Human Rights)	国連人権高等弁務官事務所
OSCE (Organization for Security and Co-operation in Europe)	欧州安全保障協力機構
SCC (Arbitration Institute of the Stockholm Chamber of Commerce)	ストックホルム商工会議所仲裁機関
SPFS (System for Transfer of Financial Message)	ロシア銀行間通信システム
SWIFT (Society for Worldwide Interbank Financial Telecommunication)	国際銀行間通信協会

TRIPS (Agreement on Trade-Related Aspects of Intellectual Property Rights)	知的所有権の貿易関連の側面に関する協定
UN (United Nations)	国際連合
UNCITRAL (United Nations Commission on International Trade Law)	国連国際商取引法委員会
UNHCHR (United Nations High Commissioner for Human Rights)	国連人権高等弁務官
UNSCR (United Nations Security Council Resolutions)	国際連合安全保障理事会決議
VEB (Vnesheconombank)	ロシア開発対外経済銀行
WTO (World Trade Organization)	世界貿易機関

ウクライナ戦争をめぐる国際法と国際政治経済

第1部　政治と軍事

第1章　ウクライナ戦争と国際法
──政治的・軍事的側面を中心に──

浅田正彦

はじめに

　2022年2月24日に始まったロシアによるウクライナ侵攻(ウクライナ戦争)は、9ヵ月目に入った。戦況は変遷しているが、少なくとも本章執筆時点では停戦の見通しは立っていない。第2次世界大戦後、国連の下で確立した武力行使の禁止と集団安全保障の枠組みを根底から覆すような事態、19世紀以来連綿として築き上げられてきた戦争法・武力紛争法の規則を平然と無視するような事態が、これほど長期にわたって続くとは予想しなかった。こうした国際秩序の危機的状況に直面して、我々は今回の出来事を、ロシアによる正当化の主張を含めて、客観的な視点から冷静に評価・分析しなければならない。それが長期的な国際社会における法の支配につながると考えるからである。

　本章は、ウクライナ戦争とそれを契機に発生したさまざまな問題の政治的・軍事的側面を、武力行使禁止原則、中立法、武力紛争法、国際刑事法との関係を中心に、国際法の観点から分析するものである。なお、以下、年に言及のない日付は基本的に2022年である。

Ⅰ．武力行使禁止

1．ロシアによる正当化

　ロシアはウクライナ侵攻をいかにして正当化したのか。ロシアは「特別軍事作戦(a special military operation)」と称したが、国際法上は武力の行使にほかならない。そのことは、ロシア自身が侵攻当日の国連事務総長宛書簡[1]におい

て、「自衛権の行使に当たり国連憲章第51条に従ってとった措置」に言及したことからも窺える。この書簡は、同日に行われたプーチン大統領のロシア国民向け演説文（プーチン演説）を添付するだけという異例の形式をとるものであったが、プーチン演説は、国際司法裁判所（ICJ）における提訴事件（後述）との関係でも、管轄権を否定するロシアの文書[2]に添付されており、ロシアによる法的正当化の中心的な主張と見ることができる。

　プーチン演説は、国民向けの演説であったため、必ずしも法的に明確でないところもあるが、主として個別的および集団的自衛権を援用するものである。すなわち、一方で、NATOの東方拡大がウクライナにまで及びそうであること[3]に言及しつつ、ロシアの存在そのものに対する真の脅威が存在するとし、またロシアを防衛するには他に方法がなかったなどとして、個別的自衛権の行使であることを示唆した。他方で、ウクライナ東部ドンバス地方においてジェノサイドが行われているとし、「ドネツク人民共和国」および「ルハンスク人民共和国」からの支援の要請に言及した上で、両「共和国」との友好協力相互援助条約（ロシアが両共和国を国家承認した2月21日に署名、翌22日にすべての関係国の議会が承認）に基づき、国連憲章第51条に従い特別軍事作戦を行うことを決したとして、集団的自衛権に依拠した正当化を行っている。

　しかし、ロシアに対する武力攻撃が発生も急迫もしていない中、個別的自衛権で正当化するのは、かつてアメリカのジョージ・W・ブッシュ大統領が標榜した「先制行動論」に対する国際社会の反応[4]を想起するまでもなく、困難というほかない。仮に急迫した武力攻撃に対する先制的自衛を認める立場に立ったとしても、ロシアに対するそうした脅威が存在したとはいえない。

　集団的自衛権については、ロシアが国家承認したドンバス地方の2つの「共和国」による要請に言及して武力行使を正当化するものであるが[5]、そもそも要請の前提となる両「共和国」の国家性に疑問がある。1986年のICJニカラグア事件判決もいうように、他国の反政府集団（ウクライナ戦争では両「共和国」）の要請によって干渉が正当化されることはない。モンテビデオ条約第1条に言及するまでもなく、両「共和国」はロシアの傀儡国家として、その対外的な独立性に疑問がある。両「共和国」を承認した国が事実上ロシアのみにとどまっている（両「共和国」が相互承認したほか、南オセチアとアブハジアに

よっても承認されているとされる) のはその証左である。後述の国連緊急特別総会の決議 ES-11/1 も、ロシアによる両「共和国」の承認を「ウクライナの領土保全および主権の侵害」として遺憾とすると共に、即時無条件に撤回するよう要求しているのである[6]。両「共和国」が独立を宣言したのは 2014 年であるが、ドンバス地方の停戦を目指した 2015 年 2 月 12 日のミンスク合意 II (OSCE、ウクライナ、ロシア、ドネツク、ルハンスクの代表が署名) も、両地域につき「特別の地位 (special status)」を想定していただけであった[7]。

ロシアは侵攻 3 日前の 2 月 21 日になって両「共和国」を国家承認したが、プーチン演説は、その主な理由としてドンバス地方における「ジェノサイド」に言及している。その後自決権にも言及していることから、プーチン大統領は、いわゆる「救済的分離」(内的自決が妨げられている場合の外的自決) を念頭に置いていたのかも知れない。

しかし、1998 年のケベック分離事件においてカナダ最高裁が述べたように、救済的分離が国際法上確立しているかは不明である[8]。またロシア自身、救済的分離が議論された 2010 年の ICJ コソボ独立宣言事件の書面陳述において、救済的分離は「本国によるあからさまな武力攻撃など、当該人民の存在そのものを脅かすような真に極端な事情」においてのみ認められると述べた上で、コソボにそのような極端な事情はなかったと主張していたはずである[9] (ICJ は諮問の範囲を超えるとしてこの点については判断せず)。しかし、欧州安全保障協力機構 (OSCE) や国連人権高等弁務官事務所 (UNHCHR) の報告書には、ドンバス地方がそのような状況にあったとの報告はないし[10]、ICJ の暫定措置命令 (後述) も「ウクライナ領域でジェノサイドが行われているというロシアの主張を裏づけるような証拠は手許にない」としている[11]。ドンバス地方でウクライナ軍と親ロ派集団との間に武力衝突が繰り返しあったのは確かであるが、それだけで分離の要件が満たされるとすれば、反政府集団は武装蜂起さえすれば分離権が認められるということにもなりかねない。ロシアによる両「共和国」の承認は、要請を受けて軍事介入するための布石であったと考えるべきであろう。

ところで、他国からの援助の「要請」は、①集団的自衛権の行使要件の 1 つとしても、②武力行使の正当化事由として単独で援用されることもある。両者は、概念上は区別することができるが、実行上、その区別は必ずしも容

易ではない。とりわけ要請によって行われる武力の行使が要請国の領域内に限られる場合には、両者の区別が困難となる。しかし本件では、いずれについても、「要請」以外の観点からも正当化が困難なことを指摘しなければならない。①については武力攻撃要件の欠如であり、②についても、その要請は要請「共和国」以外の国（ウクライナ本体）に対する武力行使を正当化するものではない。

　自衛権以外による正当化として、プーチン演説から看取できるものとして、在外自国民保護のための武力行使が考えられる[12]。南オセチアやクリミアを始めとして、今やロシアの常套手段ともなった旅券付与政策 (passportization) はドンバス地方でも実施され、2019 年 4 月以降ドネツクおよびルハンスクで 72 万人以上にロシア旅券が付与されている[13]。こうした行為（それ自体、国籍における実効的国籍や真正結合の観点からまったく疑問がない訳ではない[14]）で在外自国民保護を理由とした武力行使（その合法性自体議論のあるところであるが[15]、プーチン演説はそれを示唆している[16]）が正当化されると考えるのは単純である。

　また、プーチン演説は「ジェノサイドを止める」などとしており、人道的干渉による正当化とも理解できる部分がある。しかし、ジェノサイドの事実に疑問があるだけでなく、人道的干渉が武力行使禁止の例外として認められるかについても、在外自国民保護の場合と同様、国際法上議論のあるところである[17]。さらにそうした正当化は、旅券付与政策のほか、ドンバス地方の 2 つの「共和国」の国家承認との関係で矛盾を来すことになる。人道的干渉であるとすれば、それは、ウクライナ国内におけるウクライナ住民に対する大規模人権侵害を理由とするはずのものだからである[18]。だとすれば、プーチン大統領が人道的干渉を武力行使の正当化根拠としたかについても疑問が生ずることになろう。しかし、次に述べるように、ウクライナはプーチン演説のその部分を取り上げて ICJ に提訴することになる。ともあれ、ロシアによる主張は、いずれも自らの武力行使を正当化できるものではなかったといわねばならない[19]。

2. ICJ の暫定措置

　ウクライナは、侵攻から 2 日後の 2 月 26 日にロシアを相手に ICJ に提訴

した。管轄権の根拠は、両国が締約国であるジェノサイド条約の裁判付託条項（第9条）であった（ソ連［＝ロシア］とウクライナは同条に付していた留保を1989年に撤回）。ウクライナはICJに対して、①ロシアの主張とは異なり、ルハンスクおよびドネツクにおいてジェノサイド条約第3条にいうジェノサイド行為が行われていないこと、②ロシアによる「ドネツク人民共和国」および「ルハンスク人民共和国」の独立承認はジェノサイド条約上根拠がないこと、③ロシアによる「特別軍事作戦」はジェノサイド条約上根拠がないこと、などを宣言するよう求めた。

　同時にウクライナは、暫定措置（仮保全措置）の指示要請を行い、①ロシアは「ジェノサイド」の防止と処罰のためとする軍事作戦を即時停止すること、②ロシアはその指揮または支援する部隊やその支配、指揮または影響力を有する組織（ドネツクおよびルハンスクの親ロ集団のことと思われる）が「ジェノサイド」の防止と処罰のためとする軍事作戦を促進する措置をとらないよう即時に確保することなどを指示するよう求めた。

　ロシアはICJの管轄権を否定する文書を提出したが、ICJは、3月16日、①ロシアはウクライナ領域における軍事作戦を即時停止すること、②ロシアはその指揮または支援する部隊やその支配または指揮する組織がそうした軍事作戦を促進する措置をとらないよう確保すること（いずれも賛成13反対2[20]）などとする暫定措置を命じた[21]。

　暫定措置の検討手順[22]に特に新しいところはないが、ICJが本件要請に対して上記の多数をもって積極的に応えたところに驚きを禁じ得ない。そもそもジェノサイド条約第9条を援用とする訴訟では、被告の行為がジェノサイドに当たるとして提訴するのが通例であるが、本件は、被告の主張するジェノサイドが存在しないことを宣言するよう原告が求めるという点で異例である（もっとも、WTOの紛争解決には類似の手続がある）。しかし、一方はジェノサイドが行われているといい、他方はそれを否定する場合には、同条約上の紛争が存在するとはいえよう。そして、両国とも同条約の裁判条項に留保を付して（維持して）いない以上、ICJは少なくともその点については一応の管轄権を有するといえる。

　問題は、ICJが原告（ウクライナ）の要請に応じて暫定措置として軍事作戦

の停止を命じた点にある。ICJ の暫定措置においては、一般に、①一応の (prima facie) 管轄権、②保全すべき権利の見込み／蓋然性 (plausible)、③保全権利と暫定措置のリンク、④回復不能性、⑤緊急性が必要であるとされる。①については上記の通りである。特にジェノサイド条約では、他の多くの裁判条項とは異なり、条約の解釈・適用のほか「履行 (fulfilment)」に関する紛争にも言及がある (第 9 条) ところ (この言及は意図的とされる[23])、本件はジェノサイド条約の「履行」に関する紛争ともいえる。

　他方、②には疑問がある。ICJ は、ジェノサイドの防止のため締約国は国際法の制限の範囲内でのみ措置をとりうるのであって、ジェノサイド条約は、その趣旨・目的からしてジェノサイドの防止・処罰のための他国の領域における一方的武力行使を認めているとは思えないとし、「ウクライナはウクライナ領域におけるジェノサイドの防止と処罰のためとするロシアの軍事作戦の対象とならない権利を有していそうだ (plausible)」と述べた[24]。

　しかし、ロシアがジェノサイドを武力行使の正当化主張の一部に含めたからといって、ジェノサイド条約が規律対象としていない武力行使にかかる法的評価が可能となるとは思えない。「軍事作戦の対象とならない権利」はジェノサイド条約から出てくるのではなく、武力行使禁止原則から出てくるものである。暫定措置においてなされた実際の法的評価の対象は、ジェノサイドではなく武力の行使であって、その点についてロシアの同意がある訳ではない。ICJ 自身、1993 年のジェノサイド条約適用事件 (ボスニア) の暫定措置命令において、暫定措置は、「最終的な判決の基礎となる可能性のある権利の保護のためにのみ指示すべきである」と述べていたことを想起すべきである[25]。暫定措置段階では管轄権の基礎等に関する基準が緩やかであるが、その命令には法的拘束力があることから、ICJ には謙抑的な態度が求められるであろう。

　本件において ICJ は、ウクライナとの連帯を示す以外に選択肢はなかったともいわれる。しかし、侵略の犠牲者との連帯を示すことは ICJ の任務ではない。ICJ の任務はその管轄権の範囲内において法的な判断を下すことである。今回、異例の速さで暫定措置が指示されたという事実を考慮してもなお、長期的には ICJ による法的判断の信頼性を傷つけることにならなかった

か、危惧される。また、こうした裁判所の「創造的利用」によって、ICJ が「政治化」しないか、さらには、今回のロシアのように[26]、同意原則に反するとの理由で、命令や判決に従わない傾向につながらないか、懸念される。

　なお、5 月 20 日の共同声明で、日本を含む 41 ヵ国と EU が、訴訟参加の可能性を含め、ICJ においてウクライナを支援する選択肢を探る意図を表明しているが、ICJ 規程第 63 条の参加は多数国間条約の当事国に開かれているのみである。日本などジェノサイド条約非当事国が、慣習法上の対世的義務（ジェノサイド）に絡めて同規程第 62 条の「非当事者参加」の形で訴訟参加できるかは、対世的義務違反の場合の本訴の当事者適格と付随的手続としての訴訟参加の場合の適格を同列に扱えるかの問題もあり、容易ではない。これまでにラトビア、リトアニア、ニュージーランド、イギリス、ドイツ、アメリカなどが、ジェノサイド条約の当事国として第 63 条参加の宣言書を ICJ に提出している[27]。

3.　侵略行為と国連の対応

　武力行使の事態が発生した場合に、それに対応すべき国連の主要な機関は安全保障理事会であるが、今回は安保理の常任理事国であるロシアによる武力行使の事態であり、安保理は 2 月 25 日、ロシアによる拒否権行使のため、ロシア非難決議案[28]（82 ヵ国共同提案）を採択することができなかった（賛成 11 反対 1 棄権 3［中国、インド、UAE]）[29]。そこで安保理は、1950 年の「平和のための結集」決議に基づいて、2 月 27 日に賛成 11 反対 1（ロシア）棄権 3（中国、インド、UAE）で決議 2623（2022）を採択し[30]（拒否権の適用なし）、緊急特別総会の開催を決定した。同総会は 3 月 2 日、安保理で否決されたものとほぼ同旨の決議 ES-11/1（96 ヵ国共同提案）を賛成 141 反対 5（ロシア、ベラルーシ、北朝鮮、エリトリア、シリア）棄権 35（中国、インドなど）で採択し、①「[国連]憲章第 2 条 4 項に違反したロシア連邦によるウクライナに対する侵略を最も強い表現で遺憾（Deplores）」とし、②ロシアにウクライナに対する武力行使の即時停止を要求し（Demands）、③ロシアに軍隊のウクライナ領域（国際的に認められた国境内）からの即時・完全・無条件撤退を要求した（demands）[31]。

　その後 9 月 23 日〜 27 日にロシアは、ドネツク・ルハンスク両「人民共和国」

に加えて、ザポリージャおよびヘルソンの両州（独立宣言をしておらず、国家承認も受けていない）において「住民投票」を実施し、9月30日に4州を併合する「条約」に署名した（10月5日に併合に関するすべての手続を完了したが、併合日は9月30日とされた）[32]。安保理では、9月30日に、「住民投票」を無効とする決議案[33]がロシアの拒否権により否決された（賛成10反対1棄権4［ブラジル、中国、ガボン、インド］）[34]。これを受けて、国連の緊急特別総会は、10月12日に、違法な「住民投票」にかかるロシアの違法な行動とその後の違法な併合は国際法上効力を有さず、当該地域の地位の変更の基礎とはならないとする決議ES-11/4（44ヵ国共同提案）を賛成143反対5（ロシア、ベラルーシ、北朝鮮、ニカラグア、シリア）棄権35で採択した[35]。

　こうした経緯は、2014年のロシアによるクリミア併合の場合と酷似しているが、クリミアにおける住民投票の無効とクリミアの地位の不変更を定める総会決議68/262が賛成100反対11棄権58での採択であったのと比較すると[36]、上の2つの決議の表決結果からして、今回の事態に対する国際社会の反発がいかに強かったかが分かる。

　とりわけ注目すべきは、決議ES-11/1がロシアの行為を「侵略」と認定したことである。1974年の「侵略の定義」決議第3条に照らせば、それが侵略であることを否定するのは困難である。しかし、それが国際社会の「世論」を示す国連総会で認定されたことが重要である。国連憲章上、侵略行為の存在の認定権限は安保理にあるが（第39条）、まさに「平和のための結集」決議の基礎がそこにあるように、憲章第10条に基づき、総会も憲章7章に定められているような強制措置を勧告することができるのであって、その勧告の前提として、総会も侵略行為等の存在を認定することができると考えることができよう。この点は、次に述べる中立義務との関係で重要である。

II．NATO諸国の軍事支援

1．軍事支援と中立義務

　ロシアとウクライナの国力の差、軍事力の差からして、当初の段階では、ロシアが短期のうちに勝利するとの見方があり、少なくともロシア側はその

ように想定していた。しかし、そうはならなかった。その主な原因は西側諸国、とりわけ米国を中心とした NATO 諸国による対ウクライナ軍事支援にあった。

　伝統的な国際法によれば、戦争が発生した場合には、他の国は共同交戦国として戦争に参加するのでない限り、中立の地位に立ち、中立義務、すなわち黙認義務と公平義務を負うことになる。「黙認義務」とは、交戦国が武力紛争法に適合した措置をとった結果として中立国に損害を与えたとしても、中立国はそれを黙認しなければならないという義務である。これに対して「公平義務」とは、中立国は交戦国の一方に偏した態度をとることを慎むという義務で、具体的には、中立国として、交戦国の一方に軍需品を提供するなどの支援を提供することを慎むという「避止義務」と、中立国は自国領域が交戦国によって軍事利用されることを防止するという「防止義務」からなる[37]。

　こうした中立義務を中心とした中立法は、第1次世界大戦後の戦争違法化の動きの中で、大きく動揺することになる。侵略国とその犠牲国を公平に扱うことは、観念的に戦争違法化と両立しない[38]だけでなく、結果として侵略国を利することにもなりかねないからである。その結果、中立法からの逸脱も許されるとの議論が生ずることになる[39]。

　こうした逸脱可能性は、ラウターパハトによって、公平義務からの逸脱を認める「限定中立 (qualified neutrality)」として議論された。それによると、不戦条約や国連憲章の採択によって、中立国は完全な公平を求める侵略国の権利を拒否できるようになり、中立の地位に留まったままで、侵略国に対する差別的な措置として経済制裁を実施することもできるようになったという[40]。こうした限定中立は、「非交戦状態 (non-belligerency/non-belligerence)」とも呼ばれ、後者は第2次世界大戦に参戦する前の米国の地位を表すべく用いられることが多い[41]。

　国連の発足後は、国連憲章の下における国連への援助義務・侵略国等への援助禁止 (第2条5項)、安保理の決定した強制措置の履行義務 (第48条)、国連憲章上の義務の他の国際協定 (ここでは陸戦中立条約や海戦中立条約[42]) 上の義務に対する優先 (第103条) などの規定の結果として、中立法の維持はますます困難となり、中立法は廃止されるか、大きく変容せざるを得ないと考えら

れるようになった[43]。

　しかし同時に、国連の下においても、とりわけ東西対立の激しかった冷戦期には、安保理による侵略行為等の認定が行われることはほとんどなく、それゆえ侵略国と犠牲国を区別することは困難であり、また海上経済戦[44]に見られる中立法の「適用」という国家実行とも相まって、中立法は事実上存続しうるとも考えられた[45]。

　このようにある意味で「混沌」[46]とした状況にある中立法であるが、おそらくはそれゆえにこそ、中立法が完全には否定されず、かといって中立法が完全に適用される訳でもないという点で、ラウターパハトの「限定中立」の概念が注目されることになる。実際、主要国の軍事マニュアルには、限定中立への言及がある。例えばアメリカの『戦争法マニュアル』は、伝統的な中立法では、武力紛争においていずれの国が侵略国であるとされるかを問わず、中立国は、紛争当事国間における厳格な公平を守るよう求められてきたが、戦争の違法化後は、中立国は、侵略戦争の犠牲国に有利な差別を行うことができると論じられるようになったとして、第2次大戦参戦前のアメリカの地位がそれに当たるとする。そして「アメリカは、限定中立のドクトリンに基づき、中立国の一定の義務は適用されないことがあるとの立場をとってきた」と述べる[47]。また、イギリスの『武力紛争法マニュアル』も、客観的にそうした「限定中立」「非交戦状態」の国家実行が多数あることに言及する[48]。

　問題は、こうした非交戦状態ないし限定中立の地位が認められるとすれば[49]、それはいかなる場合か、ということである。第三国による軍事支援との関連でいえば、安保理が侵略国を認定する場合には、第三国が犠牲国を支援する形で限定中立の地位を選択することに大きな問題はなかろう。しかし、安保理がそうした認定を行わない場合に、個々の国が自己の判断で限定中立の地位を選択することができるかは難しい問題である。

　ラウターパハトやグリーンウッドは、そのような場合にも、集団的自衛権を根拠に[50]、中立国は中立を維持することも、限定中立の立場をとることもできるとして、それは当該国の判断であるとする[51]。第三国は集団的自衛権の行使として、武力をもって「侵略」の犠牲国を支援することができるのであるから、それに至らない手段で支援することはもちろん可能だという論理

であろう[52]。

　しかし、他方で、国連憲章における集団安全保障の建前からすれば、そして国際紛争の拡大防止の観点からは、限定中立は安保理による侵略国の認定がある場合に限るべきだという議論も説得的である[53]。また、ハイネックによれば、集団的自衛権による正当化の実行は前例がないし、多くの国は中立を宣言しつつ「密かに」支援を行うのであり、安保理の認定がない場合の限定中立が慣習法となっているという証拠はないとする[54]。

　では、ウクライナ戦争における NATO 諸国を中心とした軍事支援はいかに考えればよいのか。ウクライナ戦争は、安保理常任理事国たるロシアによる侵攻ということもあり、同国による拒否権の行使の結果、安保理による侵略行為の認定は行われなかった。

　しかし、安保理による侵略行為の認定はなかったとしても、ロシアによる拒否権行使を受けて緊急特別総会が開催され、「ロシア連邦によるウクライナに対する侵略(the aggression by the Russian Federation against Ukraine)」を遺憾とする決議が採択された。先にも述べたように、安保理が拒否権により機能しない場合に総会が行う侵略行為等の認定は、安保理による認定に代わるものとしての法的効果を有すると考えることができる。だとすれば、こうした場合には総会による侵略行為等の認定をもって、安保理による認定に代わるものとして、一定の中立義務からの逸脱を正当化できるように思える[55]。総会の決議は基本的に国連加盟国に対して「法的拘束力」を有しないが、その認定は一定の「法的効果」(一定の中立義務からの逸脱の許容)を有することがある[56]と考えることができるように思える。

　こうして、今般のロシアによる侵略については、安保理による認定はないものの、それに準ずるものとしての総会による認定があり、一定の中立義務からの逸脱が認められるような事態と考えることができる[57]。米国は、第2次大戦中、「非交戦国」として、「レンドリース(武器貸与)法」を制定し、英国等の連合国に対して兵器の提供を行ったが、今回も米国が対ウクライナ軍事支援手続を迅速化すべく 2022 年 5 月 9 日に「ウクライナ民主主義防衛レンドリース法(Ukraine Democracy Defense Lend-Lease Act of 2022)」を制定したのは、示唆的である。

2. 軍事支援と交戦国の地位

　軍事支援に関連して今 1 つ問題となるのは、こうした軍事支援が支援国を共同交戦国の地位に置くことにならないか、その結果、ロシアが軍事支援国に対して軍事行動を行うことが正当化されないか、という点である[58]。この点に関してロシアは、2022 年 3 月、ウクライナ上空を飛行禁止区域にする場合[59]や、ロシアに対する武力行使のためにウクライナの軍用機に飛行場を利用させる場合[60]には、武力紛争に参加したものとみなす旨を明らかにしている。

　前者については、ウクライナ爆撃のために同国上空に飛来するロシア軍機を NATO 軍が迎撃することが想定されているため、飛行禁止区域の指定のみで直ちに関連 NATO 諸国が交戦国となるということではないにしても、事実上それに近い事態が生じうるであろう。そして、実際に迎撃行為が行われるならば、関係 NATO 諸国をロシアとの関係で交戦国の地位に置くことになる。

　他方、後者に関連するものとして、「侵略の定義」決議第 3 条 (f) によれば、他国が第三国に対する侵略行為を行うために自国領域を使用することを許容する場合、領域国自身も侵略行為を行ったものと評価されることになる、とされる。こうしたことからすれば、軍事支援は、場合によってはそれに近いものと評価される可能性があるかも知れない。しかし、上記規定は、支援行為 (領域使用の許容) と被支援行為 (侵略行為) を法的に同視するという特異な規則であり、侵略行為という極めて重大な違法行為にかかる特則ともいえる[61]。また、今回のウクライナの事態では、ウクライナは侵略国ではなく、したがって NATO 諸国の軍事支援は侵略国への支援ではない[62]。

　他国に対する支援の提供と支援国の置かれる地位に関しては、より一般的に関連する規則として国家責任条文第 16 条がある[63]。しかし、国家責任条文は、基本的に「国際違法行為」に関する文書であり、同条も国際違法行為の実行に対する支援の違法性について定めるものであるところ、ウクライナ戦争においては、被支援国たるウクライナは違法行為国というよりロシアによる違法行為の犠牲国 (被害国) なのであって、同条がここで適用すべき規則で

あるとはいえないであろう。また、中立国から交戦国への地位の変化は、関連する行為の違法性とは無関係であり、たとえ違法行為に支援を行ったとしても、さらには当該国自身が中立義務違反の国際違法行為を行ったとしても、その結果として中立国が自動的に交戦国となる訳ではない[64]。

　むしろ、ある国が中立国であるか共同交戦国であるかは、基本的には武力紛争法上の問題であり[65]、交戦国として武力紛争の当事者となれば、定義上、武力紛争法（交戦法規）が適用されることになるのであるから、武力紛争法の適用開始の要件が満たされるならば、その国は武力紛争の当事者（交戦国）になると考えるべきであろう。

　そうした観点から、武力紛争法の適用開始時点（武力紛争の開始時点）についてみると[66]、赤十字国際委員会（ICRC）によるジュネーブ諸条約のコメンタリー（国際刑事裁判所もルバンガ事件判決において採用[67]）によれば、ジュネーブ諸条約共通第2条1項にいう「武力紛争」とは、「2国間で生じ、軍隊が介入することとなるあらゆる紛争（Any difference arising between two States and leading to the intervention of armed forces）」と定義される。また、「どの程度の期間紛争が継続するかや、どの程度の殺戮が行われるかは問題とならない」とされることから、そこにいう「軍隊の介入」とは、国の軍隊の現実の関与を想定していると考えることができる[68]。その適用範囲について共通第2条を引用する1977年の追加議定書第1条3項のICRCによるコメンタリーも、同様の記述である[69]。だとすれば、武器供与などの軍事支援のみによって、支援国が交戦国となり、武力紛争法が適用されるということにはならないであろう[70]。

　では、中立国による軍事支援＝中立義務違反（ここではそのように仮定）に対して、交戦国は実力をもってそれを排除することはできないのか。この点については、一般論としては、次のようにいうことができる。中立国の中立義務違反の行為は国際違法行為であり、国際違法行為をやめさせるために国際法が用意しているのは対抗措置である。国家責任条文第50条によれば、対抗措置は国連憲章に規定される武力による威嚇または武力の行使を慎む義務に影響を与えてはならない、とされる。そうであれば、中立義務違反があったとしても、相手国は武力を用いた対抗措置をとることはできず、したがって中立義務違反国が武力紛争に巻き込まれることも法的には考え難いという

ことになろう。

　しかも以上は、限定中立が中立義務違反であると仮定した場合のことであって、限定中立が国際法上許容されるのであれば、少なくとも安保理（拒否権による機能不全の場合は総会）による侵略国の認定がある場合に、侵略の犠牲国に軍事支援を行うことにはまったく法的な問題はなく、支援国が支援の結果として紛争の当事者になることも考え難いであろう。

　もっとも、軍事支援が軍事介入と同視できるような効果を持つと見られる可能性について、様々な意見があるのも事実である[71]。

　いずれにせよ今回のウクライナ戦争は、中立ないし限定中立との関係で、中立国には何がどこまで許容されるのかという点についての1つの重要な国家実行を提示することになろう。例えば、アメリカによるロシアに届く射程の長いミサイルの供与の自制や、当該兵器をロシア領に対する攻撃に使用しないとの確約を求めたことなどが、そのような点で参考になるかも知れない[72]。もっとも、こうした自制は、自国が戦争に巻き込まれることを回避したいという政治的思惑や、さらにはプーチン大統領個人の性格を考えた上での対応という側面も強く、それらの実行の安易な一般化には慎重であるべきであろう。

III.　武力紛争法の違反と戦争犯罪の処罰

1.　武力紛争法違反

　今回のロシアによるウクライナに対する武力行使は、武力紛争法（交戦法規）の観点からも多くの重大な問題を惹起した。この点に関する主要な適用法は、両国が締約国である① 1899年/1907年のハーグ陸戦規則、② 1949年のジュネーブ諸条約、③ 1977年の第1追加議定書（以下、単に「追加議定書」という）である（①と②は慣習法でもある）。連日の報道が事実であるとすれば、ロシアは、文民・住民の保護（追加議定書第51条）、病院の保護（同第12条）、住居・学校など民用物の保護（同第52条）、原子力発電所（原発）などの保護（同第56条）、略奪の禁止（ハーグ陸戦規則第28条、第47条）、移送の禁止（文民条約第49条）など多くの規則に違反した可能性がある。

　もっとも、ロシアが実際にそれらの規則に違反したか否かは、精査する必要がある。というのも、それらの規則は、必ずしもすべてにおいて絶対的な禁止を定めている訳ではないからである（上の諸規則のうち、真に絶対的な禁止は略奪の禁止のみである）。

　例えば、すべて絶対的な保護が与えられてしかるべきと思われる病院についても、必ずしもそうではない。追加議定書第 12 条によれば、医療組織は、常に尊重され保護されるものとされ、これを攻撃してはならないとされているが、そうした保護を受けるのは、軍の医療組織以外の場合には、「紛争当事者の一に属する場合」など、特定のものに限られている。ICRC のコメンタリーによれば、これは、当該組織の目的外利用がない（それが保護の前提）ことを確保するため、紛争当事者による一定の管理の下にあることを求めているのである[73]。もちろん、軍事目標主義の一般的ルールの適用はある。

　また、住居や学校等も、それらが軍事目標ではないとの「推定」の下に攻撃が禁止されているに過ぎない。「軍事目標」とは、①軍事活動に効果的に資する物であって、②その破壊等がその時点で明確な軍事的利益となるものに限るとされ（追加議定書第 52 条 2 項）、住居や学校等については、①について疑義がある場合はそのような物ではないと「推定」するものとされる（同 3 項）。したがって、住居や学校が軍事目標に該当すれば、これへの攻撃も許容されることになる。

　ザポリージャ原子力発電所の敷地への砲撃によって注目を集めた原発やその併設ないし近傍施設等への攻撃についていえば、たとえそれが軍事目標であったとしても、その攻撃が原発からの危険な力の放出を惹起することで住民に重大な損失をもたらす場合には禁止するとされる（第 56 条 1 項）[74]。しかし、原発（併設・近傍施設等）が軍事行動に対する常時の、重要かつ直接の電力供給（支援）を行っており、攻撃がこれを終了させるための唯一実行可能な方法である場合には、その原発（併設・近傍施設等）への保護は消滅するとされている（同条 2 項(b) (c)）。したがって、状況によっては原発や併設・近傍施設等への攻撃も許容されることになる。

　さらに、一見絶対的な禁止が規定されている場合であっても、関連規則を考慮する必要がある。「文民たる住民それ自体及び個々の文民」は「攻撃の対

象としてはならない」(追加議定書第51条2項)として、絶対的な攻撃禁止が規定されている。しかしこれは、文民を直接狙った攻撃であって、軍事目標への攻撃が文民や民用物に対して一定の付随的な損害を生ぜしめることはやむを得ないものとされている。同じ追加議定書第51条において、「予期される具体的かつ直接的な軍事的利益」に比して、「巻き添えによる文民の死亡、文民の傷害、民用物の損傷」等を「過度に引き起こす」ことが予測される攻撃(第51条5項(b))等が、無差別攻撃として禁止されているに過ぎない。上の引用部分からも明らかなように、同じ規則は民用物の保護にも適用される。

　しかし、ロシアが文民および民用物の保護に関する国際人道法違反を犯しているとの認識は、国際社会によって共有されている。そのことは、国連緊急特別総会が3月24日の決議ES-11/2で、「ロシア連邦によるウクライナに対する敵対行為、特に文民と民用物に対するあらゆる攻撃の即時停止を要求」したことからも窺える[75]。

　兵器の使用については、無差別的効果を有することのあるクラスター弾の使用が非難されているが[76]、必ずしもその使用がすべて違法であるということではない。クラスター弾の使用を禁止するクラスター弾条約にロシアもウクライナも加入していないからである。しかし、特定の使用が、例えば上記の無差別攻撃の禁止に該当する場合には違法となる。他方、化学兵器の使用は確認されていないが、両国とも化学兵器禁止条約の締約国であることから、その使用は直ちに国際法違反となる(復仇としての使用も禁止される[77])。

　戦局がロシアにとって不利な状況になった場合に懸念されている戦術核兵器の使用については、ロシアは核兵器の使用を禁止する核兵器禁止条約(第1条1項(d))の締約国ではないし、ウクライナとの関係で核兵器を使用しないとの条約も締結していないので(その旨を定める1994年のブダペスト覚書は一般に法的文書とは考えられていない[78])、たとえロシアが核兵器を使用したとしても、それが直ちに国際法違反となる訳ではない。その合法性はその使用の態様を含め、武力紛争法の一般的な規則に従って判断されることになる。しかし、その際に最も関係しうる無差別攻撃の禁止(第51条4項、5項)や自然環境の保護(第35条3項、第55条)などを定める追加議定書が核兵器の使用に適用されるかについては、一部西側諸国がそれを否定する宣言を追加議定書

批准時に行っていることなどから、必ずしも明確でないところがある[79]。

　なお、ロシアの 2014 年の軍事ドクトリンおよび 2020 年の核抑止国家政策基本原則によれば、ロシアは、以下の場合には核兵器を使用する権利を留保するとしている。すなわち、①ロシアまたはその同盟国に対する大量破壊兵器の使用の場合と、②ロシアに対する通常兵器による侵略で国家の存在そのものが危うくなる場合、である[80]。ロシアがこのような政策を変更した証拠はなく、逆にロシアは、ウクライナ侵攻後も、自国の国家としての存在が危うくなった場合には核兵器を使用することができるとして、上記の核使用政策を変更していないことを明らかにしている[81]。

2.　戦争犯罪の処罰と国際刑事裁判所

　武力紛争法に違反する行為が、すべて国際法上、戦争犯罪として処罰されることになっている訳ではない。今日、いかなる行為が戦争犯罪として処罰対象とされるかは、国際法上は、関係条約に明記されている。それらは大きくジュネーブ諸条約および追加議定書に対する「重大な違反行為」と、国際刑事裁判所規程に定める戦争犯罪とに分けることができるが、両者はその性格を異にする。

　ジュネーブ諸条約に対する「重大な違反行為」とは、例えば文民条約の場合、保護対象たる人・物に対する殺人、拷問、不法な追放、移送、拘禁、軍事的必要で正当化されない不法かつ恣意的な財産の広範な破壊・挑発などをいうものとされる（第 147 条）。締約国は、これらの行為を行いまたは行うことを命じた者を処罰する立法の義務を負うほか、そうした被疑者を捜査し、その者の国籍を問わず自国の裁判所に公訴を提起する義務を負う（第 146 条）。同様の「重大な違反行為」に関する制度は、追加議定書に対する重大な違反行為（故意の文民への攻撃や故意の無差別攻撃、一定の場合の故意の原発攻撃などが列挙されている）についても適用される（第 85 条）。

　今回のウクライナ戦争との関係では、5 月 23 日に、ウクライナの国内裁判所における有罪判決第 1 号として、文民を殺害したロシア兵に対して終身刑の判決が下された[82]。こうした裁判は、ジュネーブ諸条約および追加議定書の「重大な違反行為」の制度上、ウクライナのみならず第三国の裁判所に

おいても行うことができ、そうした普遍的管轄権を国内法上整備している国として、オランダやドイツなどがよく知られている。これらは国際法上、国内裁判所における公訴の提起が義務づけられているものであり、そうした「重大な違反行為」とは別に、各国の国内法において他の武力紛争法違反行為を処罰する旨が規定されることもある[83]。

　以上の国内裁判所における戦争犯罪の処罰に加えて、1998年に作成されたローマ規程は、「国際社会全体の関心事である最も重大な犯罪」である集団殺害（ジェノサイド）犯罪、人道に対する犯罪（人道犯罪）、戦争犯罪、侵略犯罪の4つの犯罪（第5条1項）について管轄権を有する国際裁判所として、国際刑事裁判所（ICC）を創設した。このうち戦争犯罪は第8条に規定されており、国際的武力紛争については、上記「ジュネーヴ諸条約に対する重大な違反行為」と「武力紛争の際に適用される法規及び慣例に対するその他の著しい違反」として34の行為を列挙する（第8条2項(a)(b)）[84]。それらは国内裁判所における処罰の対象となるものも含むが、ICCは「国家の刑事裁判権を補完する」ものと位置づけられていることから、国内における適正な捜査、訴追の対象となっておらず、しかも重大な犯罪のみを扱うものとされる（第1条、第17条、第53条）。

　ICCは、犯罪行為地国と被疑者国籍国のいずれか一方が規程の締約国であれば管轄権を行使できる（第12条2項）が、ロシアもウクライナも規程の締約国ではない。しかし、そのような場合であっても、犯罪行為地国か被疑者国籍国のいずれか一方がICCの管轄権を受諾する宣言を行えば、裁判が可能となる（同条3項）。ウクライナは2014年4月9日に、2013年11月21日〜2014年2月22日にウクライナ領域で行われた行為の正犯および共犯についてICCの管轄権を受諾する旨の宣言を行っていた[85]（主として2014年のマイダン革命を念頭）が、2015年9月8日には、2014年2月20日以降（無期限）について同様にICCの管轄権を受諾する旨の宣言を行っており（主としてクリミアとドンバス地方の戦闘を念頭）、ウクライナ戦争にかかるICCの対象犯罪の裁判が可能となった[86]。

　ただし、侵略犯罪については、2010年の規程改正で新設された第15条の2の第5項において、ICCは規程非締約国の国民によるまたはその領域にお

ける侵略犯罪に管轄権を行使してはならない（つまり、侵略国と犠牲国の双方が締約国でなければ管轄権を行使できない）と規定されており、ロシアの侵略行為は管轄の対象外となる。もっとも、安保理が特定の事態をICCに付託する場合は別であるが（第15条の3、改正決議の了解事項第2項[87]）、ロシアが安保理常任理事国である以上、本件ではこの方法も事実上不可能である。それゆえ、今回のロシアによるウクライナ侵略に特化した侵略犯罪処罰のための特別法廷の設置が、イギリスのブラウン元首相などを中心に提案されているし[88]、同様の法廷の設置は、2022年9月の国連総会でウクライナのゼレンスキー大統領によっても提案されている[89]。

　ICCのカーン検察官は、2月28日に予審裁判部に対して捜査開始の許可を求める決定を明らかにすると共に（規程第15条3項）、（検察官の発意による捜査開始ではなく）ICC規程締約国による事態の付託があれば（予審裁判部の手続が不要であるため）捜査の開始がはるかに迅速になる（最大4ヵ月ほど早くなるとされる）として、締約国による事態の付託（第14条）を促した。この要請に呼応してリトアニアなど欧州を中心に39の国がウクライナにおける事態を検察官に付託し（その後日本を含む43ヵ国に）、2013年11月21日以降のウクライナにおける事態に関して、戦争犯罪、人道犯罪、集団殺害犯罪にかかる捜査が3月2日に開始されることになった[90]。この捜査では、ロシアの行為のみならずウクライナの行為（ロシア捕虜への虐待があるといわれる）も対象となる。

　ICC規程には指揮官その他の上官の責任に関する規定があり、指揮官や上官は、部下による犯罪の事実を知りながら（知っているべきでありながら）、その防止・抑止または捜査・訴追のため自己の権限内で必要かつ合理的な措置をとらなかった場合には、刑事責任を負うものとされている（第28条）。また、ICC規程は、元首であれ政府の長であれ、公的資格に基づくいかなる区別もなくすべての者についてひとしく適用されるものとされており（第27条）、したがって軍の幹部やプーチン大統領も例外ではないということになる。これまでもICCは、スーダンのダルフール紛争に関連して、2009年と2010年に現職のアル・バシール大統領に対して集団殺害犯罪、人道犯罪、戦争犯罪にかかる逮捕状を発付したという例がある。

　他方、ICCでは欠席裁判は認められておらず、プーチン大統領がICCに引

き渡されるなどして出廷しない限り公判は開かれないし（第 63 条 1 項）、裁判も処罰も行われないという限界がある。ロシアには ICC 規程の非締約国として ICC への協力義務はなく、これまでも ICC の検察官による戦争犯罪捜査の協力要請に反応していないという。とはいえ、ICC という国際裁判機関が行った捜査の結果として、「犯罪を行ったと信ずるに足りる合理的な理由が存在する」（第 58 条 1 項 (a)）として逮捕状が発付されるとすれば、その意義は過小評価できないであろう。しかも、ICC 規程の締約国（現在 123 ヵ国）には捜査・訴追において裁判所に「十分に協力する」義務があり（第 86 条）、自国に被疑者が入国すれば逮捕して裁判所に引き渡すことが義務づけられる。

　もっとも、上記アル・バシール大統領はヨルダンやマラウイ、チャドなどの ICC 規程締約国に何度も訪れているが、ICC 規程第 98 条 1 項に定める免除の規定を援用したり、政治的な配慮などから逮捕・引渡しは行われていない（それらの締約国は規程第 87 条 7 項により規程違反が認定されている）[91]。しかし、その後スーダンで発生した政変の結果成立した暫定政府は、2021 年 8 月にアル・バシールを ICC に引き渡す方針を明らかにしたとも伝えられており[92]、将来のロシアにおける政治状況いかんでは、この点を予断することはできないかも知れない。少なくともプーチン大統領は、ICC 規程締約国に外遊することはリスクが高いとして躊躇することになるであろう。

おわりに

　ロシアによるウクライナ侵攻とその後の多くの残虐行為は、国際法の無力さを指摘する言説につながっている。しかし、そうした言説は、殺人が絶えないとして刑法の無力さを指摘するのと同じである。重要なのは、この未曾有の危機にいかに対処するかである。それが国際社会における法の支配の将来を決するといっても過言ではない。国際社会を、大国であれば、核兵器を持っておれば、あからさまな侵略行為も、想像を絶するような残虐な戦争犯罪も許されるという社会にしてはならない。国連憲章における武力行使禁止から 77 年、ハーグ陸戦規則における目標区別原則の導入から 123 年、こうした人類の英知の結集ともいえる 2 つの重要な国際法規範が短期のうちに蝕ま

れていくままにしてはならない。注目すべきは、ロシアが少なくとも部分的には、なお「国際法」による正当化の試みを行っている点であり、国際社会は、それらの主張が国際法上誤りであることを指摘し続けなければならない[93]。

[付記]

　　本稿は、『ジュリスト』第 1575 号（2022 年 9 月）に掲載の拙稿をアップデートしつつ、大幅に加筆したものである。

注

1　UN Doc. S/2022/154, 24 February 2022.

2　ICJ, "Document (with annexes) from the Russian Federation Setting Out Its Position Regarding the Alleged 'Lack of Jurisdiction' of the Court in the Case," (7 March 2022). 書簡本体では、ジェノサイド条約第 9 条が武力行使や国家承認に係る紛争の管轄権の基礎とならないこと、「特別軍事作戦」は自衛権を根拠にしていること、国家承認は自決権に関係すること（友好関係宣言にも言及）などを指摘している。Ibid., paras. 10, 12, 13, 15, 17, 19.

3　ロシアは、ウクライナを含めこれ以上の NATO の拡大を行わないことを NATO 加盟国が約束するロシアと NATO 諸国との間の条約まで提案していた。See "Agreement on Measures to Ensure the Security of the Russian Federation and Member States of the North Atlantic Treaty Organization," 17 December 2021, Art. 6. ロシアのウクライナ侵攻後の 5 月 18 日に、フィンランドとスウェーデンが NATO 加盟申請を行ったのは皮肉というほかない。

4　浅田正彦「国際法における先制的自衛権の位相―ブッシュ・ドクトリンを契機として―」浅田正彦編『21 世紀国際法の課題』（有信堂、2006 年）287-342 頁参照。

5　ロシア国防省は、ウクライナによるドンバス地方における大規模攻撃計画への先制的対応であるとも述べた。James A. Green, Christian Henderson and Tom Ruys, "Russia's Attack on Ukraine and the *Jus ad Bellum*," *Journal on the Use of Force and International Law*, Vol. 9, No. 1 (2022), p. 20.

6　UN Doc. A/RES/ES-11/1 (2 March 2022), 18 March 2022, paras. 5, 6.

7　"Minsk Agreement: Full text in English," 12 February 2015, para. 11, at https://www.unian.info/politics/1043394-minsk-agreement-full-text-in-english.html.（以下、最終アクセス日はすべて 2022 年 10 月 22 日である）

8　"Supreme Court of Canada: Reference re Secession of Quebec," *International Legal Materials*, Vol. 37, No. 6 (November 1998), pp. 1372-1373, paras. 131-138.

9 ICJ, "Accordance with International Law of the Unilateral Declaration of Independence by the Provisional Institutions of Self-Government of Kosovo: Written Statement by the Russian Federation," 16 April 2009, paras. 88, 98, 99.

10 OSCE の監視団の報告によれば、ドンバス地方における 2016 年〜 2021 年の文民の死傷者は 1500 人余りであるが、2018 年以降その数は激減しており、2021 年は 91 人（16 人死亡、75 人負傷）であった。OSCE, "2021 Trends and Observations from Special Monitoring Mission to Ukraine," at https://www.osce.org/files/f/documents/2/a/511327.pdf. また、OHCHR の報告書によれば、2014 〜 2021 年の市民の犠牲者は 3100 人とされるが、2014 年と 2015 年が極めて多い。OHCHR, "Conflict-related Civilian Casualties in Ukraine," 27 January 2022, at https://ukraine.un.org/sites/default/files/2022-02/Conflict-related%20civilian%20casualties%20as%20of%2031%20December%202021%20%28rev%2027%20January%202022%29%20corr%20EN_0.pdf.

11 *Allegations of Genocide under the Convention on the Prevention and Punishment of the Crime of Genocide (Ukraine v. Russian Federation)*, Provisional Measures, Order, 16 March 2022 (hereinafter cited as "*Allegations of Genocide*, Provisional Measures"), para. 59.

12 プーチン演説は、国連憲章第 51 条に従って特別軍事作戦を行うことを決したと述べた後、その目的は、キエフ政権によるジェノサイドの犠牲となってきた人民を保護することにあり、このために、ウクライナの非武装化・非ナチ化と、「ロシア連邦の市民を含む」文民に対し多数の残虐な犯罪を犯している者の訴追を追求する、と述べている。

13 See Green, Henderson and Ruys, "Russia's Attack on Ukraine and the *Jus ad Bellum*," *supra* note 5, p. 15.

14 実効的国籍や真正結合については、ノッテボーム事件が知られているが（*ICJ Reports 1955*, pp. 20-24）、2006 年の国際法委員会（ILC）による外交的保護条文は、重国籍の場合の一方の国から他方の国への外交的保護権の行使の場合にのみ実効的国籍（優越的国籍）の原則を規定する（第 7 条）。Cf. James A. Green, "Passportisation, Peacekeepers and Proportionality: The Russian Claim of the Protection of Nationals Abroad in Self-Defence," in James A. Green and Christopher P.M. Waters (eds.), *Conflict in the Caucasus: Implications for International Legal Order* (Palgrave Macmillan, 2010), pp. 66-68.

15 ILC での外交的保護条文の起草過程において、第 2 条案（「自国民を救出する場合を除き、外交的保護の手段としての武力による威嚇または武力の行使は禁止される」）が ILC および国連総会第 6 委員会における圧倒的な反対を受けて削除され、また、2006 年に採択された外交的保護条文の第 1 条（「外交的保護とは、……外交的行動その他の平和的解決の手段により実施することをいう」）のコメンタリーは、「武力の行使は外交的保護権の許容される執行手段ではない」と明言して

いる。*Yearbook of the International Law Commission, 2000*, Vol. II, Pt. 1, p. 218; *Yearbook of the International Law Commission, 2006*, Vol. II, Pt. 2, pp. 27-28, Article 1, Commentary, para. 8. 第2条案を ILC で支持した委員は1人、第6委員会で支持した国はイタリアのみであったといわれる。Olivier Corten, *The Law against War: The Prohibition on the Use of Force in Contemporary International Law* (Hart, 2010), p. 526. 他方、在外自国民保護のための武力行使を、自衛権を根拠にし、国連憲章第2条4項で禁止される武力行使ではないとし、武力行使禁止の独立した例外であるとし、多くの事例における批判は均衡性要件の違反に関するものであるなどとして、合法とする学説として、Oscar Schachter, "The Right of States to Use Armed Force," *Michigan Law Review*, Vol. 82, No. 5-6 (April/May 1984), pp. 1629-1633; Louis Henkin, *How Nations Behave: Law and Foreign Policy*, 2nd ed. (Columbia U.P., 1979), p. 145; Natalino Ronzitti, "Rescuing Nationals Abroad Revisited," *Journal of Conflict and Security Law*, Vol. 24, No. 3 (2019), pp. 431-448; Green, "Passportisation, Peacekeepers and Proportionality," *supra* note 14, pp. 60-63, 73.

16　ロシア憲法第61条2項は、「ロシア連邦は、市民に対し外国における保護と支援を保証する」と規定しており、これは在外自国民保護のための武力介入の権利を定めるものと理解されている。Tamás Hoffmann, "War or Peace?: International Legal Issues Concerning the Use of Force in the Russia-Ukraine Conflict," *Hungarian Journal of Legal Studies*, Vol. 63, No. 3 (2022), forthcoming.

17　ICJ は、ニカラグア事件本案判決において、武力行使は人権尊重を確保する適切な方法ではないと述べている（*ICJ Reports 1986*, pp. 134-135, para. 268）。また、2005年の国連世界サミットの成果文書は、当該国家がジェノサイド等から住民を保護しない場合には、第7章を含む国連憲章に従い安保理を通じて集団的行動をとる用意があるとして、個別国家の一方的な措置としての人道的干渉に否定的な立場を示した。また、同じ時期、非同盟諸国は、人道的干渉の権利を「拒否する」との宣言に合意している。UN Doc. A/RES/60/1, 24 October 2005, para. 139; Corten, *The Law against War, supra* note 15, p. 521. ICJ は、今回のウクライナ対ロシア事件の暫定措置命令において、ジェノサイド条約との関係で、一方的武力行使の合法性を否定しているように思える。*Allegations of Genocide*, Provisional Measures, *supra* note 11, para. 59.

18　人道的干渉が、干渉国の国民ではなく、被干渉国の住民の保護を目的とするものである点につき、Sean D. Murphy, *Humanitarian Intervention: The United Nations in an Evolving World Order* (University of Pennsylvania Press, 1996), pp. 15-16; Vaughan Lowe and Antonios Tzanakopoulos, "Humanitarian Intervention," in Rüdiger Wolfrum (ed.), *The Max Planck Encyclopedia of Public International Law*, Vol. V (Oxford U.P., 2012), pp. 47-48; Yoram Dinstein, *War, Aggression and Self-Defence*, 6th ed. (Cambridge U.P., 2017), p. 279; Malcolm N. Shaw, *International Law*, 9th ed. (Cambridge U.P., 2021), p. 1016. 在外自国民保護が人道的干渉の枠内で論じ

られることもない訳ではない。See, e.g., Schachter, "The Right of States to Use Armed Force," *supra* note 15, p. 1629; Corten, *The Law against War*, *supra* note 15, p. 497.

19　ロシアによる侵攻を合法 (権利) とする国がない訳ではなく、キューバ、シリア、ベネズエラがそうである。http://opiniojuris.org/wp-content/uploads/State-Reactions-to-Russian-Invasion-of-Ukraine.pdf.

20　反対は、シュエ判事 (中国) およびゲボルジアン判事 (ロシア) である。ただし、③両当事者は紛争を悪化・拡大させまたはその解決をより困難にする可能性のある行動を控える旨の命令は、全会一致であった (para. 86)。シュエ判事の反対は、命じられた暫定措置はジェノサイド条約に基づいて主張されうる権利とリンクしていない、ジェノサイドに関する事件ではなく国家承認と武力行使に関する問題である、ロシアは軍事作戦を自衛権で正当化している、というものであり (paras. 1-3)、ゲボルジアン判事の反対は、ウクライナが持ち込んだ問題はジェノサイドとリンクのない武力行使に関するもので、ジェノサイド条約の範囲外である、ウクライナの解釈によれば、若干でも関係があればいかなる行為も裁判の対象となることになってしまう、「違反がない」旨の請求はそれを認める特別な合意がなければできない、したがって一応の管轄権もないというものである (paras. 5-9)。なお、一応の管轄権もないのに、なぜ暫定措置の一部である③には賛成できるのか、厳密にいえば一貫性に疑問が残る。

21　ウクライナの要請とは異なり、暫定措置命令の主文ではジェノサイドへの言及はないし、ロシアが「影響力を有する」組織への言及も落ちている。前者は、後述③保全権利と暫定措置のリンクの観点からは疑問を生じさせかねないものである。

22　岩沢雄司「国際司法裁判所の仮保全措置の展開―要件を中心に―」岩沢雄司・岡野正敬編『国際関係と法の支配』(信山社、2021 年) 49-72 頁参照。

23　Matina Papadaki, "Complex Disputes and Narrow Compromissory Clauses: Ukraine's Institution of Proceedings against Russia," *EJIL: Talk!*, 7 March 2022, at https://www.ejiltalk.org/complex-disputes-and-narrow-compromissory-clauses-ukraines-institution-of-proceedings-against-russia/. Robert Kolb, "The Compromissory Clause of the Convention," in Paola Gaeta (ed.), *The UN Genocide Convention: A Commentary* (Oxford U.P., 2009), p. 413. もっとも、この文言の存在はさほど重要でないともいわれる。Idem, "The Scope *Ratione Materiae* of the Compulsory Jurisdiction of the ICJ," in ibid., p. 452; Christian J. Tams, "Article IX," in Christian J. Tams et al. (eds.), *Convention on the Prevention and Punishment of the Crime of Genocide: A Commentary* (C.H. Beck, 2014), p. 322.

24　*Allegations of Genocide*, Provisional Measures, *supra* note 11, paras. 57, 59, 60.

25　*ICJ Reports 1993*, p. 342, para. 36. ICJ に提出のロシアの文書も、この暫定措置命令

に言及している。

26　ロシアのペスコフ大統領報道官は、暫定措置指示の翌日に、ロシアの同意の
ない裁判であり、暫定措置を考慮しない旨を表明している。"Russia Cannot Con-
sider UN Court Order on Ukraine, Says Kremlin," *TASS*, 17 March 2022.

27　2022 年 10 月 18 日現在、21 ヵ国が参加の宣言書を提出している。https://www.
icj-cij.org/en/case/182/intervention.

28　UN Doc. S/2022/155, 25 February 2022. この決議案では、後述の緊急特別総会の
ロシア非難決議と同様、「国際連合憲章第 2 条 4 項に違反したロシアのウクライ
ナに対する侵略を最も強い表現で遺憾とする」という表現が用いられていた (para.
2)。また、緊急特別総会決議で「要求」された、ロシアの武力行使の即時停止とロ
シアの軍隊の即時・完全・無条件撤退については、安保理決議案では「決定する
(Decides)」とされていた (paras. 3, 4)。

29　UN Doc. S/PV.8979, 25 February 2022, p. 6.

30　UN Docs. S/RES/2623(2022), 27 February 2022; S/PV.8980, 27 February 2022, p. 2.

31　UN Doc. A/RES/ES-11/1, *supra* note 6, paras. 2-4.

32　Adam Schreck, "Putin Signs Annexation of Ukrainian Regions as Losses Mount," *ABC
News*, 6 October 2022, at https://abcnews.go.com/International/wireStory/putin-signs-laws-
annexing-ukrainian-regions-91023070.『読売新聞』2022 年 10 月 6 日。

33　UN Doc. S/2022/720, 30 September 2022, para. 3. 違法な「住民投票」にかかるロシ
アの違法な行動は有効ではあり得ず、併合を含む当該地域の地位の変更の基礎と
はなり得ないとするものであった。なお、この決議案には、2 月 25 日に否決され
た安保理決議案の内容の一部も含まれていた。

34　UN Doc. S/PV.9143, 30 September 2022, p. 4.

35　UN Docs. A/RES/ES-11/4 (12 October 2022), 13 October 2022, para. 3; A/ES-11/
PV.14, 12 October 2022 (not yet available); A/ES-11/L.5, 7 October 2022.

36　UN Docs. A/RES/68/262, 27 March 2014, para. 5; A/68/PV.80, 27 March 2014, p. 17.
浅田正彦「クリミア問題と国際法」『公共空間』第 13 巻 (2014 年) 47 頁参照。

37　浅田正彦編『国際法 (第 5 版)』(東信堂、2022 年) 525-526 頁 (新井京執筆)。

38　石本泰雄「戦争と現代国際法」『現代法と国際社会 (現代法 12)』(岩波書店、
1965 年) 98-99 頁。

39　シンドラーは、第三国は厳格な中立から、犠牲国の側に立った武力紛争への
参加まで、いかなる対応も可能であり、中立は純粋に選択の問題だとする。Di-
etrich Schindler, "Transformations in the Law of Neutrality since 1945," in Astrid J.M. Del-
issen and Gerard J. Tanja (eds.), *Humanitarian Law of Armed Conflict: Challenges Ahead, Essays in
Honour of Frits Kalshoven* (Nijhoff, 1991), p. 373. もっとも、中立法はさほど大きくは変

化せずに存続しているとの学説もあり、例えば侵略の犠牲国に対する支援は中立
法違反であり、復仇の対象となりうるとも主張される。Michael Bothe, "The Law of
Neutrality," in Dieter Fleck (ed.), *The Handbook of International Humanitarian Law*, 3rd ed. (Oxford U.P., 2013), pp. 558-559.

40　H. Lauterpacht (ed.), *Oppenheim's International Law*, Vol. II (Disputes, War and Neutrality), 7th ed. (Longmans, 1952), pp. 221, 648-649. See also "Memorandum on the Principles of International Law Governing the Question of Aid to the Allies by the United States, 15 January 1941," in Elihu Lauterpacht (ed.), *International Law Being the Collected Papers by Hersch Lauterpacht*, Vol. 5 (Disputes, War and Neutrality) (Cambridge U.P., 2004), pp. 645-658. ただし、既存の条約上の義務履行のための限定中立（中立国による一方交戦国への兵力や武器の提供）は 17 〜 18 世紀にも行われていたとされる。Ibid., p. 647; Lauterpacht (ed.), *Oppenheim's International law*, Vol. II, above, pp. 663-665.

41　Constantine Antonopoulos, *Non-Participation in Armed Conflict: Continuity and Modern Challenges to the Law of Neutrality* (Cambridge U.P., 2022), pp. 13-14.

42　ロシア、ウクライナおよびアメリカは、いずれも陸戦中立条約（ハーグ第 5 条約）と海戦中立条約（ハーグ第 13 条約）の当事国である。

43　Paul Seger, "The Law of Neutrality," in Andrew Clapham and Paola Gaeta (eds.), *The Oxford Handbook of International Law in Armed Conflict* (Oxford U.P., 2014), pp. 261-262.

44　真山全「海上経済戦における中立法規の適用について」『世界法年報』第 8 号（1988 年 10 月）17-31 頁。

45　See David Turns, "Cyber War and the Law of Neutrality," in Nicholas Tsagourias and Russell Buchan (eds.), *Research Handbook on International Law and Cyberspace* (Edward Elgar, 2015), pp. 389-391.

46　Andrea Gioia, "Neutrality and Non-Belligerency," in Harry H.G. Post (ed.), *International Economic Law and Armed Conflict* (Nijhoff, 1994), p. 51.

47　General Counsel of the [US] Department of Defense, *Department of Defense: Law of War Manual* (hereinafter cited as "US Law of War Manual") (DOD, June 2015, updated December 2016), pp. 952-953, para. 15.2.2. ただし、第 2 次大戦前のアメリカの地位については議論があったとして、それに対して異論があったことを認める。Ibid., p. 953, n. 39. See also Edwin Borchard, "War, Neutrality and Non-Belligerency," *American Journal of International Law*, Vol. 35, No. 4 (October 1941), pp. 618-625.

48　UK Ministry of Defence, *The Manual of the Law of Armed Conflict* (Oxford U.P., 2004), p. 19, para. 1.42.1.

49　そうした地位を否定する学説もあり、アップシェアは、武力行使の禁止は中立という地位に大きな影響を与えたが、国際法上、非交戦状態という概念が

受け入れられている訳ではない、と述べる。James Upcher, *Neutrality in Contemporary International Law* (Oxford U.P., 2020), p. 37. See also Antonopoulos, *Non-Participation in Armed Conflict, supra* note 41, p. 16.

50　アメリカの軍事マニュアルも、この文脈で集団的自衛に関する条約上の義務の存在に言及する。US Law of War Manual, *supra* note 47, para. 15.2.4.

51　Christopher Greenwood, "The Relationship between *ius ad bellum* and *ius in bello*," *Review of International Studies*, Vol. 9, No. 4 (October 1983), p. 230; Lauterpacht (ed.), *Oppenheim's International Law*, Vol. II, *supra* note 40, pp. 221, 651. ただし、グリーンウッドは、安保理が侵略国を認定した場合には、中立法は無関係となるとするが (p. 230)、ラウターパハトは、その場合でも、軍事制裁の決定がなされない限り (またそれに従って行動をとらない限り)、第三国は中立を選択し、それを維持することができるとする (pp. 648-650)。なお、当該国の判断のみで軍事支援が行われた国家実行として、安保理において侵略国の認定が行われなかったイラン・イラク戦争におけるフランスやソ連などによる武器供与の例がある。Upcher, *Neutrality in Contemporary International Law, supra* note 49, pp. 81-82.

52　Markus Krajewski, "Neither Neutral nor Party to the Conflict?: On the Legal Assessment of Arms Supplies to Ukraine," *Völkerrechtsblog*, 9 March 2022, at https://voelkerrechtsblog.org/neither-neutral-nor-party-to-the-conflict/. 対世的義務 (侵略行為の禁止) の違反を理由に、対抗措置として中立義務 (公平義務) に違反することができるとの論理もあり得ない訳ではないが、対世的義務違反に対して被害国以外の国が対抗措置をとることができるのかという問題がある。浅田正彦「国家責任条文における義務の類型化と『被害国』の概念―第 42 条と第 48 条の関係を中心に―」『21 世紀の国際法と海洋法の課題』(東信堂、2016 年) 71-74、76 頁参照。

53　Jeremy K. Davis, "'You Mean They Can Bomb Us?': Addressing the Impact of Neutrality Law on Defense Cooperation," *Lawfare*, 2 November 2020; Wolff Heintschel von Heinegg, "Neutrality in the War against Ukraine," Lieber Institute, West Point, 1 March 2022, at https://lieber.westpoint.edu/neutrality-in-the-war-against-ukraine/. もっとも、ハイネックも、今回のウクライナの事態は「ゲーム・チェンジャー」であるとし、ロシアの拒否権、明白な侵略行為、ロシア非難が圧倒的であることを指摘して、ウクライナへの軍備の供与は中立法違反ではないとする。Ibid. なお、安保理による認定を必要とするとの国家実行として、2003 年のイラク戦争の際に、安保理の授権がないとしてスイスが上空飛行を拒否したという例がある。Peter Hostettler and Olivia Danai, "Neutrality in Air Warfare," in Rüdiger Wolfrum (ed.), *The Max Planck Encyclopedia of Public International Law*, Vol. VII (Oxford U.P., 2012), p. 635.

54　Wolff Heintschel von Heinegg, "'Benevolent' Third States in International Armed Conflicts: The Myth of the Irrelevance of the Law of Neutrality," in Michael N. Schmitt and Jelena Pejic (eds.), *International Law and Armed Conflict: Exploring the Faultlines, Essays in Honour of Yoram Dinstein* (Nijhoff, 2007), pp. 552-556.

55　ラウターパハトも、安保理が侵略国を認定した場合 (強制措置には合意しないかも知れないが) には、国連加盟国は、形式上中立の地位を維持しながら、侵略国に対して差別的な行動をとる権利を得ることになるであろうと述べた上で、安保理が決定できず総会が勧告を行う場合も同じであるとする。Lauterpacht (ed.), *Oppenheim's International Law*, Vol. II, *supra* note 40, pp. 651-652.

56　侵略の認定は、国家責任条文第 41 条に定める、強行規範の重大な違反の終了のために協力する義務 (積極的義務) や、重大な違反の結果生じた状態を承認しない義務およびその状態の維持を支援しない義務 (消極的義務) をも生じさせることになろう。

57　交戦国との関係で戦争状態でも中立関係でもない地位がありうることは、1949 年のジュネーブ諸条約や 1977 年の追加議定書においても認められており、捕虜条約第 4 条 B(2) 項や第 122 条において「非交戦国 (non-belligerent Power)」、追加議定書第 2 条 (c)、第 9 条 2 項 (a)、第 19 条、第 22 条 2 項 (a)、第 31 条、第 39 条 1 項、第 64 条 1 項・3 項において「紛争当事者でない国 (State not a Party to the conflict)」という表現が、「中立国 (neutral Power/State)」と並んで用いられている。追加議定書の起草過程において、ICRC が当初案で、紛争当事者でない国が中立国といえない場合がありうるとして、「中立国」をすべて「紛争当事者でない国」としていたが、中立の概念は依然として有効だとする反対があり、両者が併記されることになったという経緯がある。 Michael Bothe, Karl Josef Partsch, and Waldemar A. Solf, *New Rules for Victims of Armed Conflicts: Commentary on the Two 1977 Protocols Additional to the Geneva Conventions of 1949*, 2nd ed. (Nijhoff, 2013), p. 113.

58　ICJ は、ニカラグア事件判決において、武器供与は武力行使に該当することがあると述べたが、それは武力攻撃を行う武装集団に対する供与の場合である (*ICJ Reports 1986*, pp. 103-104, para. 195)。

59　"Ukraine No-Fly Zone Would Mean Participation in Conflict: Putin," *Aljazeera*, 5 March 2022, at https://www.aljazeera.com/news/2022/3/5/ukraine-no-fly-zone-would-mean-participation-in-conflict-putin. 飛行禁止区域は、無許可の航空機による上空飛行を禁止するもので、違反航空機は撃墜される可能性がある。飛行禁止区域の設定は、ロシア軍機による爆撃を避けるためにウクライナのゼレンスキー大統領が NATO に求めてきたものである。Bernardo de Miguel, "What is a No-Fly Zone?: The Option that Russia Would Consider a Declaration of War by the West," *El Pais*, 7 March 2022, at https://english.elpais.com/international/2022-03-07/what-is-a-no-fly-zone-the-option-thatrussia-would-consider-a-declaration-of-war-by-the-west.html.

60　"Russia Warns Countries against Hosting Ukraine Military Aircraft," *Defense Post*, 6 March 2022, at https://www.thedefensepost.com/2022/03/06/russia-warns-hosting-ukraine-aircraft/.

61　この点につき、浅田正彦「憲法 9 条と国際法—自衛権と武力行使をめぐって—」『自由と正義』第 60 巻 6 号（2009 年 6 月）28-29 頁。

62　侵略の定義第 3 条⒡および国家責任条文第 16 条は、ロシアに侵略のための基地を提供するベラルーシには当てはまる。国連緊急特別総会のロシア非難決議も、「ウクライナに対する違法な武力の行使へのベラルーシの関与を遺憾と［する］」としている。UN Doc. A/RES/ES-11/1, *supra* note 6, para. 10.

63　他国の国際違法行為を支援する国は、事情を了知して支援を行い、かつ、自らがその行為を行えば違法である場合には、支援につき責任を負う旨を定める。

64　Lauterpacht, *Oppenheim's International Law*, Vol. II, *supra* note 40, p. 752; Bothe, "The Law of Neutrality," *supra* note 39, pp. 558-559; Stephen P. Mulligan, "International Neutrality Law and U.S. Military Assistance to Ukraine," Congressional Research Service, LSB10735, 26 April 2022, pp. 2, 3; US Law of War Manual, *supra* note 47, para. 15.4.1. 他方、ブラッドレーとゴールドスミスは、体系的で重大な中立義務違反で共同交戦国となるという。Curtis A. Bradley and Jack L. Goldsmith, "Congressional Authorization and the War on Terrorism," *Harvard Law Review*, Vol. 118, No. 7 (May 2005), pp. 2112-2113. しかし、これには批判がある。Rebecca Ingber, "Co-Belligerency," *Yale Journal of International Law*, Vol. 42, No. 1 (Winter 2017), pp. 92-93. またアンボスは、「すべての中立違反の結果として支援国が紛争当事者となる訳ではない」と述べた後、そうなるのは「支援措置が第 1 追加議定書第 51 条 3 項にいう敵対行為への直接参加となる場合だけ」だと述べる。しかし、後者は文民の敵対行為への直接参加についての規定であり、文脈が異なる。Kai Ambos, "Will a State Supplying Weapons to Ukraine Become a Party to the Conflict and Thus Be Exposed to Countermeasures?," *EJIL: Talk!*, 2 March 2022, at https://www.ejiltalk.org/will-a-state-supplying-weapons-to-ukraine-become-a-party-to-the-conflict-and-thus-be-exposed-to-countermeasures/. なお、関連する国家実行として、イラン・イラク戦争におけるクウェートの中立違反を主張するイランとクウェートの関係について、Upcher, *Neutrality in Contemporary International Law*, *supra* note 49, pp. 57-61.

65　同旨の主張として、Michael N. Schmitt, "Providing Arms and Materiel to Ukraine: Neutrality, Co-Belligerency, and the Use of Force," Lieber Institute, West Point, 7 March 2022, at https://lieber.westpoint.edu/ukraine-neutrality-co-belligerency-use-of-force/. See also Robert W. Tucker, *The Law of War and Neutrality at Sea* (U.S. Government Documents, 1957), p. 202; A.R. Thomas and James C. Duncan (eds.), *Annotated Supplement to The Commander's Handbook on the Law of Naval Operations*, International Law Studies, Vol. 73 (Naval

War College, 1999), p. 368, para. 7.2.

66　浅田正彦「国際法における『武力紛争』の概念―国際的武力紛争における武力紛争法適用の敷居をめぐって―」松田竹男ほか編『現代国際法の思想と構造 II ―環境、海洋、刑事、紛争、展望―』(東信堂、2012 年) 282-307 頁参照。

67　ICC, Case No. ICC-01/04-01/06 (*The Prosecutor v. Lubanga*), Decision on the Confirmation of Charges, Pre-Trial Chamber I, 29 January 2007, paras. 206-207.

68　ただし、1 国の軍隊の関与があれば足り、2 国の軍隊が実際に交戦する必要はないとされる。ICRC, *Commentary on the Third Geneva Convention: Convention (III) relative to the Treatment of Prisoners of War* (Cambridge U.P., 2021), p. 94, paras. 255-256.

69　コメンタリーは、人道法は「2 国間における軍隊の使用を伴うあらゆる紛争をもカバーする。紛争の期間もその烈度も重要でない」とする。Yves Sandoz et al. (eds.), *Commentary on the Additional Protocols of 8 June 1977 to the Geneva Conventions of 12 August 1949* (Nijhoff, 1987), p. 40, paras. 61-62.

70　さらに、たとえ軍隊の介入があっても、中立国が交戦国の側による中立侵害を排除して中立を維持するために (自衛のために) 武力を用いても、それによって中立国が交戦国になる訳ではない。この点に異論はないといってよい。Bothe, "The Law of Neutrality," *supra* note 39, p. 558; Hostettler and Danai, "Neutrality in Air Warfare," *supra* note 53, p. 635; Peter Hostettler and Olivia Danai, "Neutrality in Land Warfare," in Wolfrum (ed.), *The Max Planck Encyclopedia of Public International Law*, Vol. VII, *supra* note 53, p. 640; Christine Chinkin, *Third Parties in International Law* (Clarendon, 1993), p. 308.

71　シュミットは、いかなる支援が支援国を武力紛争の当事者とするのかという問題は武力紛争法上の未解決の問題であるとしつつ、支援国が自ら行った場合には武力紛争となるような他国の戦闘作戦を共同立案したり、それに必須の支援を提供すれば、支援国は紛争当事者になるとしている。Schmitt, "Providing Arms and Materiel to Ukraine," *supra* note 65. また、ミラノビッチは、交戦者に対する情報提供について、一般的にはそれによって武力紛争の当事者となることを否定しつつも、特定の対象の攻撃にかかる具体的な決定や示唆の場合は別である可能性を示唆する。Marko Milanovic, "The United States and Allies Sharing Intelligence with Ukraine," *EJIL: Talk!*, 9 May 2022, at https://www.ejiltalk.org/the-united-states-and-allies-sharing-intelligence-with-ukraine/.

72　アメリカは、最大射程 300km の高機動ロケット砲システム「ハイマース」について、ウクライナには射程 70~80km ほどのものを提供し、しかもロシア領への攻撃に使わないと確約させて提供したといわれる。『日本経済新聞』2022 年 10 月 5 日。

73　Sandoz et al. (eds.), *Commentary on the Additional Protocols of 8 June 1977 to the Geneva Conventions of 12 August 1949, supra* note 69, pp. 167-168, para. 522.

74　第 56 条は「危険な力を内蔵する」工作物・施設をダム、堤防、原発の 3 つに限定して規定している。起草過程では石油関連施設などにも拡大すべきとの提案もあったが、危険な力を内蔵するものではないとして採用されなかった。Ibid., pp. 668-669, paras. 2149-2150. なお、ゼレンスキー大統領によれば、ロシア軍がウクライナ・ヘルソン州のカホフカ水力発電所のダムに爆発物を設置したとの情報があるとされる。『読売新聞』2022 年 10 月 22 日。

75　UN Doc. A/RES/ES-11/2 (24 March 2022), 28 March 2022, para. 2. この決議は、賛成 140 反対 5 棄権 38 で採択された。このほか同決議は、すべての国際人道法違反と人権侵害を非難している。Ibid., para. 9. 同様に欧州人権裁判所は、3 月 1 日、ロシアに文民および民用物に対する軍事攻撃を慎むよう指示する暫定措置を命じている。European Court of Human Rights, "Press Release: The European Court Grants Urgent Interim Measures in Application concerning Russian Military Operations on Ukrainian Territory," ECHR 068 (2022), 1 March 2022. なお、G7 は、2022 年 10 月 8 日のクリミア橋爆破後の 10 月 10 日のロシアによるウクライナへの報復攻撃について、無辜の住民への無差別攻撃は戦争犯罪であることを想起する旨の声明を発出している。"G7 Statement on Ukraine," 11 October 2022, at https://www.whitehouse.gov/briefing-room/statements-releases/2022/10/11/g7-statement-on-ukraine-11-october-2022/.

76　Cluster Munition Coalition, "Cluster Munitions Use in Ukraine 2022," at http://www.stopclustermunitions.org/en-gb/cluster-bombs/use-of-cluster-bombs/in-ukraine/cluster-munitions-use-in-ukraine-2022.aspx.

77　浅田正彦『化学兵器の使用と国際法―シリアをめぐって―』(東信堂、2022 年) 16-18 頁参照。

78　Masahiko Asada, "International Law of Nuclear Non-proliferation and Disarmament," *Recueil des Cours*, tome 424 (2022), pp. 567-572.

79　イギリス、フランス、ドイツ、イタリア、オランダ、ベルギー、スペイン、カナダなどの国は、(追加議定書の起草過程に言及しつつ)「議定書で導入された (兵器の使用に関連する) 規則は、もっぱら通常兵器にのみ適用され、核兵器の使用は規律しない」などの宣言を行った。Dietrich Schindler and Jiri Toman (eds.), *The Laws of Armed Conflicts: A Collection of Conventions, Resolutions and Other Documents*, 4th ed. (Nijhoff, 2004), pp. 785-818. 仮にこうした了解が起草過程においてあったとすれば、議定書で導入された規則は核兵器の使用には適用されないことになり、核兵器の使用の違法を導くことは困難となる。他方、そうした了解がなかったとすれば、それらの宣言は追加議定書に対する留保となる可能性があるが、それらが議定書の目的との両立性の観点から無効とならない限り、ロシアもウクライナもそれに対して異議を申し立てていないので、両国とそれら NATO 諸国との間では有効な留保となり、

追加議定書は両国とそれら NATO 諸国との間における核兵器の使用に適用されず、同じく違法を導くことが困難となる。ただし、ロ̇シ̇ア̇と̇ウ̇ク̇ラ̇イ̇ナ̇と̇の̇間̇に̇お̇い̇ては、双方とも同様の宣言を行っていないので、（起草過程で上記の了解がなかったとすれば）議定書は核兵器の使用に適用され、その使用は議定書に照らして違法であると評価される可能性がある。もっとも、ソ連は追加議定書起草時、西側核兵器国と同様の立場を主張していたとされる。藤田久一「核兵器と 1977 年追加議定書」『関西大学法学論集』第 31 巻 1 号（1981 年 4 月）1-51 頁、真山全「露ウクライナ戦争と核に関する諸問題―武力紛争法からする検討―」（国際人道法・国際刑事法研究会特別セミナー『ロシア・ウクライナ戦争と武力紛争法』2022 年 8 月 6 日）参照。なお、ICRC を中心に、無差別攻撃の禁止などが慣習法となっているとの見解があるが、その場合には、慣習法成立の時期によっては、一貫した反対国の法理の問題が生じることになる。Jean-Marie Henckaerts and Louise Doswald-Beck. *Customary International Humanitarian Law* (ICRC-Cambridge U.P., 2005), Vol. I, pp. 37-50. 他方でアメリカは、追加議定書の「新」規則が核兵器の使用にも適用される慣習法となったことを一貫して否定している。John B. Billinger III and William J. Haynes II, "A US Government Response to the International Committee of the Red Cross Study *Customary International Law*," *International Review of the Red Cross*, Vol. 89, No. 866 (June 2007), pp. 456-457.

80　Asada, "International Law of Nuclear Non-proliferation and Disarmament," *supra* note 78, pp. 547-549. 本文に述べた①と②は、2 つの文書に共通するもので、2020 年の基本原則では、さらに③ロシアないしその同盟国に対する弾道ミサイルの発射情報、④核戦力による対応行動を損なうようなロシアの重要な政府施設・軍事施設への敵による攻撃、が言及されている。

81　ペスコフ大統領報道官の発言。"Russia Says Will Use Nuclear Weapons in Case of 'Existential Threat'," *Business Standard*, 23 March 2022, at https://www.business-standard.com/article/international/russia-says-will-use-nuclear-weapons-in-case-of-existential-threat-122032300101_1.html.

82　ただし、2022 年 7 月 29 日の控訴審判決で禁固 15 年に減刑されている。"Ukraine Reduces to 15 Years Life Sentence of Russian Soldier Convicted of Killing Unarmed Civilian," *AFP*, 29 July 2022, at https://www.news18.com/news/world/ukraine-reduces-to-15-years-life-sentence-of-russian-soldier-convicted-of-killing-unarmed-civilian-5651881.html.

83　実際、ウクライナ刑法第 438 条では、ウクライナを拘束する条約に定める戦争法規のいかなる違反も処罰できるものとされている。"Criminal Code of the Republic of Ukraine (English Version)," 2001, Art. 438.

84　ICC の戦争犯罪の中に化学兵器の使用は含まれているが（ICC 規程第 8 条 2 項 (b)(xviii)）、核兵器の使用は含まれていない。

85　https://www.icc-cpi.int/sites/default/files/itemsDocuments/997/declarationRecognition Juristiction09-04-2014.pdf.

86　2015 年 9 月の宣言は、ICC 規程第 12 条 3 項に従って 2014 年 2 月 20 日以降にウクライナ領域で行われた行為の実行者と共犯者の訴追と裁判のために、裁判所の管轄権を受諾することを宣言するものである。https://www.icc-cpi.int/sites/default/files/iccdocs/other/Ukraine_Art_12-3_declaration_08092015.pdf. 宣言に添付されたウクライナ議会の決議には、ロシアの高官およびドネツク・ルハンスクのリーダーによる戦争犯罪と人道犯罪について管轄権を承認するとしているが、ICC 宛の宣言自体にはそうした限定はない。いずれにせよ、ICC 規程非当事国が管轄権の受諾宣言においてそのような限定を行っても、それが規程の原則に反する場合、検察官はそれに拘束されないと解されている。William A. Schabas and Giulia Pecorella, "Article 12: Preconditions to the Exercise of Jurisdiction," in Otto Triffterer and Kai Ambos (eds.), *The Rome Statute of the International Criminal Court: A Commentary*, 3rd ed. (C.H. Beck, 2016), p. 688.

87　ICC Doc. Resolution RC/Res.6, 11 June 2010, Annex III, para. 2. 真山全「国際刑事裁判所規程検討会議採択の侵略犯罪関連規定」『国際法外交雑誌』第 109 巻 4 号 (2011 年 1 月) 28-29 頁参照。

88　"Statement: Calling for the Creation of a Special Tribunal for the Punishment of the Crime of Aggression against Ukraine," at https://gordonandsarahbrown.com/wp-content/uploads/2022/03/Combined-Statement-and-Declaration.pdf.

89　"Ukrainian President Outlines Formula for Peace which Punishes Aggressor, Provides Security Guarantees," UN Meetings Coverage and Press Releases, GA/12447, 21 September 2022.

90　ICC, "Statement of ICC Prosecutor, Karim A.A. Khan QC, on the Situation in Ukraine: Receipt of Referrals from 39 States Parties and the Opening of an Investigation," 2 March 2022; idem, "Statement of ICC Prosecutor, Karim A.A. Khan QC, on the Situation in Ukraine: Additional Referrals from Japan and North Macedonia; Contact Portal Launched for Provision of Information," 11 March 2022; https://www.icc-cpi.int/ukraine.

91　https://asp.icc-cpi.int/non-cooperation. 尾崎久仁子『国際刑事裁判所─国際犯罪を裁く─』(東信堂、2022 年) 44-45 頁。

92　もっとも、さらにその後、スーダン国内での訴追の方針に転換したようである。久保田隆「ウクライナにおける『戦争犯罪』と国際刑事法」国際法学会エキスパート・コメント、No. 2022-11 参照。

93　ロシアの主張や行動の一部については、トーマス・フランクの「嘲笑基準 (laugh test)」が想起される。Thomas M. Franck, "The Power of Legitimacy and the Legitimacy of Power: International Law in an Age of Power Disequilibrium," *American Journal of International Law*, Vol. 100, No. 1 (January 2006), p. 96.

第2章　ロシアの武力行使
——*jus ad bellum* の観点から——

阿部達也

はじめに

　2022年2月24日にロシアは隣国のウクライナに大規模に越境して「特別軍事作戦 (special military operation)」を開始した[1]。「特別軍事作戦」といっても、その実態は国連憲章第2条4項および慣習国際法によって原則として禁止されている武力行使であることに変わりない[2]。ロシアは自らの武力行使を自衛権に依拠して正当化するものの[3]、この主張はほとんど支持されず、多くの諸国は国際法の明白な違反であるとしてこれを非難している[4]。本来この事態に対処すべき国連安全保障理事会はロシアの拒否権により機能麻痺に陥り[5]、そのために「平和のための結集決議」に基づいて国連総会緊急特別会期が開催され、「ウクライナに対する侵略」決議を圧倒的多数で採択した[6]。国際社会が直面しているのは、主権国家による他の主権国家に対する全面的な武力行使という戦争違法化以前に時計の針を巻き戻したかのような時代錯誤的な事態であって、それはまさに「国際秩序と世界平和の構造に対する最も重大な挑戦の一つ」（グテーレス国連事務総長）[7]に他ならない。武力行使が国連憲章によって禁止されてからすでに三度の四半世紀を経過した今日においてこのような事態は到底受け入れられるものではない。

　以上を背景に、本章はロシアの武力行使を *jus ad bellum* の観点から考察することを目的とする。より具体的には、今回の事案が——インパクトの大きさに差はあるものの——ロシアによる外国領域における武力行使のいま一つの事案であることに照らして、武力不行使原則の主発点をなす国連憲章の成立後のソ連時代を含むロシアによる外国領域における武力行使のその他の事案

を検討した上で、これらの事案との比較において今回の事案におけるロシアの正当化の主張について評価を試みるものである。

Ⅰ．ソ連／ロシアによる武力行使

1．主な事案と正当化根拠

　ソ連／ロシアは 1945 年の国連憲章成立以来、その時々の状況に応じて――合法性はともかく――他国領域で武力を行使してきた。一般的に知られている主な事案と武力行使の正当化根拠は次の表のようにまとめることができる。

正当化根拠	領域国の要請があったと主張される場合		領域国の要請がない場合		
	要請に基づく軍事干渉	集団的自衛権	集団的自衛権	個別的自衛権	個別的自衛権（在外自国民保護）
1956 年 ハンガリー	✓				
1968 年 チェコスロバキア		✓			
1979 年 アフガニスタン		✓			
1993 年 タジキスタン（アフガニスタンとの国境紛争）	✓				
1993 年 アフガニスタン（タジキスタンとの国境紛争）			✓		
2008 年 ジョージア[8]				✓	✓
2014 年 クリミア[9]	✓				？
2015 年 シリア	✓				
2022 年 カザフスタン	✓				
2022 年 ウクライナ			✓	✓	？
2022 年 ウクライナ（ドネツク・ルハンスク）	？	✓			

出典：筆者作成

2. 特　徴

　上の表から明らかになる特徴として次の四点を指摘できる。第一に、その
領域においてソ連／ロシアが武力を行使した国はいわゆるソ連／ロシアの勢
力圏に限定されている。すなわち、冷戦期は東欧の社会主義諸国と隣国のア
フガニスタンであり、冷戦終結後は旧ソ連圏諸国とシリアであった。第二に、
集団的自衛権を含めて領域国の要請があったと主張される事案が多い。これ
はソ連／ロシアの他国領域における武力行使の多くが——あくまでも表面上
ではあるものの——当該他国の意思に反しないという体裁をとって実施され
ていたことを意味する。これに対して、今回のウクライナに対する武力行使
は、「攻撃国」の領域に対する武力行使の根拠として集団的自衛権を援用し
た事案として、1993年アフガニスタン（タジキスタンとの国境紛争）事案に続く
ものとなる。第三に、最近の旧ソ連諸国の3つの事案では在外自国民保護の
目的が大きな要因となっている。これには、1993年のロシア憲法が第61条
2項において在外自国民の保護を国に義務づけていることが背景にある。第
四に、ソ連／ロシアの主張する正当化根拠が批判を受けている事案が多い。
過去の事案で批判された正当化根拠が改めて援用され、同じような批判を受
けるという状況も散見されている。これは、別の見方をすれば、国際社会が
ソ連／ロシアによる同じような形での武力行使を防げなかったということで
もある。

II. 正当化根拠とその評価

1. 領域国の要請があったと主張される場合

　ソ連／ロシアはこれまでの多くの事案で領域国の要請があったと主張して
きた。この主張は具体的な正当化根拠のレベルでは、被攻撃国の要請を要
件とする集団的自衛権と、いわゆる要請に基づく軍事干渉の2つに分かれる。
理論上、両者の異同は明確である。すなわち、前者に基づく武力行使は、そ
の場所的範囲が被攻撃国（領域国）の領域に限られず、その対象が——被攻撃
国（領域国）の領域における武力行使であっても——あくまでも攻撃国である
のに対して、後者に基づく武力行使は、その場所的範囲が領域国の領域に限

られ、その対象に第三国を含めることはできない。もっとも、国家実行上は両者の区別は必ずしも容易ではない[10]。とくに、被攻撃国の要請を含む集団的自衛権の要件が明確にされたニカラグア事件判決より前の事案では両者が併用されたようにも見え[11]、その評価が難しい。

(1) 集団的自衛権

　集団的自衛権は国連憲章第 51 条によって認められかつ慣習国際法として確立した武力行使の正当化根拠である。第三国は、攻撃国から被攻撃国に対する武力攻撃が発生した場合、集団的自衛権に基づいて攻撃国に対して武力を行使できる。国際司法裁判所はニカラグア事件判決の中で、集団的自衛権の要件として、個別的自衛権に求められる要件（武力攻撃の発生、必要性および均衡性）に加えて、さらに被攻撃国の宣言と要請を挙げた[12]。

　(a) 先行事案

　冷戦期の 2 つの事案はいずれも、「被攻撃国」の要請に基づいて当該「被攻撃国」の領域で武力が行使されたものだった。もっとも、いずれも集団的自衛権の濫用であるとして強い非難が寄せられた。まず、1968 年のチェコスロバキア事案では、ソ連はチェコスロバキア政府からの要請に基づき個別的および集団的自衛の権利に合致して同国に派兵したと主張したのに対して[13]、チェコスロバキア自らがソ連の行為を違法ととらえたことから[14]、各国による批判が相次いだ[15]。チェコスロバキアはさらに自国政府からの要請そのものを否定した[16]。また、1979 年アフガニスタン事案では、ソ連はアフガニスタン政府の要請およびこれに応じた自らの決定が国連憲章に規定された個別的または集団的自衛権に完全に合致していると主張したのに対して[17]、ソ連がアフガニスタン領域に進軍したのは要請の前だったことが指摘されている[18]。学説はいずれの事案についても要請の有効性を否定し、ソ連の武力行使を国際法違反であると評価する[19]。また、いずれの事案も領域国に対する外国からの武力攻撃があったかどうかが定かでない点も指摘できる[20]。

　(b) 2022 年ウクライナ事案

　本件においてロシアは、「ドネツク人民共和国」および「ルハンスク人民共和国」の要請に言及し、当該要請に基づく集団的自衛権を援用した[21]。両「共

和国」の要請への言及は被攻撃国からの要請という集団的自衛権の要件の充足をアピールするものと考えられる。しかし、この主張を受け入れるのは極めて困難である。そもそも要請主体の国家性に強い疑義があるからである[22]。いずれの「共和国」も、ロシアの武力行使直前にロシアから国家承認を受けロシアとの間で条約を締結することによってはじめて、国家としての体裁とロシアに対する要請の条約上の法的根拠を整えたにすぎない。この点に触れた国も多い[23]。同じ要請主体の問題であるとしても、先行事案では国家を代表する政府の正統性が問題視されたのに対して、本件では国家性それ自体に強い疑問が呈されているのである。国連総会緊急特別会期が採択した「ウクライナに対する侵略」決議は、両「共和国」を承認したロシアの決定をウクライナの領土保全及び主権の侵害でありかつ憲章の原則に合致しないものとして遺憾とし(本文第5項)、ロシアに対して当該決定を直ちにかつ無条件に撤回するよう要求した(本文第6項)。ドネツク州とルハンスク州は内的自決を奪われていたわけではなく、重大な人権侵害やジェノサイドが行われたことも証明されていない[24]。これらに鑑みれば、両「共和国」の分離独立を認める国家承認は内政不干渉原則に違反し、何ら法的効果をもたない。そもそも被攻撃「国」の地位を持たないため、被攻撃国からの要請(さらには被攻撃国の宣言)という集団的自衛権の要件は充たされない。以上に加えて、武力攻撃の発生、必要性および均衡性という集団的自衛権の他の要件も充たされていないことも指摘できる。これらの点は個別的自衛権の検討の際に取り上げる。

(2) 要請に基づく軍事干渉

　要請に基づく軍事干渉とは、「他国(領域国)の要請に基づく一国の軍隊派遣による直接的な軍事支援」のことをいい[25]、一国の他国(領域国)における武力行使を正当化する根拠の1つとして位置づけられる。学説はこれを幅広く支持し[26]、国家実行における援用事例も多い[27]。要請に基づく軍事干渉は、要請の有効性が認められる限り合法である。学説は一般に、要請の有効性を判断する基準として、国連国際法委員会が作成した国家責任条文第20条とそのコメンタリーに依拠し[28]、政府からの要請であること、要請が自由な意思に基づき明確、実際かつ事前に表明されること、武力行使は要請の目的と対

象の範囲に限定されることなどを挙げている[29]。

(a) 先行事案

冷戦期の事案は要請の有効性が問題視されるものばかりだった。まず、1956 年のハンガリー事案では、ハンガリーが反革命勢力の鎮圧のために軍隊による対応を余儀なくされており、ソ連政府に支援の要請があったという主張がソ連によって展開された[30]。しかし、各国は、当該「要請」がソ連の軍事介入後に行われたものであること、ソ連の傀儡政権による「要請」であること、などを理由に挙げてソ連の主張を厳しく批判した[31]。学説も概ね同じ立場をとっている[32]。また、1968 年のチェコスロバキア事案と 1979 年のアフガニスタン事案については、これらを要請に基づく軍事干渉の事例と捉えるとしても、各国の指摘は前述の通りである。学説の立場からも、チェコスロバキア政府からの要請は実際にはなかったかまたは強制によるものであり、アフガニスタン政府からの要請はソ連が樹立した傀儡政府によって事後的に行われたとして、その濫用が指摘されている[33]。

これに対して、冷戦終結後の事案は評価が分かれた。1993 年のタジキスタン（アフガニスタンとの国境紛争）事案では、ソ連崩壊後も駐留を認められたロシア軍が[34]、タジキスタンの要請に基づいて、タジキスタンとアフガニスタンの国境を警備した[35]。また、2015 年シリア事案では、シリアで活動するテロ組織の掃討のために軍事支援の提供を求めるアサド政権の要請に応じて、ロシア軍が空爆を開始した[36]。さらに、2022 年カザフスタン事案では、カザフスタン大統領の要請に応じかつ外部からの侵略によるカザフスタンの国内治安および主権に対する脅威に照らして、集団安全保障条約第 4 条[37]に従って集団的平和維持活動軍の派遣が決定された[38]。以上の事案は特に問題視されなかったのに対して、2014 年のクリミア事案にはとくに要請主体の正統性に対して大きな批判が寄せられた。

ロシアはまず、クリミア自治共和国「首相」からロシア大統領に対してクリミアにおける平和の回復を支援するよう要請があったとし、ヤヌコーヴィッチ・ウクライナ大統領もこれを支持したと主張した[39]。これに対して米国は「準国家当局 (subregional authorities)」による要請は認めないとの立場をとった[40]。学説はロシアの主張に批判的である。国際法が認める要請主体

は国家（政府）であって、地方当局ではないからである[41]。

　ロシアはまた、ヤヌコーヴィッチ・ウクライナ大統領からプーチン・ロシア大統領に宛てられた 2014 年 3 月 1 日付書簡において「法と秩序、平和および安定を回復しならびにウクライナの人民を保護するために」ロシア軍の派兵が要請されたことを明らかにした[42]。これに対してウクライナは、ヤヌコーヴィッチが国家元首の職務を放棄して逃亡を図ったことおよび議会が解任を決議した上で暫定大統領を任命したことを理由に、ヤヌコーヴィッチはもはや正統な大統領ではなく、それゆえヤヌコーヴィッチからロシア大統領に宛てられた要請は「ウクライナの正式な要請」とみなすことはできないと主張した[43]。ただし、議会の解任決議はウクライナ憲法で定められた必要な数の賛成を獲得していなかったことが指摘されている[44]。英国は、元指導者の発言に正統性を見出すのは無理があると指摘し[45]、米国も、ヤヌコーヴィッチの逃亡などを理由に大統領としての正統性に疑義を呈した[46]。学説もロシアの主張を批判する。理由として挙げられているのは、ヤヌコーヴィッチが国外に逃亡したために実効的支配を欠いていること[47]、解任手続に瑕疵があるとしても、ヤヌコーヴィッチもはやウクライナ大統領として実効的に行為していないし[48]、多くの諸国がヤヌコーヴィッチをウクライナ大統領として認めていないこと[49]、ヤヌコーヴィッチが依然として大統領に留まっていると仮定したとしても、要請が自由な意思に基づくものであったか疑わしく、その内容は広範すぎて不明確であって[50]、1996 年のウクライナ憲法第 85 条はウクライナ領域に外国軍が進入することに関する決定を議会に与えていること[51]、ヤヌコーヴィッチの要請が有効だったと仮定したとしても、ロシアの武力行使は要請の範囲を超えていること[52]、ロシアの干渉はヤヌコーヴィッチ政権の復帰を目的としたものではないこと[53]、などである。なお、後にヤヌコーヴィッチがロシアに対するクリミア進入の要請を誤りと認めたことに言及する論者もある[54]。

　(b) 2022 年ウクライナ事案

　本件における「ドネツク人民共和国」および「ルハンスク人民共和国」の要請は集団的自衛権の要件とみなすべきと思われるものの、理論上はこれを領域国の要請に基づく軍事干渉の文脈で捉えることも不可能ではない。もっと

も、本件を取り巻く状況は先行事案で批判を受けたものと比べるまでもない
ほどのレベルである。すなわち、上述のとおり両「共和国」を国家とみなす
のは困難であり、ドネツクおよびルハンスク地域はロシアの武力行使以前に
政府軍と親ロシア派勢力との間の武力衝突が進行中であるため事前の要請と
いう形にならず、そして何よりもロシアの武力行使が両「共和国」の域外の
ウクライナ領域に対して行われているのである[55]。この 3 点に照らせば、ロ
シアの武力行使が領域国の要請に基づく武力行使として正当化できないこと
は明白だと思われる[56]。なお、「ドネツク人民共和国」および「ルハンスク人民
共和国」の要請はむしろウクライナの反政府勢力からの要請と捉えた方がよ
いのかもしれない。しかし、国際司法裁判所の判例によれば、反政府勢力か
らの要請に基づく第三国の干渉は認められていない[57]。

2.　領域国の要請がない場合

　ソ連が崩壊してロシアの時代になると領域国の要請がない場合の武力行使
の事案が現れる。軍隊による他国領域への侵入それ自体が侵略の定義第 3 条
(a) に該当する違法行為であることから、領域国の要請がない場合の武力行
使はその違法性を阻却しうる強固な正当化根拠が必要となる。そして、ロシ
アが明示的に依拠したのは個別的または集団的自衛権であった。ロシアはま
た在外自国民の保護を目的とする武力行使も主張しているようであるが、こ
の武力行使はあくまでも個別的自衛権の枠内で捉えられている。学説の立場
からはさらに、いわゆる人道的干渉の理論、自決権支援のための武力行使な
どその他の正当化根拠の可能性について議論が行われている。

(1) 集団的自衛権

　集団的自衛権の要件が充たされれば、攻撃国の領域における武力行使——
たとえば、軍隊を攻撃国に侵入させたり、攻撃国の領域に対して砲爆撃を行っ
たりすること——は法的に正当化される。

(a) 先行事案

　1993 年のアフガニスタン (タジキスタンとの国境紛争) 事案では、地域的集団
安全保障条約の規定に基づく集団的自衛権が援用された。すなわち、同年 7

月 13 日にタジキスタンが反政府勢力による隣国アフガニスタン領域からの越境攻撃に直面したことを受けて[58]、同年 8 月 7 日にカザフスタン、キルギス、ロシア、タジキスタン、ウズベキスタンの 5 か国は「[集団安全保障] 条約に従いかつ国際連合憲章第 51 条に基づく 個別的および集団的自衛権の実施により」、各国がタジキスタンに対して軍事支援を含む緊急補完支援を提供することを決定した[59]。時系列が前後するものの、アフガニスタンは 7 月 15 日から 16 日にかけて独立国家共同体軍による自国領内の村落への大規模な攻撃があったと主張し[60]、ロシア等がこれを否定していないことを踏まえれば、ロシアなどアフガニスタン領域で武力を行使したことは事実だと思われる。

(b) 2022 年ウクライナ事案

ロシアはウクライナに対する武力行使の正当化根拠として「ドネツク人民共和国」および「ルハンスク人民共和国」の要請に基づく集団的自衛権を援用した[61]。ウクライナによる武力攻撃が発生しており、集団的自衛権のその他の要件が充たされていれば、ロシアによるウクライナ領域における武力行使は正当化されるかもしれない。しかし、先行事案とは異なり、後述のように武力攻撃の発生、必要性および均衡性という要件は充たされておらず、また、繰り返し指摘している通りそもそも要請を行った 2 つの「共和国」の国家性に大きな疑義があることから、ロシアの武力行使を集団的自衛権によって正当化するのは困難である。

(2) 個別的自衛権

個別自衛権は国連憲章第 51 条および慣習国際法によって認められる武力行使の正当化根拠である。自国が他国から武力攻撃を受けた場合、必要性と均衡性の要件[62] を充たせば——国連加盟国の場合はさらに国連安全保障理事会に報告することをもって——個別的自衛権に基づく武力行使が正当化される。国際司法裁判所の判例によれば、他国による武力攻撃の対象は、自国領域に限られず公海上の自国軍艦も含まれる[63]。また、学説上は自国領域の外に所在するいわゆる在外自国民も含まれるという主張が展開されている[64]。

(a) 先行事案

2008 年のジョージア事案において、ロシアは「国際連合憲章第 51 条に規

定された自衛の固有の権利」を援用した[65]。ここでの「自衛の固有の権利」は個別的自衛権を指している。ロシアは、平和維持活動の目的でジョージア領域の一部に駐留の認められてきたロシア軍要員に対する武力攻撃とジョージアに在住するロシア人に対する武力攻撃に触れて、これらを「ロシア連邦に対する違法な兵力の使用」と捉えているからである[66]。

まず、ロシア軍要員に対する武力攻撃を理由とする個別自衛権の主張についてみれば、法のレベルでは、外国に展開する軍隊を保護するための自衛権が認められることについては国家実行および学説上ほとんど異論がない[67]。他方で、事実のレベルでは、両国がそれぞれ相手国による先行攻撃を主張し、欧州連合の独立国際事実調査団による事実調査によってもこの点について確定的な結論は得られなかった[68]。それでも、均衡性と必要性という個別的自衛権のその他の要件に照らしてロシアによる武力行使を違法と評価する立場が支配的である。各国は、ロシアによる武力行使が「合理的な措置をはるかに超え」[69]、「合理的かつ均衡な対応を超え」[70]、「平和維持の役割をはるかに超え」[71]、「全体的に不均衡でありそれゆえ違法な」[72]ものとして批判し、独立国際事実調査団もロシア軍によるその後のジョージアの他の領域への侵入がジョージアの攻撃に対する防衛的な行動として必要でありかつ均衡であったかについて否定的な見解を示した[73]。学説も均衡性もしくは必要性またはその両方が充たされていなかったと評価する[74]。

次に、ロシア人に対する攻撃を理由とする個別自衛権の主張についてみれば、そもそも一般論として在外自国民の保護のため武力行使を個別的自衛権によって正当化できるかについて従来から学説上の対立がある[75]。自国民に対する攻撃を国に対する攻撃と同視することを疑問視する立場からの否定説も有力であり[76]、独立国際事実調査団はこの立場をとった[77]。もっとも、ジョージアを除いて[78]、本件に関する議論の中でこの論点について触れた国はなかった。ジョージア在住のロシア人に対する武力攻撃があったというロシアの主張に対する批判は、むしろ「合理的な措置をはるかに超え」[79]、「全体的に不均衡でありそれゆえ違法な」[80]ものという点に向けられ、ロシア軍要員に対する武力攻撃を理由とする個別自衛権の主張に対する批判に並立させる形で示された。学説は、上記の論点に関する立場の違いはあるものの[81]、ロシ

アの主張が認められないという見解で一致している。ロシアの武力行使がロシア人保護という目的に対する均衡性を欠き[82]、必要な程度を超えていること[83]、ロシアの自国民化政策によって旅券の発給を受けた「ロシア人」が国際司法裁判所のノッテボーム事件判決で示された「現実かつ実効的な国籍」の要件を充たさないこと[84]、の3点が大きな理由である。

2014年のクリミア事案では個別的自衛権がロシアによって援用されることはなかった[85]。ロシアは、「ロシア人の生命に対する脅威」[86]、「ロシア人およびロシア語話者の安全、生命および正当な利益に対する暴力の脅威」[87]、「ロシア人およびロシア同胞に対する脅威」[88]などに言及するにとどまり、自国領域またはクリミアに駐留の認められているロシア軍に対する武力攻撃を主張することもなかった。他方で、米国は、ロシア人やロシア語話者に対する暴力や脅威はそもそも存在していないという立場をとった[89]。学説はロシアによる実際の主張の有無にかかわらず、本事案においてロシア人の保護を目的とする個別自衛権に基づく武力行使の主張を否定する。何よりも、先行するウクライナからの武力攻撃のないことが指摘されている[90]。また、個別的自衛権の要件としての均衡性と必要性を欠いていること[91]、自国民の生命に対する脅威の存在がなく、目的に必要な措置に限定されていないこと[92]、ロシアによる旅券発給を通じた自国民化政策が「現実かつ実効的な国籍」の要件を充たさないこと[93]、なども理由に挙げられている。

(b) 2022年ウクライナ事案

本件においてロシアは個別的自衛権も援用した[94]。ジョージア事案と決定的に異なるのは、ロシアが強調したのは自国に対する脅威であって、自国に対する武力攻撃ではなかった点である。たとえば、「NATO諸国による……いわゆるロシア封じ込め政策……はロシアの利益だけでなくロシアの国家および主権の存在そのものに対する現実の脅威である」と述べ[95]、「ロシアは今日のウクライナ領域からの永続的な脅威に直面して安全、発展及び存在を感じることができない」という[96]。しかし、国際司法裁判所の判例によれば、自衛権の援用のためには、単なる脅威ではなく、より重大な形態の武力行使を意味する「武力攻撃」の発生が求められる[97]。本件では、NATOまたはウクライナによる武力攻撃は発生しておらず[98]、仮に急迫な武力攻撃の状況におけ

るいわゆる先制自衛権の行使が認められたとしても、NATO または武力攻撃の急迫性は認められない[99]（ロシアの主張するウクライナにおける米国による生物兵器開発についても証拠はない[100]）。必要性と均衡性の要件についても、「脅威」の除去のための必要性が認められてしまうのは妥当ではなく、「脅威」と武力行使との均衡性を図ることはおよそ不可能だと思われる。したがって、ロシアの武力行使は個別的自衛権によって正当化できない[101]。

　ロシアはさらに、在外自国民保護のための個別的自衛権を主張し、この文脈からとくに自国民に対する侵害およびジェノサイドを挙げた。つまり、「特別軍事作戦……の目的は 8 年におよぶキエフ政権による侵害およびジェノサイドを受けてきた人民を保護することにある」という[102]。ジョージア事案とは異なり、ここにいう「人民」は、自国民化政策によって新たにロシア旅券の発給を受けた「ロシア人」を指している可能性がある。しかし、ロシアに対する武力攻撃に該当しうる規模で「ロシア人」に対する人権侵害があったかどうかは甚だ疑問であり、仮に人権侵害があったとしてもロシアの武力行使が急迫の脅威を受けている地域に限定されず、さらに旅券発給を通じた自国民化政策そのものに問題があるため、やはり個別的自衛権による正当化は困難である[103]。

(3) 在外自国民の保護（個別的自衛権に依拠しない場合）？

　学説上は、在外自国民に対する急迫の脅威、領域国の意思または能力の欠如および目的に限定した軍事行動という三つの条件が充たされれば在外自国民を保護するための他国領域における武力行使が慣習国際法によって認められるという説が主張されている[104]。もっとも、国連憲章によって明文で認められたものではなく、国家実行による裏付けがあるかどうか必ずしも明らかでないことから、実定法として確立した武力行使の正当化根拠とみなすには慎重になるべきであろう。三つの条件が示されているものの、これらは個別的自衛権の要件に比べて主観的な判断に委ねることが多く、それだけ濫用の危険性も高いように思われる。

(a) 先行事案

　まず、2008 年のジョージア事案に関して言えば、上述のとおりロシアは

個別的自衛権を明示的に援用していることから[105]、慣習国際法に基づく在外自国民の保護のための武力行使の議論は馴染まない[106]。他方で、2014 年のクリミア事案についていえば、ロシアがこの正当化根拠を主張しているかどうか必ずしも定かではない[107]。学説は、ロシアの主張の有無に関わらず、この正当化根拠は援用できないという立場である。クリミアにおいて自国民の生命に対する脅威は存在しておらず[108]、仮に存在していたとしてもロシアの武力行使が自国民の保護の目的に限定されていないことが指摘されている[109]。

(b) 2022 年ウクライナ事案

本件でもロシアは個別的自衛権を明示的に援用しているため、慣習国際法に基づく在外自国民の保護のための武力行使の議論は関連しない。理論上の議論を行うとしても、やはりロシアの武力行使が国際法に違反しているとの結論は変わらない。上述のとおり、ウクライナ領域内の「ロシア人」に対する急迫の脅威（ジェノサイドを含む[110]）があるかどうか非常に疑問であって、急迫の脅威がないのであれば武力行使にはそもそも目的がなく、領域国の意思または能力も問題にならないからである。

(4) 人道的干渉の理論？

いわゆる人道的干渉の理論、つまり他国で集団殺害や迫害の犠牲となっている他国国民の生命・身体の保護を目的とする武力行使が国際法上認められるか否かについては従来から争いがある。ベルギーは 1999 年のコソボ空爆をこの理論によって正当化し[111]、英国は 2018 年にシリアにおける化学兵器使用を受けた武力行使についてこの理論に依拠した[112]。しかし、この理論を明示的に援用する国は他にほとんどなく[113]、むしろこの理論に基づく武力行使には一定の諸国から強い批判が寄せられている[114]。学説もこの理論を認める立場は限られており[115]、多数は疑問視している[116]。

(a) 先行事案

2008 年ジョージア事案に関して、独立国際事実調査団はいわゆる「人道的干渉」による正当化の可能性について検討したものの、これに否定的な立場を示した。何よりも「人道的干渉」のための武力行使が認められるか否かについて争いがあること、そしてロシアが NATO 諸国によるコソボ空爆の際

に人道的干渉による正当化に一貫して反対したこと、ロシアは南オセチアに接していて政治的その他の重要な利害を有していること、などが理由として挙げられている[117]。なお、ロシアはジョージアによるオセチア人に対するジェノサイド行為が行われていると主張し、これを停止させるために軍事干渉を行ったと述べた[118]。もっとも、独立国際事実調査団はジェノサイドが行われたという主張それ自体を証拠が不十分であることを理由に否定した[119]。

　2014 年のクリミア事案については、学説の立場から人道的干渉の理論の適用可能性が検討されたものの、この理論がそもそも非常に争いのある概念であるばかりか、ロシアが批判的な立場をとってきたこと、仮に認められるとしても重大な人権侵害は発生しておらず、軍事行動の範囲と目的も逸脱しているとして、この理論では正当化できないとの結論が導かれている[120]。

(b) 2022 年ウクライナ事案

　上述のとおり、ロシアは本件において「特別軍事作戦……の目的は 8 年におよぶキエフ政権による侵害およびジェノサイドを受けてきた人民を保護することにある」と主張する[121]。ここにいう「人民」が在外ロシア人ではなく、ドネツクとルハンスクの人民であるとすれば、人道的干渉論のような主張が展開されているということになる。もっとも、人道的干渉の理論は他国領域の他国国民が政府などから重大な人権侵害を受けていることを理由とする武力行使を認めるものであり、ロシアが「ドネツク人民共和国」および「ルハンスク人民共和国」を国家承認していることと矛盾してしまう[122]。両「共和国」の住民はもはやウクライナ人とは言えないはずだからである。この点を脇に置くとしてもロシアの武力行使はやはり正当化できないであろう[123]。ジョージア事案と同様に、ジェノサイドを含む重大な人権侵害が発生していたという証拠はなく[124]、ロシアの武力行使が人権侵害を回避するという目的のために必要でありかつ均衡のとれたものであるとは思われない。国際司法裁判所も暫定措置命令の中で、ジェノサイド条約が締約国に対してジェノサイドの防止または処罰のために他国領域において一方的な武力行使を行うこと認めているかどうかについて疑問を呈している[125]。その後ロシアは人道的干渉論のような主張を後退させ、自衛権のみを主張しているようである。

(5) 自決権支援のための武力行使？

　かつては自決権の行使を支援するための武力行使が認められるか否かについて激しい議論が交わされていた時代もあった。もっとも、非植民地化の進展や違法な占領状態の解消によってその意義はほぼ失われたといってよい[126]。この考えを非植民地化または違法な占領状態以外の文脈に拡張させることにはほとんど支持が得られていない[127]。

(a) 先行事案

　2014年のクリミア事案では、クリミアがロシアの武力行使から約一か月後に独立を宣言し、その直後にロシアと締結した条約に基づいてロシアに編入されるという経過をたどった。ロシアが武力行使の際に自決権の支援を理由としたかは不明ながら、学説の立場からは、仮に自決権支援のための武力行使が認められるとしても、ロシアの武力行使は正当化できないという見解が示されている。クリミアの住民がウクライナから抑圧や重大な人権侵害を受けていることは示されておらず[128]、武力行使の伴う状況下で人民が自由に決定できると考えるのは困難であって[129]、「独立宣言」から10日後に編入が決定されるという状況はおよそ信義誠実ではないことなどが理由である[130]。

(b) 2022年ウクライナ事案

　本件でもロシアが自決権の支援のために武力を行使したかどうかは定かではない。少なくとも自決権は明示的に言及されていない。この背景には、前述のとおり、ドネツクとルハンスクで2つの「共和国」を武力行使の直前に国家承認したことが関係しているだろう。ドネツクとルハンスクに関する限り、自決権は――ロシアの立場からすれば――すでに行使されたことを意味するからである。もっとも、事態はその後さらに展開し、親ロシア派主導の下、「ドネツク人民共和国」と「ルハンスク人民共和国」およびロシア占領下の「ヘルソン地域」と「ザポリジージャ地域」でロシアへの編入を問う「住民投票」が実施され、その「結果」を踏まえて、プーチン大統領がこれらの地域のロシアへの編入に関する「条約」に署名した[131]。プーチン大統領は演説の中で国連憲章第1条の自決権に言及しており[132]、ロシアの立場から見れば、クリミア事案と同様、結果的にはロシアの武力行使が自決権支援につながった

ことになる。しかし、国連総会緊急特別会期は「ウクライナの領土保全：国際連合憲章の原則の擁護」決議を圧倒的多数で採択して[133]、違法な住民投票の実施と違法な併合の試みを非難し、これらの行為の国際法上の有効性を否定した[134]。

おわりに

　本章はロシアの武力行使を *jus ad bellum* の観点から考察することを目的としていた。この目的のため、武力不行使原則の主発点をなす国連憲章の成立以来、ソ連／ロシアが他国領域における武力行使の事案でどのように正当化を主張し、またその主張がどのように評価されてきたかを検討した上で、これらの事案との比較において今回のウクライナ事案におけるロシアの武力行使の正当化の主張について評価を試みた。最後に以下三点を指摘することをもってまとめに代えることとする。

　第一に、ソ連／ロシアによる他国領域における武力行使には二つの大きな目的があるということである。一つ目は自らの勢力圏の維持である。これはソ連時代から変わることがない。二つ目は旧ソ連諸国に残されたロシア系住民の保護である。これはソ連崩壊によって生じたロシア的な問題である。いずれの目的のための武力行使であっても、ソ連／ロシアは武力不行使原則の例外として正当化しうることを主張しなければならない。ここでソ連／ロシアは、武力不行使原則に対する例外を拡張しようとする試みを続けてきたのである。これが二点目の指摘である。ソ連時代はソ連圏の維持という一つの目的に対して、国家（領域国政府）中心に——反政府勢力の打倒という建前で——その要請の有効性をぼやかす形で対応してきた。武力不行使原則に対する例外の拡張ではあるものの、それは国家という従来の外見は維持しつつ実態の疑わしい「政府」の要請に依拠する程度にとどまっていたと言える。これに対して、ロシア時代になると旧ソ連圏の維持と旧ソ連諸国に残されたロシア系住民の保護という二つの目的のために、国家（領域国政府）と対立し——反政府勢力や親ロシア派住民の支援を前面に出して——国家承認や自国民化政策を踏まえた在外自国民保護などの「奇策」を展開することで対処せ

ざるを得なくなっている。そもそも実態の伴わない「共和国」や「ロシア人」を創出することで新たな外見を取り繕うアプローチであって、これを既存の正当化根拠——とくに集団的自衛権または個別的自衛権——の中に取り込もうとするため、既存の正当化根拠がこれを支えられるはずがなく、このような形での武力不行使原則に対する例外の拡張はどのように考えても無理がある。その意味では、今回のウクライナ事案に関するロシアの正当化の主張はおよそ受け入れられないものばかりであった。もっとも、このような武力不行使原則に対する例外の拡張の試みはソ連／ロシアに限定されるものでないことを改めて想起すべきである。これが三点目の指摘である。このような試みは従来から他国によっても行われてきた。その多くが国連安全保障理事会の常任理事国によるものだったということも否定できない事実である。いま改めて、武力不行使原則という国連憲章第 2 条 4 項に規定された国際社会における最も重要な国際法規則の存在意義を考え直し、大きく傷ついたこの国際法規則を国連憲章体制の下でいかに復元してゆくかに取り組んでゆかなければならない。

［付記］

　　本章におけるインターネット情報の最終アクセス日は 2022 年 10 月 21 日である。

注

1　Address by the President of the Russian Federation, 24 February 2022; UN Doc. S/2022/154, 24 February 2022, p. 6. See also UN Doc. S/2022/363, 5 May 2022, Annex, pp. 2-3, para. 5.

2　浅田正彦「ウクライナ戦争と国際法——武力行使と戦争犯罪を中心に」『ジュリスト』1575 号 (2022 年) 107 頁。アルバニアは国連安保理の討議において、「［ロシアの］国内上の名称であって、侵略をロシア語で新たに定義したもの」と表現した (UN Doc. S/PV.8988, 7 March 2022 p. 8 (Albania))。なお、国際司法裁判所はジェノサイド条約に基づくジェノサイドの申立事件 (ウクライナ対ロシア) 暫定措置命令において、「いかなる軍事作戦 (military operation) ——とくに、ロシア連邦がウクライナ領域において行っている規模のもの——も、人命の損失、精神的および肉体的侵害、ならびに財産および環境に対する損害を必然的にもたらす」という一般的な定式を示した (Allegations of Genocide under the Convention on the

Prevention and Punishment of the Crime of Genocide (Ukraine v. Russian Federation), 16 March 2022, para. 74)。

3　UN Doc. S/2022/154, 24 February 2022, p. 6; UN Doc. A/ES-11/PV.1, 28 February 2022, p. 8 (Russia)。

4　UN Doc. S/PV.8979, 25 February 2022, pp. 2 (United States), 4 (United Kingdom), 5 (Mexico), 5 (Brazil), 8 (Norway), 8-9 (Ireland), 9-10 (Ghana), 11 (Kenya); UN Doc. A/ES-11/PV.1, 28 February 2022, pp. 11 (European Union), 12-13 (Denmark on behalf of eight Nordic-Baltic countries), 15 (Georgia), 19 (Austria), 20 (Switzerland), 22 (Panama on behalf of Costa Rica and the Dominican Republic), 23 (Bulgaria), 24 (Italy), 28 (Singapore); UN Doc. A/ES-11/PV.2, 28 February 2022, pp. 1 (Uruguay), 2 (Slovakia), 3 (Belgium), 4 (Netherlands), 7 (Slovenia), 9 (Ireland), 10 (Japan), 11 (Mexico), 16 (Greece), 17 (Peru), 18 (Guatemala); UN Doc. A/ES-11/PV.3, 1 March 2022, pp. 4 (Suriname), 5 (Brunei), 8 (Australia), 9 (Jamaica), 10 (Luxembourg), 14 (Spain), 15 (Belize), 16 (Gabon), 18 (Samoa), 18 (Philippines), 18 (Cabo Verde), 19 (Hungary), 20 (Malta); UN Doc. A/ES-11/PV.4, 1 March 2022, pp. 1 (Andorra), 3 (Moldova), 4 (Grenada), 5 (Republic of Korea), 6 (Trinidad and Tobago), 9 (Argentine), 11 (Niger), 13 (Romania), 13 (Montenegro), 14 (San Marino), 15 (Cyprus), 17 (North Macedonia), 15-16 (Portugal); UN Doc. A/ES-11/PV.5, 2 March 2022, pp. 2 (Myanmar), 3 (Djibouti).

5　決議案 (UN Doc. S/2022/155, 25 February 2022) は賛成 11、反対 1 (ロシア)、棄権 3 (中国、インド、アラブ首長国連邦) で否決された (UN Doc. S/PV.8979, 25 February 2022, p. 6)。

6　UN Doc. A/RES/E-S11/1, 2 March 2022. 決議案 (UN Doc. A/ES-11/L.1, 1 March 2022) は賛成 141、反対 5、棄権 35 で採択された (UN Doc. A/ES-11/PV.5, 2 March 2022, pp. 14-15)。武力行使禁止原則との関係で注目される点は差し当たり次のパラグラフである。憲章第 2 条の義務を想起 (前文第 2 項)、友好関係宣言を想起 (前文第 6 項)、侵略の定義を想起 (前文第 7 項)、ロシアの特別軍事作戦を非難 (前文第 10 項)、武力行使の結果としての領域取得が法的に認められないことを再確認 (前文第 11 項)、ロシアの軍事活動の規模を認識 (前文第 12 項)、ロシアの侵略を最も強い言葉で非難 (本文第 2 項)、武力行使の即時停止を要求 (本文第 3 項)、軍隊の即時完全無条件の撤退を要求 (本文第 4 項)、違法な武力行使に対するベラルーシの関与を非難 (本文第 10 項)。

7　United Nations, 5 April 2022, at https://www.youtube.com/watch?v=YHN43mEWza8.

8　ロシア軍は平和維持活動のためのジョージア領域への駐留が認められていた (Agreement on Principles of Settlement of the Georgian - Ossetian Conflict, 24 June 1992, at https://peacemaker.un.org/sites/peacemaker.un.org/files/GE%20RU_920624_AgreemenOnPrinciplesOfSettlementGeorgianOssetianConflict.pdf., Article 3, paragraph 1; Cease-Fire and Separation-of-Forces Agreement, 14 May 1994 (UN Doc. S/1994/583, 17 May 1994, Annex I), paragraph 2.(b))。

9　ロシア黒海艦隊はウクライナとの二国間条約に基づいてクリミアへの駐留が認められていた (Partition Treaty on the Status and Conditions of the Black Sea Fleet, 28 May 1997, Article 8, paragraph 4 ("Military units may in their locations and movements implement protection measures in accordance with the procedure established in the Armed Forces Federation, in cooperation with the competent authorities of Ukraine."))。

10　浅田「前掲論文」(注 2) 108 頁。

11　1968 年チェコスロバキア事案と 1979 年アフガニスタン事案は Gray と Henderson によってそれぞれの事案として考察されている (Christine Gray, *International Law and the Use of Force*, fourth edition (Oxford University Press, 2018), pp. 93, 96-97, 183, 187; Christian Henderson, *The Use of Force and International Law* (Cambridge University Press, 2018), pp. 256, 372-373.

12　*Military and Paramilitary Activities in and against Nicaragua (Nicaragua v. United States of America), Merits, Judgment, I.C.J. Reports 1986*, p. 14, 103-105, paras. 195-199.

13　UN Doc. S/8759, 21 August 1968; UN Doc. S/PV.1441, 21 August 1968, pp. 7-8, paras. 75, 90, 93 (USSR).

14　UN Doc. S/PV.1441, 21 August 1968, pp. 13-14, paras. 137-140 (Czechoslovakia).

15　*Ibid.*

16　UN Doc. S/PV.1445, 24 August 1968, p. 17, para. 162 (United States), p. 18, para. 171 (Canada), p. 19, para. 185 (Denmark); UN Doc. S/PV.1442, 22 August 1968, p. 1, para. 7 (Ethiopia), p. 9, para. 88 (United Kingdom); UN Doc. S/PV.1443, 22 August 1968, p. 2, para. 18 (Senegal).

17　UN Doc. S/PV.2185, 5 January 1980, pp. 2-3, paras. 13, 16, 17 (USSR); UN Doc. S/PV.2186, 5 January 1980, p. 3, paras. 17, 19 (USSR).

18　UN Doc. S/PV.2185, 5 January 1980, p. 8, para. 76 (Pakistan).

19　Gray, *supra* note 11, p. 187.

20　Olivier Corten, *The Law Against War*, second edition (Hart Publishing, 2021), pp. 452-453. 武力攻撃が発生していない状況で集団的自衛権は援用できず、武力行使を正当化するのは領域国の要請に基づく軍事干渉しかない。このような事実関係の曖昧さも 2 つの正当化根拠が並立して主張される背景として指摘できるだろう。

21　UN Doc. S/2022/154, 24 February 2022, p. 6 ("The People's Republics of Donbass appealed to Russia for help."); UN Doc. A/76/740–S/2022/179, 7 March 2022, Annex III and Annex IV.

22　浅田「前掲論文」(注 2) 108 頁。

23　UN Doc. S/PV.8970, 21 February 2022, pp. 3 (United States), 6 (United Kingdom), 7 (Ireland), 8 (Kenya), 10 (Gabon), 10 (Norway), 13 (Ukraine); UN Doc. S/PV.8974, 23 February 2022, pp. 6 (Ireland), 7 (Norway); UN Doc. A/ES-11/PV.1, 28 February 2022, pp. 6 (Ukraine), 15 (Georgia), 19 (Austria); UN Doc. A/ES-11/PV.2, 28 February 2022, pp. 1 (Uruguay), 4-5 (Fiji), 8 (Turkey), 21 (Chile); UN Doc. A/ES-11/PV.3, 1 March 2022, pp. 1 (Colombia), 19 (Hungary); UN Doc. A/ES-11/PV.4, 1 March 2022, p. 5 (Republic of Korea); UN Doc. A/ES-11/PV.5, 2 March 2022, p. 24 (Turkey).

24　James A. Green, Christian Henderson and Tom Ruys, "Editorial: Russia's attack on Ukraine and the *jus ad bellum*," *Journal on the Use of Force and International Law*, Vol. 9, No. 1 (2022), p. 4, p. 18.

25　Institute of International Law, Resolution on Military Assistance on Request, 8 September 2011, Article 1 (a).

26　Elihu Lauterpacht, "Intervention by invitation," *International and Comparative Law Quarterly*, Vol. 7 (1958), p. 103; Christopher C. Joyner, "The United States Action in Grenada: Reflections on the Lawfulness of the Invasion," *American Journal of International Law*, Vol. 78 (1984), p. 138; Antonio Tanca, *Foreign Armed Intervention in Internal Conflict* (Martinus Nijhoff, 1993), p. 19; Russell Buchan and Nicholas Tsagourias, "The Crisis in Crimea and the Principle of Non-Intervention," *International Community Law Review*, Vol. 19, No. Issues 2-3 (2017), p. 182; Corten, *supra* note 20, p. 248.

27　See George Nolte, "Intervention by Invitation," *Max Planck Encyclopedia of Public International Law*, Vol. VI (Oxford University Press, 2012), pp. 282-285, paras. 2-13; Seyfullar Hasar, *State Consent to Foreign Military Intervention during Civil Wars* (Brill, 2022), pp. 182-272.

28　「国の同意は、国際法において有効であり、明確に提示され、(単なる推定された同意を排除するほどに) 実際に表明され、国際的に国に帰属しうるもので、言及される行為の実行に先行しなければならない。同意はまた、他国による行為の違法性を同意の対象および期間に関してこれを表明する当該国の意図する範囲でのみ阻却するものとして援用できる」(*Yearbook of the International Law Commission, 1979, Volume II* (Part Two), p. 112)。

29　*Yearbook of the International Law Commission, 1979*, Volume II (Part Two), pp. 112-113; Henderson, *supra* note 11, pp. 371-373, 375; Corten, *supra* note 20, pp. 263-274.

30　UN Doc. S/PV.746, 28 October 1956, p. 4, para. 20 (USSR). この事案は集団的自衛権の援用例と捉えられることもある (下中菜都子、樋山千冬「集団的自衛権の援用事例」『レファレンス』(2015 年 3 月) 27 頁)。しかし、ソ連は集団的自衛権を明示的に援用していない (Gray, *supra* note 11, p. 176)。

31　UN Doc. S/PV.746, 28 October 1956, p. 13, para. 79 (United Kingdom), p. 15, para. 90 (France); UN Doc. A/PV.564, 4 November 1956, p. 4, para. 43 (Peru). p. 7, para. 72 (United States).

32　Yoram Dinstein, *War, Aggression and Self-Defence*, sixth edition (Cambridge, 2017), p. 127; Corten, *supra* note 20, pp. 261, 265.

33　Dinstein, *supra* note 32, pp. 127-128; Gray, *supra* note 11, pp. 96-97; Henderson, *supra* note 11, pp. 372-373; Erika de Wet, *Military Assistance on Request and the Use of Force* (Oxford University Press, 2020), p. 167, footnote 103; Corten, *supra* note 20, pp. 261-262, 265-266.

34　Christopher J. Le Mon, "Unilateral Intervention by Invitation in Civil Wars: The Effective Control Test Tested," *New York University Journal of International Law and Politics*, Vol. 35, No. 3 (2003), p. 787. See also UN Doc. S/24725, 28 October 1992, p. 2. 1993 年 5 月 25 日の友好協力相互援助条約第 3 条はロシア軍の駐留を認めている (Hamrokhon Zarifi (ed.), *Tajikistan Diplomacy: The past and the present I* (Irfon, 2009), p. 69)。

35　UN Doc. S/26241, 5 August 1993, p. 1. cf. UN Doc. S/26092, 16 July 1993, Annex, p. 2; UN Doc. S/26110, 19 July 1993, Annex, p. 2.

36　UN Doc. S/2015/792, 15 October 2015, Annex, p. 2.

37　1992 年 5 月 15 日の採択時は、「侵略」が「いかなる国または国の集団による」ものに限定され、他方で侵略を受けた締約国の要請は明示されていなかった (Treaty on Collective Security, Tashkent, 15 May 1992 (*United Nations Treaty Series*, Volume 1894, I-32307))。しかし、2010 年 12 月 10 日の改正によってこの限定が削除されるとともに、「侵略」に「（安全、安定、領土保全又は主権に脅威を与える武力攻撃）」という補足説明が加わり、「侵略」の場合の支援提供にあたって侵略を受けた締約国の要請が明示的な要件とされた (Protocol Amending the Treaty on Collective Security, Moscow, 10 December 2010)。

38　The Statement by Nikol Pashinyan, the Chairman of the CSTO Collective Security Council - Prime Minister of the Republic of Armenia, 6 January 2022, at https://en.odkb-csto. org/news/news_odkb/zayavlenie-predsedatelya-soveta-kollektivnoy-bezopasnosti-odkb-premer-ministra-respubliki-armeniya-n/#loaded; Foreign Ministry statement on the CSTO Collective Security Council's decision to send CSTO Collective Peacekeeping Forces to the Republic of Kazakhstan, 6 January 2021.

39　UN Doc. S/PV.7124, 1 March 2014, p. 5 (Russia).

40　UN Doc. S/PV.7125, 3 March 2014, p. 5 (United States).

41　James A. Green, "The Annexation of Crimea: Russia, Passportisation and the Protection of Nationals Revisited," *Journal of the Use of Force and International Law*, Vol. 1, No. 1 (2014), p. 7; Veronika Bílková, "The Use of Force by the Russian Federation in Crimea," *Zeitschrift* *für ausländisches öffentliches Recht und Völkerrecht (ZaöRV)*, Vol. 75 (2015), pp. 40-41; Buchan and Tsagourias, *supra* note 26, p. 185.

42　UN Doc. S/2014/146, 3 March 2014, Annex, p. 2; UN Doc. S/PV.7125, 3 March 2014, pp. 3-4 (Russia).

43　UN Doc. S/2014/152, 5 March 2014.

44　Bílková, *supra* note 41, p. 41.

45　UN Doc. S/PV.7125, 3 March 2014, p. 7 (United Kingdom).

46　*Ibid.,* p. 18 (United States).

47　Christian Marxsen, "The Crimea Crisis: An International Law Perspective," *Zeitschrift für ausländisches öffentliches Recht und Völkerrecht (ZaöRV)*, Vol. 74, (2014), p. 379; Peter M. Olson, "The Lawfulness of Russian Use of Force in Crimea," *Military Law and Law of War Review*, Vol. 53, No. 1 (2014), pp. 31-32; Thomas D Grant, "Current Developments: Annexation of Crimea," *American Journal of International Law*, Vol. 109, No. 1 (2015), p. 82; Olivier Corten, "The Russian Intervention in the Ukrainian Crisis: Was Jus Contra Bellum Confirmed rather than Weakened," *Journal on the Use of Force and International Law*, Vol. 2, No. 1 (2015), p. 32; Buchan and Tsagourias, *supra* note 26, p. 183. See also Mary Ellen O'Connell, "The Crisis in Ukraine—2014," in Tom Ruys and Olivier Corten with Alexandra Hofer (eds.), *The Use of Force in International Law: A Case-Based Approach* (Oxford University Press, 2018), p. 866; Henderson, *supra* note 11, p. 356.

48　Green, *supra* note 41, p. 7; Marissa Mastroianni, "Russia Running Rogue: How the Legal Justifications for Russian Intervention in Georgia and Ukraine Relate to the U.N. Legal Order," *Seton Hall Law Review*, Vol. 46, No. 2 (2016), p. 651.

49　Bílková, *supra* note 41, p. 42; Buchan and Tsagourias, *supra* note 26, pp. 183-184.

50　Buchan and Tsagourias, *supra* note 26, p. 184.

51　Bílková, *supra* note 41, p. 41.

52　Bílková, *supra* note 41, p. 42; Mastroianni, *supra* note 48, p. 651; Juergen Bering, "The Prohibition of Annexation: Lessons from Crimea," *New York University Journal of International Law and Politics*, Vol. 49, No. 3 (2017), p. 765.

53　Marxsen, *supra* note 47, p. 379.

54　Olson, *supra* note 47, p. 32; Bílková, *supra* note 41, p. 40.

55　浅田「前掲論文」(注 2) 108 頁。

56　Green, Henderson and Ruys, *supra* note 24, pp. 22-23.

57　*Military and Paramilitary Activities in and against Nicaragua, supra* note 12, p. 126, para. 246.

58　UN Doc. S/26091, 16 July 1993, Annex, p. 2; UN Doc. S/26092, 16 July 1993, Annex, pp. 2-3. 武力攻撃の主体がアフガニスタン領域で活動するタジキスタンの反政府勢力

――つまり非国家主体――だった点は注目に値する。これに関連して、アフガニスタンはタジキスタンの反政府勢力が自国領域で訓練を受けてタジキスタンに越境攻撃を行ったというソ連とタジキスタンの主張を否定した（UN Doc. S/26145, 22 July 1993, p. 2; UN Doc. S/26814, 24 November 1993, Annex, p. 2）。

59　UN Doc. S/26290, 11 August 1993, Annex III, p. 6.

60　UN Doc. S/26145, 22 July 1993, pp. 2-3.

61　注 21 参照。

62　*Military and Paramilitary Activities in and against Nicaragua, supra* note 12, p. 103, paras. 194-195.

63　*Oil Platforms (Islamic Republic of Iran v. United States of America), Judgment, I.C.J. Reports 2003*, p. 195, para. 72.

64　Derek W Bowett, *Self-Defence in International Law* (Manchester University Press, 1958), pp. 87-105; Derek W. Bowett, "The Use of Force for the Protection of Nationals Abroad," in Antonio Cassese (ed.), *The Current Legal Regulation of the Use of Force* (1986), p. 39, pp. 40-46; Christopher Greenwood, "Self Defence," *Max Planck Encyclopedia of Public International Law*, Vol. IX (Oxford University Press, 2012), p. 113, para 108.

65　UN Doc. S/2008/545, 11 August 2008, p. 1.

66　*Ibid.*

67　Christine Gray, "The Conflict in Georgia—2008," in Tom Ruys and Olivier Corten with Alexandra Hofer (eds.), *The Use of Force in International Law: A Case-Based Approach* (Oxford University Press, 2018), pp. 719, 724.

68　Report of the Independent International Fact-Finding Mission on the Conflict in Georgia (2009), Vol. II, p. 252. ただし、同調査団によれば、自らの作戦開始前にロシア軍が南オセチアに大規模に展開していたというジョージアの主張は「確認できなかった」(Report of the Independent International Fact-Finding Mission on the Conflict in Georgia (2009), Vol. I, p. 23)。

69　UN Doc. S/PV.5953, 10 August 2008, p. 6 (United States).

70　*Ibid.,* p. 11 (United Kingdom).

71　*Ibid.,* p. 13 (Croatia).

72　*Ibid.,* p. 15 (Panama).

73　Report of the Independent International Fact-Finding Mission on the Conflict in Georgia (2009), Vol. I, p. 24.

74　Mastroianni, *supra* note 48, p. 637; Henderson, *supra* note 11, p. 256; Gray, *supra* note 67, p. 726.

75　See Tom Ruys, "The Protection of Nationals' Doctrine Revisited," *Journal of Conflict and*

Security Law, Vol. 13 (2008), pp. 235-236; Gray, *supra* note 67, pp. 722-723.

76 Albrecht Randelzhofer and Georg Nolte, "Article 51," in Bruno Simma, Daniel-Erasmus Khan, Georg Nolte, and Andre Paulus (eds.), *The Charter of the United Nations: A Commentary*, third edition (Oxford University Press, 2012), p. 1413; Marxsen, *supra* note 47, p. 374.

77 Report of the Independent International Fact-Finding Mission on the Conflict in Georgia (2009), Vol. II, pp. 287-288. See also Report of the Independent International Fact-Finding Mission on the Conflict in Georgia (2009), Vol. I, pp. 24-25.

78 Report of the Independent International Fact-Finding Mission on the Conflict in Georgia (2009), Vol. II, p. 187.

79 UN Doc. S/PV.5953, 10 August 2008, p. 6 (United States).

80 *Ibid.*, 15 (Panama).

81 肯定的な立場として、Robert P. Chatham, "Defense of Nationals Abroad: The Legitimacy of Russia's Invasion of Georgia," *Florida Journal of International Law*, Vol. 23, No. 1 (2011), pp. 88-90. 懐疑的な立場として、Green, *supra* note 41, p. 4.

82 Green, *supra* note 41, p. 9; Chatham, *supra* note 81, p. 99; Mastroianni, *supra* note 48, p. 637.

83 Chatham, *supra* note 81, pp. 98-99; Bílková, *supra* note 41, p. 47; Russell Buchan and Nicholas Tsagourias, *Regulating Use of Force in International Law Review* (Edward Elgar Publishing, 2021), p. 52.

84 Green, *supra* note 41, p. 4; Mastroianni, *supra* note 48, pp. 636-637. See also Report of the Independent International Fact-Finding Mission on the Conflict in Georgia (2009), Vol. I, p. 18; Report of the Independent International Fact-Finding Mission on the Conflict in Georgia (2009), Vol. II, pp. 288-289. なお、ロシアはジョージアによるオセチア人に対するジェノサイド行為を止めさせるために武力を行使したとも主張しているものの、ここにいう「オセチア人」は「ロシア人」とは区別されている (Report of the Independent International Fact-Finding Mission on the Conflict in Georgia (2009), Vol. II, p. 221)。したがって、ジョージアによるジェノサイド行為の主張を在外自国民の保護の文脈で捉えることはできないだろう。

85 Corten, *supra* note 47, p. 32.

86 UN Doc. S/PV.7124, 1 March 2014, p. 5 (Russia).

87 *Ibid.*

88 *Ibid.*

89 UN Doc. S/PV.7125, 3 March 2014, pp. 4, 6 (United States).

90 Green, *supra* note 41, p. 8; Mastroianni, *supra* note 48, p. 649.

91 Green, *supra* note 41, pp. 8-9; Olson, *supra* note 47, pp. 36-37; Buchan and Tsagourias, *su-*

pra note 83, p. 53.

92　Olson, *supra* note 47, pp. 35-36; Bílková, *supra* note 41, p. 47; Bering, *supra* note 52, pp. 766-767.

93　Green, *supra* note 41, pp. 7-8. See also Buchan and Tsagourias, *supra* note 26, p. 188; Buchan and Tsagourias, *supra* note 83, p. 53.

94　Address by the President of the Russian Federation, 24 February 2022; UN Doc. S/2022/154, 24 February 2022, p. 6. See also UN Doc. S/2022/363, 5 May 2022, Annex, pp. 2-3, para. 5.

95　UN Doc. S/2022/154, 24 February 2022, p. 5.

96　*Ibid.*, p. 6.

97　*Military and Paramilitary Activities in and against Nicaragua, supra* note 12, p. 101, para. 91; *Oil Platforms, supra* note 63, p. 187, para. 51.

98　浅田「前掲論文」(注 2) 107-108 頁、掛江朋子「ロシアのウクライナ侵攻と武力不行使原則」『国際法学会エキスパート・コメント』No. 2022-10、2 頁 (2022 年 10 月 1 日アクセス)。

99　浅田「前掲論文」(注 2) 108 頁。

100　ロシアの要請に基づいて国連安全保障理事会会合と生物兵器禁止条約の協議国会合がそれぞれ開催されたものの、ロシアと米国・ウクライナの主張は平行線をたどった (UN Doc. S/PV.8991, 11 March 2022; UN Doc. S/PV.8999, 19 March 2022; Biological Weapons Convention – Formal Consultative Meeting: Documents, at https://meetings.unoda.org/section/bwc-fcm-2022-documents/)。

101　Green, Henderson and Ruys, *supra* note 24, pp. 8-14.

102　UN Doc. S/2022/154, 24 February 2022, p. 6.

103　Green, Henderson and Ruys, *supra* note 24, pp. 14-16. その実定規範性および妥当性は別として、ロシアによる武力行使の正当化根拠はロシア旅券を発給された者の捉え方によって異なってくる。すなわち、一方で「ロシア人」と捉えれば (ロシアの立場) 在外自国民の保護に、他方であくまでもウクライナ人と捉えれば (ウクライナの立場) 人道的干渉の理論に、それぞれ依拠することになる。

104　Humphrey Waldock, "The Regulation of the Use of Force by Individual States in International Law," *Recueil des Cours,* Vol. 81 (1952-II), p. 467. See also Albrecht Randelzhofer and Oliver Dörr, "Article 2 (4)," in Bruno Simma, Daniel-Erasmus Khan, Georg Nolte, and Andre Paulus (eds.), *The Charter of the United Nations: A Commentary*, third edition (Oxford University Press, 2012), p. 228; Oliver Dörr, "Use of Force, Prohibition of," *Max Planck Encyclopedia of Public International Law*, Vol. X (Oxford University Press, 2012), p. 617. 否定説として、Grant, *supra* note 47, p. 80.

105　Corten, *supra* note 47, p. 32.

106　ただし、（個別的）自衛権に依拠することなく在外自国民の保護の目的で武力行使が認められると仮定して分析する論者があり、（個別的）自衛権に依拠した場合の議論と同じ理由（均衡性を欠くこと、ロシア系住民は法的に「ロシア人」と捉えられないこと）で否定的な結論が導かれている（Mastroianni, *supra* note 48, pp. 637-638）。

107　Corten, *supra* note 47, pp. 31-32.

108　Marxsen, *supra* note 47, p. 374; Buchan and Tsagourias, *supra* note 26, pp. 187-188.

109　Bering, *supra* note 52, pp. 766-767.

110　ウクライナが国際司法裁判所に求めた暫定措置には、自国領域がジェノサイド条約第 1 条のあからさまな濫用に基づく他国の軍事作戦に服すものではないことが含まれている（Allegations of Genocide under the Convention on the Prevention and Punishment of the Crime of Genocide, *supra* note 2, para. 52）。

111　CR 99/15, 10 May 1999, pp. 16-17（Ergec）.

112　United Kingdom, Policy paper, Syria action – UK government legal position, 14 April 2018, at https://www.gov.uk/government/publications/syria-action-uk-government-legal-position/syria-action-uk-government-legal-position; UN Doc. S/PV.8233, 14 April 2018, pp. 7, 25（United Kingdom）; OPCW Doc. EC-M-58/NAT.4, 16 April 2018（United Kingdom）, p. 3. See also Policy paper, Chemical weapon use by Syrian regime: UK government legal position, Published 29 August 2013, at https://assets.publishing.service.gov.uk/government/uploads/system/uploads/attachment_data/file/235098/Chemical-weapon-use-by-Syrian-regime-UK-government-legal-position.pdf.

113　この事実は人道的干渉の理論の実定法規範性を議論するにあたってもっと強調されてもよいと思われる。

114　UN Doc. S/PV.8233, 14 April 2018, pp. 3（Russia）, 10（China）, 10（Kazakhstan）, 14（Bolivia）, 17（Equatorial Guinea）, 25（Russia）.

115　Christopher Greenwood, "Humanitarian Intervention: The Case of Kosovo," *Finnish Yearbook of International Law*, Vol. 10（1999）, p. 170.

116　Bruno Simma, "NATO, the UN and the Use of Force: Legal Aspects," *European Journal of International Law*, Vol. 10, No. 1（1999）, p. 5; Richard B. Bilder, "Kosovo and the New Interventionism: Promise or Peril," *Journal of Transnational Law and Policy*, Vol. 9, No.1（1999）, p. 161; Louis Henkin, "Kosovo and the Law of 'Humanitarian Intervention,'" *American Journal of International Law*, Vol. 93, Issue 4（1999）, p. 825; Ian Brownlie, "International Law and the Use of Force by States Revisited," *Australian Yearbook of International Law*, Vol. 21（2000）, pp. 34-35; Carsten Stahn, "Syria and the Semantics of Intervention, Aggression and Punishment;

On Red Lines and Blurred Lines," *Journal of International Criminal Justice*, Vol. 11, Issue 5 (December 2013), p. 965; Mika Hayashi, "Reacting to the Use of Chemical Weapons: Options for Third States," *Journal on Use of Force and International Law*, Vol. 1, No.1 (2014), p. 116; Christian Henderson, "The UK Government's Legal Opinion on Forcible measures in Response to the Use of Chemical Weapons by the Syrian Government," *International and Comparative Law Quarterly*, Vol. 64, No. 1 (2015), pp. 183-192; O'Connell, *supra* note 47, p. 871; Anne Lagerwall, "Threats of and Actual Military Strikes Against Syria—2013 and 2017," in Tom Ruys and Olivier Corten (eds.), *The Use of Force in International Law: A Case-based Approach* (Cambridge University Press, 2018), p. 847; Corten, *supra* note 20, pp. 534-537.

117 Report of the Independent International Fact-Finding Mission on the Conflict in Georgia (2009), Vol. I, p. 24.

118 *Ibid.*, p. 21.

119 Report of the Independent International Fact-Finding Mission on the Conflict in Georgia (2009), Vol. II, pp. 421-429.

120 Bílková, *supra* note 41, pp. 47-49.

121 UN Doc. S/2022/154, 24 February 2022, p. 6.

122 浅田「前掲論文」(注 2) 108 頁。ただし、両「共和国」を国家承認していない他国からみれば、ロシアの主張はあくまでも「人道的干渉論」として捉えることができる。ドネツクとルハンスクの人民はあくまでもウクライナ国民だからである。ウクライナはこの立場に立って国際司法裁判所に提訴したと考えられる。

123 Green, Henderson and Ruys, *supra* note 24, pp. 25-26.

124 Allegations of Genocide under the Convention on the Prevention and Punishment of the Crime of Genocide, *supra* note 2, para.59.

125 *Ibid.*

126 Gray, *supra* note 11, p. 72.

127 Bílková, *supra* note 41, p. 45; Gray, *supra* note 11, p. 73.

128 Bílková, *supra* note 41, p. 45; Mastroianni, *supra* note 48, p. 653; Buchan and Tsagourias, *supra* note 26, p. 190.

129 Grant, *supra* note 47, p. 85.

130 *Ibid.*, p. 86.

131 President of Russia, Signing of treaties on accession of Donetsk and Lugansk people's republics and Zaporozhye and Kherson regions to Russia, 30 September 2022, at http://en.kremlin.ru/events/president/news/69465.

132 *Ibid.*

133 UN Doc. A/RES/ES-11/4, 12 October 2022. 決議案 (UN Doc. A/ES-11/L.5, 7 October 2022）は賛成 143、反対 5、棄権 35 で採択された（UN News, *Ukraine: UN General Assembly demands Russia reverse course on attempted illegal annexation*, at https://news.un.org/en/story/2022/10/1129492）。

134　UN Doc. A/RES/ES-11/4, 12 October 2022, operative paragraphs 2, 3.

　校正の段階で、和仁健太郎「ロシアによるウクライナ軍事侵攻の合法性と国際社会の対応」『国際問題』No. 710（2022 年 12 月）に接した。

第3章　ウクライナに対する武器移転の法的解釈

佐藤丙午

はじめに

　2022年2月に始まったロシアのウクライナ侵攻に対するウクライナの抵抗は、米国を中心とした諸外国からの武器支援によって支えられていた面が大きい。特に米国は、侵攻直後からウクライナに対して、ロシア軍をウクライナ領土内から撃退するために必要な武器を、主に緊急支援（Emergency Drawdown）によってウクライナに供与している。欧州諸国も米国に続き、戦況の変化に対応しながら、それまでの方針を変更し、ウクライナが求める兵器を一部供与している。

　日本も侵略開始直後より、一部の防衛装備をウクライナに提供した。日本は2014年に武器輸出三原則等を防衛装備移転三原則（以下移転三原則）へと移転政策を転換したが、その際に発表した三原則の運用指針を一部変更してまで、ウクライナへの支援へと踏み切った。移転三原則の発表の際には、基本的にそれまでの武器輸出三原則等で例外措置を繰り返していた方法を改め、例外措置は設けないと説明されていた。しかし、ウクライナ戦争は、日本の政策の方針の変更が必要な事態と理解された。

　米欧諸国や日本のウクライナ戦争への対応には、ロシアによるウクライナ侵略に法的な正当性が欠落しており、事態を放置することで既存の国際秩序が破壊されることに対する危機感が存在することを意味している。米国に限れば、2014年のロシアによるクリミア編入以降、ウクライナ軍に対する支援を実施してきた[1]。その支援には、直接的な武器移転に加え、その使用法の指導、さらにはウクライナ軍の能力強化など、幅広い内容が含まれていた。

　2014年には簡単に撃破され、クリミア半島の編入を許したウクライナが、2022年の直接的な侵攻に対して抵抗することが可能であった背景には、米国などによるそれまでの武器援助の存在があった。そしてこれは、改めて武器移転の効果が認識された事例となった。2022年の侵略に対し、NATO諸国を中心とした武器援助がウクライナの抵抗力を支えていることを考えると、武器取引は戦争や紛争ではなく、平和と安全に貢献し、ウクライナの領土の一体性を確保するための重要な手段になったのである。

　しかし、2013年の武器貿易条約の発効に象徴されるように、国際社会では武器移転を抑制することに対する関心が高かった。特に紛争当事国への武器移転は、紛争を助長する可能性が指摘され、さらには法的にも当事国の一方への武器移転は、他方より交戦行為と見做されるリスクが存在した。ウクライナはNATO加盟国ではなく、2022年に武器移転を行った国の多くとの間に同盟関係にはなかった。したがって、集団防衛や集団的自衛権の一部として、武器移転が行われたわけではなかった。

　これら状況が示唆するものは、国際法学者らによって広く議論されている、「法的正当性の危機（Legality in Crisis）」が現実化したというものである。国連は、2022年3月1日に国連総会緊急特別会合で「ウクライナに対する侵略」（A/ES-11/L.1）決議を賛成141反対5で成立させ、ウクライナの領土の一体性と、ロシアによる国連憲章第2条の4の不順守を非難している。しかし、この決議では、武器援助の法的地位に関する規定は明示されていない。各国は、それぞれの政治的な計算に基づいて、ウクライナに対する武器移転を実施しているのである。同時にこれは、ロシア側からの主張にあるように、ウクライナへの武器移転の法的位置付けをめぐる議論を喚起した。

　本章では、ウクライナへの武器移転の法的位置付けを考察し、紛争当事国への武器移転の法的課題を抽出するものとする。

Ⅰ．ウクライナに対する武器援助

　国連の「ウクライナに対する侵略」が、ウクライナの領土の統一性が侵害されており、その原因がロシアの侵略であると認定したことで、ロシアがウ

クライナに対して国際法上の違法行為を行っていることが法的に認定された。したがって、ウクライナの反撃は国連憲章第 51 条に基づく個別的自衛権の行使と確定することにもなる[2]。ウクライナに対する武器援助は、ウクライナの国家の一体性を保証する国連憲章に基づく行為となり、国際法的には合法であると解釈される。ただし、ロシアに侵略されたウクライナの主権の一体性が国連憲章に基づいて尊重されるべきは当然であるが、それは自動的に武器移転の合法性を担保するものにはならない。

　各国の判断には様々な政治的な考慮が介在し、それゆえ援助内容も多様であった。キール世界経済研究所では、2022 年 2 月の侵攻開始以来のウクライナに対する各国の支援を分類している（レポート発表時点の 2022 年 8 月が最新となっているが、HP 上ではデータの更新が行われている）[3]。それによると、武器以外の援助を含む手段でウクライナを支援した国は 40 ヶ国であり、そのうち非 G7 及び EU 諸国は 9 ヶ国（豪州、ニュージーランド、ノルウェー、韓国、スイス、トルコ、インド、中国、台湾）となっている。

　キール世界経済研究所は、ウクライナに対する支援を軍事、人道、資金の三つに分類している。このうち、軍事援助は主に二国間で実施され、その中でも米国が突出して高い数字を記録している（二番目は英国、三番目は EU、の順になっている）。軍事援助には、武器移転に加え、兵士の訓練や武器の使用方法の教育などが含まれ、しかもそれら全ては公表されていない。また、武器移転の方法として、新製品を提供する場合と、ストックから拠出する場合、さらには NATO の東方拡大で使用可能性が減った、東欧諸国の保有する旧ソ連兵器と NATO 規格の兵器のスワップ取引でウクライナに武器を供給する場合もあり、ウクライナ戦争を通じてどの程度の金額や内容の武器が移転されたかを正確に把握するためには、戦後に実施されるであろう検証作業を待つ必要がある[4]。

　安全保障論の観点から考察すると、ウクライナに対する武器移転をめぐる問題には、法的側面と軍事的側面がある。法的側面の議論では、次の節で説明するように、武器援助が国際法上持つ意味と、それに対する各国の法的立場をめぐる問題が重要になる。

　しかし、これを軍事的側面の問題として考察する際、武器移転の合法性は、

ウクライナの戦況に応じた武器援助の具体的内容と、ウクライナ軍の武器使用の実態により規定される面が重視される。たとえば、ロシア侵攻直後には、米国がゼレンスキー大統領の亡命を勧めたことに象徴されるように、ウクライナ側の敗色が濃厚と見られていたこともあり、武器援助は政治的に必ずしも合理的な支援策ではなかった。

しかし、ウクライナがロシアのキーウ占領を阻止し、その後ロシアの進撃を撃退するようになると、ウクライナに対する武器支援をめぐる国際社会の環境は大きく変化していった。ゼレンスキー大統領は、国連総会での演説を含め、国際社会に武器支援を呼びかけ、それに応える形で米国や西欧諸国は武器支援の規模や内容を変化させていったのである。つまり、移転における合法性の有無は結果に過ぎない。もし非合法であると判定されたとしても、その行為が政治および軍事的に自国の安全保障に直接影響しない限り、合法性をめぐる問題で支援国側が受ける影響は限定的となる。

米国のスティムソン研究所内に設けられた Forum on the Arms Trade では、各国が公表ベースで行った武器支援の情報を収集し、継続的に HP に公開している[5]。それによると、2022 年 10 月時点で、EU を含めた 32 か国と国際機関が武器援助を実施している。これら国家と政府機関は、それぞれの政治的な考慮に基づいて実施しているため、規模と内容には大きな差がある。この方式は、一般的に奉加帳方式と呼ばれるもので、援助国同士の連携は必須なものではない。ロシア側は国際社会のウクライナ支援を、共同でロシアに圧力をかけるものとして、その中止を訴えるが、支援国側で役割分担がなされているわけではない。援助国は NATO 諸国が中心であるが、日本や豪州も支援するなど、一部国際的な拡がりが見られる。

たとえば、インド太平洋地域からは、豪州、日本、NATO 諸国からは、ベルギー、カナダ、クロアチア、チェコ、エストニア、フランス、ドイツ、ギリシャ、イタリア、アイルランド、ラトビア、リトアニア、ルクセンブルグ、オランダ、北マケドニア、ノルウェー、ポーランド、ポルトガル、ルーマニア、スロバキア、スロベニア、スペイン、スウェーデン、トルコ、英国、そして米国それ以外として、デンマーク、EU、フィンランドが武器援助を行っている。

　これら武器支援の大部分は、2022 年のロシア侵攻後に実施されている。ただし、これらは緊急対応措置として実施されたケースとはいえ、ウクライナはそれ以前からロシアの侵攻に備えた武器の輸入を実施していた[6]。ストックホルム国際平和研究所 (SIPRI) によると、ウクライナには 2016 年から 21 年の間に、チェコ、フランス、リトアニア、ポーランド、トルコ、米国が何らかの形で武器移転を行っている。そして、2022 年以降の武器援助は各国にとって緊急措置との位置付けであり、したがって、危機における武器移転の合法性が問われるものとなった。ただし、ウクライナは同期間、世界第 14 位の武器輸出国でもあったことにも留意すべきである[7]。

　ただし、前述のように、ウクライナが直面する危機状況は事態の進展に伴って変化するため、緊急対応措置の一部としての対応と、ウクライナ側の反転攻勢が成果を上げている (ロシアが敗走している段階) 状況での支援、そしてロシアが 10 月に法的に編入したと宣言したウクライナ東部四州に対する攻撃、さらにはロシア領内の後背地への対処など、場面ごとに考えられる攻撃の質と内容は異なり、したがって合法性の判断の基準も異なる。なお、ロシアの侵略行為が継続している期間を総体的に見て、ウクライナの個別的自衛権の行使の範囲や程度を広義に解釈するか、あるいは場面ごとに狭義の解釈が適切なのかについて、結論は出されていない。

　個別の国家ごとのウクライナに対する武器移転政策を、すべて説明するのは困難であるが、ここでは米国と EU について簡単に紹介していきたい。

　米国では、主要な兵器を援助対象に含める場合、1961 年対外援助法と武器輸出管理法に基づいて決定し、一定の金額以上の移転は、議会の承認を得る必要がある。ただしこれは個別の武器移転を拘束するものではなく、大統領の裁量の範囲を制限するものである。ウクライナ問題では、2022 年 3 月 10 日のウクライナ支援法 (Ukraine Supplemental Act) がこれに該当する。本章の冒頭で、米国の武器支援の大部分は緊急支援の枠組みで実施されてきたとしたが、これは議会の承認無しに国防総省のストックから譲与するための枠組である。米国はこれ以外にも、外国軍事基金 (Foreign Military Financing: FMF)、国務省の市民安全支援、そして国防総省のウクライナ安全保障イニシアチブのもとに支援を実施している。

　米国では、ウクライナ支援法での援助内容に加え、5 月にはウクライナ追加支援法で援助額を拡大し、同時に武器の面での支援拡大を意図した、ウクライナ貸与法 (Ukraine Democracy Defense Lend-Lease Act of 2022) を成立させている。

　EU は個別の国家による武器援助に加え、欧州共通の外交安全保障政策 (CFSP) の元に軍事支援等を実施するために設立された、欧州平和組織 (European Peace Facility: EPF) を通じてウクライナへの武器供与を進めている。EPF はウクライナへの軍事支援を目的に、2022 年 2 月に設置された基金である。この基金では、ウクライナに直接武器援助を行うのではなく、ウクライナに武器支援を行った欧州諸国に対して長期間で弁済する。これは、欧州諸国内には、致死性の兵器を海外移転することを禁止している国があり、負担を総合的に分担するための措置であるとなっている[8]。

II．武器支援の法的課題

　ウクライナに対する武器支援については、その政治的合理性に加え、法的適切性に関する議論が見られる。これは、ウクライナへの支援が、対ロ戦略上必要であると判断されたため、あるいは他の国内政治要素が存在するために、大々的に実施されるのであって、法的に適切であるかどうかは深く議論されていないともされる。たとえば、ウクライナへの武器移転の合法性が主張されているのに対し、サウジアラビアのイエメンに対する武力攻撃において、ウクラナと同様の状況が発生していることに対して、武器貿易条約 (Arms Trade Treaty: ATT) 参加国や調印国がサウジアラビアに武器支援を実施することに関し、法的な整合性を問う声も存在する。

　実際、武器支援が法的にどのように位置づけられるかについては、武器支援そのものではなく、実施される政治的文脈が重要であった。2001 年の国連国際法委員会が国家の責任について示した条文案の中でも、第 40 条 1 で「この章は、一般国際法の強行規範上、生じる義務の国家による重大な違反により、必然的に伴う国際責任に適用する」とし、第 40 条 2 では「強行規範上の義務履行に責任ある国家により、著しい又は組織的な不履行に影響を与える場合、そのような義務違反は、重大である」とした上で、第 41 条 1 で、「国家は、

第40条の効力内の重大な違反を、法的手段を通して、終わりへ導くことに協力する」としている。この目的を実現する方策の一つとして、武器移転は正当化されると解釈可能である。

　武器援助のもたらす法的課題については、特に中立法規や交戦国の立場などの問題を中心に議論されてきた。

　紛争当事国に対して武器援助を実施することで、中立的立場が喪失し、法的には好戦国になるのではないかとする懸念は大きい。報道によると、米国政府内でもこの点が議論され、戦争における共同戦闘者あるいは紛争当事国になるのではないかという点が議論されたとされる。NATOがロシアと直接対峙することへの恐怖は深く、たとえばバイデン大統領はロシアの侵略開始直後に、ウクライナがNATO加盟国ではないため、NATO諸国は集団防衛の義務を負わないことを強調している。さらには、ロシアの攻撃がNATO諸国に及び、NATO第5条の適用される事態が発生しないように注意していた。侵略直後に話題になった事例であるが、ポーランドが自国保有のMig-29をドイツに所在する米軍基地を経由して供与することに反対したのも、中立法規の解釈の違いを軍事作戦の口実とされるのを恐れたものである。

　中立の概念は、1907年のハーグ条約（V：陸戦ノ場合ニ於ケル中立国及中立人ノ権利義務ニ関スル条約、XIII：海戦中立条約（海戦ノ場合ニ於ケル中立国ノ権利義務ニ関スル条約））によって規定された。ただし、ハーグ条約では、禁止される交戦国への武器等の移転は、政府間の取引を対象とするもので、民間人による取引を対象としていない。武器取引における政府の関与は複雑であり、純粋な民間同士の取引の定義は難しいが、ウクライナに対する武器援助の多くは政府の決定として実施されているため、これが中立法規に反するかどうかが議論の対象になるのである。

　シュミット（Michael N. Schmitt）によると、ウクライナに対する武器移転に関わる中立法規の今日的意義として、三つの主張があるとする[9]。第一に、中立法規は条約及び慣習法として、今日も有効であるとするものである。第二に、中立法規は国連憲章の成立とともに有意性を失っており、国連安保理が明示的に禁止を規定しない限り、ウクライナへの武器移転は合法であるとするものである。シュミットは、この二つの議論には共に課題があるとしており、

第三の主張である、中立法規は過去からの継続を踏まえて解釈する必要があると主張する。それによると、戦争の違法化が確立している状況では、侵略行為により被害を受けている側の交戦国を支援したとしても、第三国には一種の限定中立が成立するとするものである。

この条件づけられた中立の下での武器援助は、国連憲章第51条で「国際連合加盟国に対して武力攻撃が発生した場合には、安全保障理事会が国際の平和及び安全の維持に必要な措置をとるまでの間、個別的又は集団的自衛の固有の権利を害するものではない」としているように、国連による措置が取られる前の、個別的及び集団的自衛権の行使に対する支援に該当する。

そして、もし国連が措置を決議した場合、援助は国連憲章第2条5の、「すべての加盟国は、国際連合がこの憲章に従ってとるいかなる行動についても国際連合にあらゆる援助を与え、且つ、国際連合の防止行動又は強制行動の対象となっているいかなる国に対しても援助の供与を慎まなければならない」の規定に基づいて実施されることになる。国連安保理の構成を考えると、国連が実効的な措置をとる可能性は低く、国連決議が成立する前に行われる武器移転は、上記の論理で正当化されることになる。

これに対してプーチン大統領は、ウクライナ侵攻を正当化するため、NATO諸国による軍事的圧力の存在を法的に確認しようとしていた。ロシアがNATO諸国や日豪などの経済制裁を、「戦争と同等の行為」とであると主張したのも、この一つの表れであった。ロシア国防省は、NATO諸国が自国の軍事施設をウクライナによるロシア軍に対する攻撃に使用させた場合、協力した諸国はロシアと交戦状態に入ると警告しているが、これもNATO諸国がロシアと戦争状態に入ることを警戒していることを理解しているためである。プーチン大統領などは、ある意味で伝統的な中立の概念を利用してNATO諸国側に圧力をかけようとしているが、NATO側が直接的にロシア軍と交戦状態に入ることを選択しない限り、法的な意味で交戦国になることはない。

ウクライナにNATO諸国からの武器援助が無ければ、ロシア軍はウクライナを軍事的に圧倒できたと予想される。したがって、ロシアは武器援助を実施することで生じる法的なリスクを強調し、NATO諸国を牽制しようとした。実際NATOは、自身の法的地位を維持するために努力している。前述したポー

ランドの事例もその一部であるし、各国は自国民が義勇兵や傭兵としてウクライナ軍に参加することも、行わないように厳しく呼びかけている。

　この問題では、たとえロシアの侵略に対し、個別的自衛権に基づくウクライナの抵抗を武器援助という形で支援しているとしても、これが、ロシアからみて共闘関係（交戦国の状態）にあるかどうかも、法的議論の争点になった。米国は2022年5月9日にウクライナに対する武器貸与法を成立させ、ウクライナに対する武器支援は、現在進行中のロシア軍のウクライナ侵攻、あるいは将来発生する侵略行為より市民を保護し、その防衛能力を向上させることを法的に規定している 。さらに、ウクライナ軍による反撃には、英米のインテリジェンス協力が死活的に重要な役割を果たしたと指摘されている。

　中立的立場を維持する第三国が紛争当事国とみなされるためには、伝統的には中立法規に対するシステマティックな、あるいは深刻な違反行為があった場合と解釈されてきた。しかし、中立法規に対する違反行為としては、交戦国に代わって武力行使を行うなどの、直接的な武力介入などの行為を中心に考察すべきであり、個別的自衛権に基づいて侵略行為に抵抗している国家に対して武器支援を行うことなどは、その対象ではないとの解釈も存在する。重要な点は、直接的な武力紛争への参加と武器支援（インテリジェンス協力なども考慮する必要がある）の境界線はどこにあるか、というものである。

　交戦国への支援にかかわる第三国の法的地位は、その多くの判例が国際人道法の下で議論され、中立法規の枠での法的議論は明確な結論に至っていない。ただし、前述の境界線の問題は、どの程度の性能の武器を送るかによって左右されるため、紛争終了後に議論されるべき内容なのであろう。個別的自衛権のもとに実施される抵抗活動であっても、国際人道法の原則は順守される必要がある。このため、防衛的兵器の援助は法的問題が発生しないが、攻撃的な兵器の移転には、国際人道法上の問題が生じると指摘される可能性は存在する。

Ⅲ．武器貿易条約について

武器貿易を規制する包括的な国際条約や取り決めとして、2014年に発効

した武器貿易条約が知られる。武器貿易条約は、7分野の兵器（戦車、装甲戦闘車両、大口径火砲システム、戦闘用航空機、攻撃ヘリコプター、軍艦、ミサイル及びその発射装置、小型武器及び軽兵器）関する特定の行為（輸出, 輸入, 通過・積替え, 仲介。（弾薬類及び部品・構成品は, 輸出のみ規制対象））について、以下の条件のもとに禁止することを求めている[10]。

　武器貿易条約では、まず第6条で禁止義務が規定されている。第6条1では、国連安保理決議、そして第6条2では自国が当事国である国際協定に基づく自国の関連する国際的義務、にそれぞれ違反する場合に条約の禁輸対象品や技術の輸出を禁じるとしている。そのうえで、第6条の3において、「当該通常兵器又は物品が集団殺害、人道に対する犯罪、1949年のジュネーブ諸条約に対する重大な違反行為、民用物若しくは文民として保護されるものに対する攻撃又は時刻が当事国である国際協定に定める他の戦争犯罪の実行に使用されるであろうことを知っている場合には、当該移転を許可してはならない」とある。

　さらに、武器貿易条約第7条では、条約の対象となる物品の輸出について、「自国の管轄の下で、かつ、その国内的な管轄制度に従って行われるものについて許可を与えようとする前に」、関連要素を考慮して、輸出された物品の以下の可能性について評価を行う必要があるとしている。それらは、第7条第1項(a)で「平和及び安全に寄与し、またはこれらを損なう可能性」とし、第7条第1項(b)の(i)で国際人道法の重大な違反、(ii)で国際人権法の重大な違反、(iii)で輸出国が当事国であるテロリズムに関する国際条約又は議定書に基づく犯罪を構成する行為、そして(iv)で輸出国が当事国である国際的な組織犯罪に関する国際条約又は議定書に基づく犯罪を構成する行為、であるとしている、

　武器貿易条約では、基本的に平時の武器輸出に対する規制が想定されており、緊急事態や国際不法行為が発生した後の、各国の対応策の一部である武器移転に関する状況は十分には想定されていない。したがって、武器貿易条約第11条のように、「流用に対処するための効果的な措置について関連する情報」として「不正な活動（腐敗行為、国際的な取引の経路、不正な仲介者、不正な供給源、秘匿のための方法、一般的な発送地点又は組織された集団が従事する流用

における仕向地を含む。) に関する情報」が強調されるように、移転された兵器の再移転に関する規定が重視されている[11]。

　武器貿易条約の下での輸出の可否は、第6条の禁止措置では「知っている」条件と、第7条の「リスク評価」条件の二つで判断される。この2段階の評価基準は、武器貿易条約の運用上、各国に政策上の柔軟性を与えている。武器貿易条約において、第7条の「リスク評価」の内容は明確に規定されておらず、各国の裁量の余地が大きいものとなっている。したがって、第6条の条件が満たされず、第7条の条件が考慮される場合に、過度に明白な違反状態が認識されない限り、各国は武器の移転を進めることが技術的には可能になる。先に、ウクライナの案件と比較して、サウジアラビアに対する武器移転問題における各国の対人の恣意性を指摘したが、このような対応が可能になるのは、武器貿易条約の運用上の一つの特徴でもある。

　ウクライナに対する武器移転の武器貿易条約上の課題は二点ある。第一に、ウクライナに対して供与もしくは売却された武器が、第7条に該当するような法的な問題を引き起こす可能性があるかどうか、という問題である。もし、ウクライナに移転された武器がロシアによって占領状態にされた地域に対する大規模攻撃で使用され、それが市民の大量殺傷につながった場合、武器貿易条約に違反したと評価されるかどうか、そして、このような事態を事前に予想できただろうか、という問題が生じるのである。

　前述のように、ウクライナに対する各国の支援内容は、戦況の変化によって異なっている。侵攻直後は、各国が提供する兵器は、スティンガーやジャベリンなどの対戦車・対装甲車両兵器が目立ったが、それに加えてD-30などの短距離の榴弾砲なども提供されていた。D-30の射程距離の関係から、当初ドイツはこの提供を拒否していることは知られる。射程距離が長くなると、それだけ攻撃対象が拡大し、民間人への付帯被害も予想される。戦闘がウクライナ国内で行われている限り、被害はウクライナ人が中心となるが、ウクライナの攻勢が強まると、東部四州に居住するロシア系住民（プーチンが独立を宣言して以降は、ロシアとしては自国民になる）への被害が発生する可能性もあった。これは、第7条の3にある、「著しい危険性が存在する」と判断されるケースとなる。

　しかし、ウクライナ軍が当初のロシア軍による侵略を持ちこたえ、反転攻勢するようになると、援助国は HIMARS などの長射程攻撃可能な兵器を提供し始めた。HIMARS については、ウクライナからロシア領内への攻撃等が基本的には困難な短射程のミサイルが供与されたが、それでも最前線からは占領地に対して直接攻撃が可能である。また、HIMARS は精密誘導が可能であるため、ロシア軍のウクライナ国内の拠点に効果的に攻撃できる。このため、付帯被害の問題が発生する可能性は少ない。しかしその反面、ロシア軍に焦点を絞った攻撃が可能なことを理解した上で、これら兵器を米国がウクライナに供与し、なおかつ標的の座標軸の確定にまでに関わっていることになると、事実上の交戦国ではないかと指摘されても不思議ではない。

　武器貿易条約における第二の課題は、条約が想定する二段階条件を通じた規制は、輸出国側に移転後の武器の使用がもたらす課題について、移転前に予想することを求めていることである。このことは、輸出国側に結果責任を問うものではないものの、事前の調査に基づいて綿密に予想を立てることが求められていることになる。たとえこのプロセスの求めるものが、手続きを踏むことであったとしても、そこで必要な手続きを全て満たせる国家は少ない。日本の防衛装備移転三原則においても、基本的には第三国移転や目的外使用の禁止に関し、移転先国の誓約に依拠する内容となっている 。

　興味深い点は、もし移転後に非合法な使用に供されたとしても、輸出国は当該兵器の回収義務は負わず、使用国に、兵器の使用の停止を呼びかけ、強制する義務も負っていない。人道被害に対する損害賠償は、使用者に責任が規定されており、製造者や輸出者には責任が及ばない。もちろん、非合法な使用を非難し、将来の武器移転等を停止する措置をとることは可能であるが、それは進行中の非合法状態の解消にも、被害の復旧にも貢献しない。つまり事実上、先に武器援助を行った国は、政治的にも、経済的にも被援助国に対して有利な立場を確保することにつながる。

　武器援助を行うことで、中立国としての立場を失い、交戦国より国際紛争の当事者とみなされ、さらには国際人道法に反する行為への加担とみなされることなどが、輸出国側の安全保障面でのリスクにつながることが、武器支援を抑制する法的メカニズムを構成する。しかしウクライナへの武器援助は、

その抑制メカニズムが十分に機能せず、むしろ武器支援を行うことが主権国家の一体性を保護し、侵略から国際法的秩序を守ることにつながった。

つまり、政治的にも、法的にも武器支援が正当化される状況が出現し、NATO諸国などはその状況を効果的に活用したのである。

IV.　武器移転をめぐる国際法と国際政治・安全保障

武器移転はすべての国連参加国が一様に実施するものではなく、個別の国家の戦略計算、および武器貿易条約等、各国が参加する個別の国際法上の義務に拘束される。その際、ウクライナに移転された兵器が、ウクライナ軍によって国際人道法に抵触するなどの行為に使用される場合や、ウクライナが第三国へ移転されることを重視し、ウクライナに対する武器移転自体の非合法性を主張することは可能である。

しかし、ウクライナがロシアに不法に侵攻され、抵抗を続けている状況のもとで、武器支援を行う行為は、国際法委員会の国家責任条約の第41条1の「国家は、第40条の効力内の重大な違反を、法的手段を通して、終わりへ導くことに協力する」行為を実施していると理解することも可能となろう。

危機の状態における国際法の意義については、その危機の内容の緊急性や対応の必然性と対比して、必ず保護されうるべき内容かどうか、明確に規定することは困難である。1996年の核兵器の使用及び威嚇に関する国際司法裁判所勧告的意見においても、そのジレンマが示されている。国家の存亡に直面する国家が、その原因となっている国際的な不法行為を強いる国家に対抗する上で、常に国際法に準拠した行動をとるべきかどうか、一般的には解釈が困難である。武器貿易条約では、輸出国の輸出後の義務として、当該兵器が適切に使用されているかどうか監視するとの規定がある。しかし、武器を入手しなければ国家の存亡が危うくなる状況の国に対し、そのような監視の結果、将来の武器輸出を差し控える決定を行うのは困難である。

ウクライナ戦争でも、ウクライナの抵抗活動は諸外国からの武器移転に依存する状況にあるが、ウクライナが、2022年の侵攻で占領された土地や、2014年以降にロシアの影響力のもとにあるクリミア半島やドンバス地方等

の一部に対する奪還作戦で、ジュネーブ諸条約及び付属議定書を完全に遵守している保証はない。さらに、ウクライナに移転された武器等が、国内で使用される以外の用途で利用され、それが国家としてのウクライナの存立に関わる場合、たとえロシアとの戦闘目的以外の使用であったとしても、輸出国はその行為を直接的に非難することは困難であろう。

　たとえば、ウクライナに対して実施された武器の援助において、移転された武器が、その後ウクライナによって海外に移転され、戦争費用や武器購入の弁済に充てるケースも想定できる。それが輸出国との暗黙の合意のもとに実施されていたとしても、それはウクライナが参加する国際不拡散レジーム（特にワッセナー・アレンジメント）や他の国際条約の規定に抵触する場合があるが、実際の輸出先との関係を個別に判断しない限り違法性を立証できない。ただし、もしウクライナが本来の輸出元国の意思に反して第三国移転を行う場合、それはウクライナとの二国間関係の中で違反行為が問題となることになる。

　戦時に支援目的で移転された兵器が、紛争後に目的外に使用された例や、戦争中もしくは戦後に第三国移転された例は多い。1979 年のソ連のアフガニスタン侵攻に対抗するため、米国は当時国内で抵抗運動を実施していたタリバンに対して、スティンガーミサイルなどの MANPAD を大量に供与した。それら MANPAD の中で使用されずに残ったものは、他の紛争地に移転された他、のちに対テロ戦争で米国のアフガニスタン攻撃に対する抵抗手段となった。イラン革命前に米国が輸出した F-14 などは、革命政府によって使用されなかったものの、輸出した際の代金は未払いのまま残され、イランに対する経済制裁の理由の一つになった。

　国際法と国際関係・安全保障論との分断が指摘される場合がある。国際法からは、法的規範や制度が現実の国際政治の中で適切に実施されていないことが問題の原因である主張し、国際政治側や政策担当者は、国際法で規定される内容は、履行される可能性を考慮していないと指摘する。この分断は、2022 年のロシアのウクライナ侵攻に対する国際社会の対応に典型的に表れた。たとえば、危機発生前に事態が予想される段階で、軍事支援や政治支援を拡大していれば、危機は未然に防止できたかもしれない。また、進行しつ

つある武器移転は、将来的に大きな人道被害を引き起こすかもしれない。こ
れらはいずれも将来発生する事態対処するための方策に関する主張の一部で
あるが、将来発生する事態が必然でない以上、それに対応するための法的も
しくは政治的な措置には、最善の方法が無いことを示している。

　この問題は日本にとっても無関係ではない。次に、日本のウクライナ支援
に関する法的課題を見ることで、改めて国際法の課題を振り返るものとする。

Ｖ．　防衛装備移転三原則の課題

　日本の武器移転は、制度的にも政策的にも大きく制約されている。

　日本の武器移転の法的制度は、外国為替及び外国貿易法（外為法）に基づき、
その輸出貿易管理令の別表第 1-1 に掲げるもののうち、軍隊が使用するもの
であって、直接戦闘の用に供されるものを対象とする。武器と同時に「武器
技術」も規制対象であり、これは武器の設計、製造又は使用に係る技術を指す。
この審査基準である防衛装備移転三原則は、それまでの「武器輸出三原則等」
に代わって 2014 年に規定され、同時に移転三原則の運用指針が発表された[12]。

　移転三原則では、海外移転を禁止する場合として、①移転が我が国の締結
した条約その他の国際約束に基づく義務に違反する場合、②移転が国際連合
安全保障理事会の決議に基づく義務に違反する場合、③紛争当事国への移転
となる場合、をあげている。同時に、移転が許可されうる場合として、平和
貢献・国際協力の積極的な推進に資する場合と、日本の安全保障に資する場
合を上げている。日本の安全保障に資する場合はさらに細かく規定され、①
米国等の安全保障面での協力関係がある諸国との国際共同開発・生産の実施、
②同盟国等との安全保障・防衛分野における協力の強化、③自衛隊の活動及
び邦人の安全確保に必要な場合、をあげている[13]。

　国家は敵対的な相手に有利になるような武器移転を行うケースは、政策上
の判断以外の理由では稀であるため、日本は上記の②の安全保障・防衛分野
における協力の強化の目的の元に、実質的に防衛装備移転は自由化されて
いると解釈するのが自然である。ただし、装備移転三原則には運用指針が
あり、それによって移転可能な装備品の内容が細かく規定されている。2014

年に発表された当初の運用指針には、その 1-(2)-イに 4 項目の条件が付され、自衛隊が実施する物品又は役務の提供、米国との相互技術交流、米国からのライセンス生産品に係る部品や役務の提供・米軍への修理等の役務、そして、日本との間で「安全保障面での協力関係がある国に対する救難、輸送、警戒、監視及び掃海に係る協力に関する防衛装備の海外移転」とされている。

　ウクライナは、日本との間で二国間及び多国間の個別的及び集団的自衛権をめぐる安全保障上の協力関係にはなく、NATO にも加盟していないため、米国との間で特別な同盟関係にあるわけでもない。ただし、米国は 2014 年のロシアによるクリミア編入危機以降、オバマ政権が個人携行用の安全具等を、そしてトランプ政権は攻撃用の兵器（主にジャベリン等の MANPAD 類）を援助している[14]。日本は米国における武器輸出管理法（AECA）などのような法整備が遅れており、政策判断で海外に武器等を移転する枠組みが不十分であった。このため、日本は 2022 年 3 月 8 日に運用指針を一部改正し、ウクライナへの防衛装備移転を可能にしている。

　具体的には、運用指針 1-(2)-イに項目を追加し、「（オ）国際法違反の侵略を受けているウクライナに対して自衛隊法第 116 条の 3 の規定に基づき防衛大臣が譲渡する装備品等に含まれる防衛装備の海外移転」が可能になるとした。ウクライナと地理的に遠い日本にとって、ロシアの侵攻に対抗するための支援策は、もっと大胆に実施することも考えられた。ただロシアは東方部分で日本と国境を接しているため、過大な援助はロシアの反発を招き、軍事的対抗措置を招くリスクがあった。このため、日本が援助した防衛装備品は、防護服や民間ドローン（自衛隊が使用していた）など限定された内容に留まり、攻撃兵器は含まれていない。

　日本の援助が穏健なものに留まった理由として、運用指針に追加された自衛隊法第 116 条 3 で規定された内容もある[15]。更新前の運用指針で防衛装備移転が可能な品目は、主に海洋安全保障に関わる内容が中心であった。ウクライナはアゾフ海からクリミア半島を超えてオデーサに至る黒海沿岸の「陸の回廊」は、侵略直後からロシアの大規模な攻撃にさらされ、戦争初期に占領されている。このため、ウクライナは海洋安全保障に関わる防衛装備品ではなく、陸上戦闘に関する装備品の移転を求めた。日本はこの要望に応えるた

めの制度上の措置が不十分であり、それを実施するためには運用指針の改定
が不可欠であった。しかし、攻撃兵器の移転を行うまでの安全保障上の関係
がなかったため、自衛隊法116条3の規定が必要になったのである。

　自衛隊法116条3は、移転三原則に合わせて設置されたものであり、外為
法と輸出貿易管理令で規定された武器及び防衛装備品には含まれない内容の
防衛装備品の移転を可能にする措置である。条文では、防衛大臣は、開発途
上にある海外の地域の政府から当該地域の軍隊が行う災害応急対策のための
活動、情報の収集のための活動、教育訓練その他の活動」のために装備品等
の譲渡を求める申出があった場合、「当該軍隊の当該活動に係る能力の向上
を支援するため必要と認めるときは、当該政府との間の装備品等の譲渡に関
する国際約束（我が国から譲渡された装備品等が、我が国の同意を得ないで、我が
国との間で合意をした用途以外の用途に使用され、又は第三者に移転されることがな
いようにするための規定を有するものに限る。）に基づいて、自衛隊の任務遂行に
支障を生じない限度において、自衛隊の用に供されていた装備品等であつて
行政財産の用途を廃止したもの又は物品の不用の決定をしたもの」を譲与も
しくは譲渡することができる、としている。

　自衛隊法116条3で援助が許容されうる防衛装備の移転が、ウクライナに
適用できるかどうかは論点となっても不思議では無い。本条文で対象となる
のは、第一義的には「開発途上にある海外の地域の政府」であり、ウクライ
ナを開発途上国とすることが適切かどうかは議論が分かれる。さらに、ロシ
アの侵略に対するウクライナの軍事的反撃を支援することが、援助対象の活
動に該当するかについても議論が分かれるだろう。ただし、ウクライナ軍の
活動は、ロシアに対する軍事的反撃だけではなく、最前線以外の地域では復
旧活動に従事している可能性もあるので、それを災害応急対策とみなすこと
は可能かもしれない。

　したがって、日本のウクライナに対する軍事援助は、国内法上の規定に抵
触しないように、規模を小さく抑え、さらには移転後の使用方法を慎重に見
極めながら実施する必要があった。日本は武器貿易条約の締約国であるため、
現在進行形の紛争地に防衛装備を移転することに関する法的な判断は、他の
条約参加国と同等の立場に立つ。ウクライナは自衛権に基づいて侵略と戦っ

ており、抵抗が不能になると、少なくとも領土の一部は占領状態に陥ることになる。

　ウクライナ問題は、日本の防衛装備移転に関する政策にも、大きな課題を投げかけた。侵略行為の発生が合理的に予想できる状況は存在せず、しかし事態発生前の防衛装備移転が侵略を予防する効果が期待できるのであれば、防衛装備移転を行なって侵略を未然に防止し結果的に平和状態を維持することが政策としては妥当である。しかし、未然防止が成功し、侵略自体が発生しないのであれば、その状況を作り出すことに成功した防衛装備移転は、安全保障目的や経済目的の通常の武器移転と相違はない。また、緊急事態が発生した後、その状態の解決のために防衛装備移転を実施したとしても、侵略を撃退できるかどうかは保証されていない。つまり、防衛装備移転は不必要な敵対行為になってしまう可能性もあるのである。

　そしてこのことは、台湾問題をめぐり緊張状態にあるインド太平洋地域において、日本や米国による対応の一つの手段の活用方法を検討する際に大きな影響を及ぼすのである。

おわりに：戦争前に武器移転ができること

　武器移転が問題となるのは、ウクライナに対するものだけではなく、ロシアが諸外国から武器移転を受ける場合もある。ロシアは法的には侵略している側であり、実体としてウクライナにおいて様々な人道的被害を作り出している。それを理解した上でロシアに武器移転を行うことは、国際法上の明確な不法行為になりうる。ただし、各国は経済的な思惑から、ロシアに武器及び関連製品の輸出を実施してきたし、将来も実施し続けるだろう。つまり、国際法上の明確な違法状態であったとしても、それが完全に履行されない状況があるということである。

　特にロシアが 2022 年 10 月以降、キーウを空爆しているドローンは、イラン製の Shahe-136 であるとされている[16]。イランはドローンを活発に製造しているが、その輸出は国連安保理の経済制裁措置により禁じられていた。国連安保理は 2007 年 3 月に全会一致で決議 1747 を成立させている。決議では、

イランに対して本国より、国民により、そしてその国籍に下にある船舶や航空機を使用した、全ての武器と関連物資の、直接及び間接的な供給、売却、そして移転を禁じている[17]。そして決議は、国連加盟国による、イランからの武器の調達を禁止している。イランの武器禁輸決議では、イランに対する武器と関連物資の供給を規定する内容が多いが、2010年の安保理決議1929では、それまでの決議で対象とされていない武器と関連物資の供給を抑制するように呼びかけている。

　2014年のロシアによるクリミア編入に対する経済制裁の一部として、EUはロシアに対して武器禁輸を決定している。しかし、武器製造に関連する汎用技術の移転規制が十分に実施されていたとは言えない。EUは2009年にRegulation（EC）428/2009を発表し、汎用技術の輸出管理に対するガイドラインを作成した。この規定について、2011年に欧州委員会は、汎用技術の輸出拡大を目的に、キャッチオール規制の拡大を念頭に再検討するよう命じている。この再検討の結果は、2021年9月より施行されることになった。2022年以降、EUは規制を強化しているが、それまでの移転によりウクライナ戦争開始時のロシアの軍事生産能力に貢献したのではないかと指摘される[18]。

　侵略行為を行っているロシアに対して、国際社会が全体として結束して対処できない状況がある中で、その侵略の原因であるロシアによって自衛権の行使を迫られているウクライナに対する武器援助のみが、国際法の厳格な順守の下に置かれるべきとする根拠は何になるのであろうか。もちろん、国際法の未完成な状態を認め、可能な範囲の中で、完全に近づくことの重要性を考慮することはできる。しかし、その不完全性ゆえに国家主権という、国連憲章の下で認められた基本的権利が侵害されることを見過されることが、国際法の求める世界観なのだろうかという疑問も生まれる。国際法は、そのような事態を正常な状態とはみなさないだろう。しかしそれを解決する決定的な方法も存在しない。

　戦争前に実施される武器移転が、紛争関係国の間で軍拡競争を招くのか、それとも侵略に対処するための適切な準備措置と理解すべきなのか、という問題は、ウクライナ戦争を契機に広く議論されることになった。国際政治・安全保障の議論において、武器移転に対して余りにも否定的なイメージを植

え付け、その抑制こそが正当な手段とする思い込みがなかっただろうか。武器移転が戦争と混乱の原因になるというのは、古典的な主張であるが、それが実証された例はない。2022 年のウクライナ戦争では、少なくとも戦争開始後の武器援助は、ウクライナの主権維持に大きく貢献している。

　ただし、本章執筆時点では、戦争の途中段階であることには留意する必要がある。国際法も、また国際政治や安全保障論でも、武器移転に関わる国際規範と国際安全保障との分断や対立を解決できていない。事態の進展の中で、それぞれがどのように収斂するか、慎重に見守る必要があるのであろう。

［注記］
　本章におけるインターネット情報の最終アクセス日は 2022 年 11 月 2 日である。

注

1　Christina L. Arabia, Andrew S. Bowen, and Cory Welt, CRS In Focus IF12040, "U.S. Security Assistance to Ukraine."

2　"Eleventh emergency special session, Agenda item 5, Letter dated 28 February 2014 from the Permanent Representative of Ukraine to the United Nations addressed to the President of the Security Council (S/2014/136)," Aggression against Ukraine, A/ES-11/L.1, March 1, 2022.

3　Arianna Antezza, et al., "Ukraine Support Tracker: Which Countries help Ukraine and How?," *Kiel Working Paper*, No.2218, August 18, 2022.

4　たとえば、日本は 2022 年 3 月 4 日と 4 月 19 日に軍事援助を発表し、防弾チョッキ、ヘルメット、移動式発電機、防護マスク（フィルター付き）、化学防護服などを送っている。しかしその分量等は公表されていない。

5　https://www.forumarmstrade.org/ukrainearms.html.

6　CRS, *op.cit.*

7　Pieter D. Wezeman, Alexandra Kuimova and Siemon T. Wezeman, "Trends in International Arms Transfers, 2021," SIPRI Fact Sheet, March 2022, at https://www.sipri.org/sites/default/files/2022-03/fs_2203_at_2021.pdf.

8　Apostolis Fotidiadis and Nico Schmidt, "The European Peace Facility, an unsecured gun on EU's table," Investigate Europe, March 29, 2022, at https://www.investigate-europe.eu/en/2022/european-peace-facility-controversy/.

9　Michael N Schmitt, " Providing Arms and Materiel to Ukraine: Neutrality, Co-Belligerency, and the Use of Force," Articles of War, March 7, 2022, at https://lieber.westpoint.edu/ukraine-neutrality-co-belligerency-use-of-force/.

10 武器貿易条約本文について https://www.mofa.go.jp/mofaj/files/000029746.pdf. 参照。

11 ウクライナに対して移転された兵器が、第三国に移転して目的外使用される恐れや、ウクライナ軍が非人道的な結果につながる使用を実施することに対する懸念は大きい。国際法学者から、この点などからウクライナへの武器援助の問題点を指摘する声がある。Kevin Jon Heller and Lena Trabucco, "The Legality of Weapons Transfers to Ukraine Under International Law," *Journal of International Humanitarian Legal Studies* (2022), pp.1-24.

12 https://www.cas.go.jp/jp/gaiyou/jimu/bouei.html.

13 「防衛装備移転三原則の運用指針」(平成 26 年 4 月 1 日国家安全保障会議決定、令和 4 年 3 月 8 日一部改正)、at https://www.cas.go.jp/jp/gaiyou/jimu/pdf/bouei3.pdf.

14 CRS, *Op.cit.*, p.2.

15 自衛隊法 (昭和 29 年法律第 165 号) 参照。

16 https://edition.cnn.com/2022/11/01/politics/iran-missiles-russia/index.html.

17 UNSCR, S/RES/1747, March 24, 2007.

18 https://researchbriefings.files.parliament.uk/documents/CBP-9483/CBP-9483.pdf.

第2部　経済①──経済制裁──

第4章　対ロ経済制裁(2022.2.〜2022.夏)の
特徴とその国際法上の位置づけ

林　美香

はじめに

　ロシアによるウクライナ侵攻に対して発動されている各国[1]の制裁(以下、対ロ経済制裁)は、国連安全保障理事会による決定・許可・要請なしに実施されている、いわゆる独自制裁である。本章では、国連安全保障理事会による決定・許可・要請に依拠しない、個別国家または地域的機関が独自に(autonomous に)決定・発動する経済制裁を、独自制裁[2]と呼ぶ。近年、国際社会での問題解決のために一国家あるいは EU のような地域的機関が独自制裁を採用する事例が増えている。このような独自制裁の評価において、二つの場面において国際法の議論が有益であると考えられる。

　一つは、発動される個別の措置が、その分野の国際法に照らして適法な措置かという検討においてである。個別の措置の適法性は、いわゆる国連制裁の場合にも検討することはできる。しかし国連憲章が同憲章にもとづく義務の優先を定めているため[3]、安全保障理事会が決定する義務的な国連制裁の場合には、このような適法性を精査する必要は実際にはあまりない。その意味で、個別の措置の適法性は独自制裁を検討する際の固有の論点といってもよく、本書でも詳細な検討の対象となっている[4]。

　これとは別に、独自制裁それ自体が有する固有の問題として、正当性の問題がある。国連制裁では、これを安全保障理事会の決定下の義務として加盟国が実施する場合、その経済制裁の政治的な正当性は明確である。国連憲章第7章下で安全保障理事会が「平和への脅威」等の認定を行った上で指示する制裁措置は、国際の平和と安全のための措置だからである。手続に注目す

るなら、国際社会全体を代表すると観念できる国際機関において、討議を経た判断による経済制裁は、政治的な正当性を獲得するということである。これとの対比で、非国連制裁、すなわち独自制裁は形式的には一国家あるいは一地域機関の判断による制裁であることから、同じ意味での正当性はない。もちろん、本来なら国際社会全体を代表する国連主導の制裁が必要な場面において、安全保障理事会が決定を行わないために、独自制裁がその肩代わりしていると見るべき事例は、少なからずある。しかし、そのような独自制裁とそうでない独自制裁の間の線引きは明確にされておらず、独自制裁それ自体の正当性に対する疑問・批判は絶えない。

　本章では、ロシアによるウクライナ侵攻に対して発動されている独自制裁について検討する。対ロ経済制裁の概要と特徴を概観した後（Ⅰ）、制裁発動国と制裁対象国のそれぞれが、対ロ経済制裁の適法性・正当性に関して示している見解を確認する（Ⅱ）。その上で、対ロ経済制裁および独自制裁一般の批判として顕著な一方的制裁への批判について、反論の観点からの検討を行う（Ⅲ）。

　経済制裁は狭義で用いられる場合、制裁対象国の経済に打撃を与えることを主たる目的として実施される、貿易・金融上の措置をさす。例えばロシアからの物品の輸出入の禁止やSWIFT（国際銀行間通信協会）の決済ネットワークからの排除がこれにあたり、これらは分野別の経済制裁と呼ばれることがある。広義には、このような分野別の経済制裁以外にも、金銭的・財政的ではない圧力の創出を狙った措置が多々含まれる。特定の個人に対する入国制限・資産凍結等のターゲット制裁（狙い撃ち制裁）はその典型的なものである。実際にも対ロ経済制裁を実施するほとんどの制裁発動国が、分野別の経済制裁とともにターゲット制裁を発動している。本章でも、経済制裁という用語は、分野別の経済制裁とともにターゲット制裁を含む用語として使用する[5]。

Ⅰ．対ロ経済制裁の概要と特徴

　2014年のクリミア併合の際に発動された独自制裁と比較して、今次の対ロシア経済制裁は対象が広く、また2014年にこのような制裁に消極的であっ

た国家の連携・参加が見られる、大規模なものである。たとえば EU を例にとると、2022 年夏までに矢継ぎ早に追加・強化された制裁措置は以下のようなものである[6]。

　ウクライナ東部のドネツク・ルハンスク両地域の一方的な独立宣言に対するロシアの独立承認を受け、2022 年 2 月 23 日に EU は経済制裁の第一次パッケージを決定した。主な内容は、ウクライナの二地域の独立承認に賛成したロシア下院の議員 351 人よび政府、軍、経済界の関係者ならびに金融機関に対する、EU 入域制限や EU 域内の資産凍結である。

　2 月 25 日の第二次パッケージのターゲット制裁では、ロシアの現職の国家元首であるプーチン大統領、現職の外務大臣であるラブロフ外務大臣他が制裁リストに追加され[7]、制裁の対象は合計で 654 人と 52 団体となった。第二次パッケージではほかにも分野別経済制裁として、金融分野、エネルギー分野、防衛産業関連、航空・宇宙産業関連の措置がとられた。ロシアとのビザ発給円滑化協定の一部の停止も決定された。2 月 28 日の第 3 次パッケージでは、ロシアの航空機の EU 域内発着が禁止された。ターゲット制裁では、これまでの制裁リストに加えて、プーチン・ロシア大統領に近いとされる石油や金融関連の新興財閥の者 (オリガルヒ) などが新たに制裁対象に指定された。

　3 月の第 4 次パッケージが新たに追加した主な措置は、石油関連の企業を含む特定のロシア国営企業との全取引の禁止、ロシアからの鉄鋼製品の輸入禁止、ロシアへの高級車や宝飾品などのぜいたく品の輸出禁止、ロシアのエネルギー産業への新規および拡大投資、エネルギー産業に必要な物品・技術・サービスなどの輸出の原則禁止などである。

　4 月 8 日に発表された第 5 次パッケージでは、石炭の EU への輸入または移送を禁止したほか、ロシア産業能力の強化に特に資すると考えられる物品および技術 (ジェット燃料、特定の燃料添加剤、および水素、窒素酸素、シリコン、ヒ素などの化学物質) の輸出禁止、ロシアに多大な収入をもたらす物品 (木材、セメント、肥料、魚介類など) の EU への輸入または輸送を禁止した。

　第 6 次パッケージでは限定的ながら原油にも踏み込み、海上輸送によるロシア産原油の EU への輸入禁止としたほか、EU からロシアへの輸出禁止措

置も拡大し、化学兵器に使用される可能性のある化学品 80 品目を輸出禁止品目に追加した。7 月には、EU はさらにロシア産の金と宝石類の購入、輸入、輸送の禁止を決定した。

このようにウクライナ侵攻全般に関してパッケージとして順次発表されてきた措置とは別に、ウクライナ侵攻の個別の局面に対しても EU は次々と制裁を決定している。「自らのウクライナ侵略を正当化し支持するために、EU および隣国の市民社会に対して、重大な事実の歪曲と操作を内容とする」[8] プロパガンダ活動をロシアが行ってきたことに対する制裁として、特定のロシア系メディアによる EU 域内での放送・報道を禁じる措置[9]、「ウクライナに対するロシアの到底受け入れられない違法な軍事的侵略へのベラルーシの関与」[10] を理由とする対ベラルーシ制裁の強化、キーウ近郊ブチャで市民の遺体が多数発見されたこと等を受けて決定された「ブチャおよびウクライナのその他の都市でロシア連邦軍によって実行されたとされる残虐行為」に対するターゲット制裁、などである。

EU の措置のみを概観したが、このような、個別の局面での制裁を含む、ウクライナ侵攻に関連した幅広い措置が、EU だけでなく米・英・加・豪他複数の制裁発動国によって広範にとられているのが、今次対ロ経済制裁の大きな特徴である。多くの制裁発動国が幅広い制裁措置のパッケージを有するため、対ロ経済制裁は合法な措置と違法な措置を混在させたパッケージであり、法的評価の際には注意が必要である[11]。

幅広い連携という点でも、今次制裁は際立っている。2014 年のクリミア併合時には経済制裁の発動に熱心とはいえなかった国々が、今次の制裁には積極的である。例えばそのような国の一つであったニュージーランドも[12]、ウクライナ侵攻への対応として、同国の金融制度や制裁対象者の資産が独自制裁網の「迂回のために使われない」[13] よう、ロシアに対する制裁のための法律制定[14] を行っている。

Implementation: ☑ - Announced or Implemented, ○ Not Announced

	Australia	Canada	EU	Japan	Switzerland	UK	US
Restrictions on Russian oil imports	☑	☑	☑	☑	☑	☑	☑
Restrictions on Russian gas imports	☑	○	○	○	○	○	☑
Restrictions on Russian coal imports	○	○	☑	☑	○	☑	☑
Restrictions on Russian gold imports	○	☑	☑	☑	☑	☑	☑
Restrictions on Russian metals imports (e.g. iron and steel)	○	○	☑	○	☑	○	○
Restrictions on export of metals to Russia	☑	○	○	○	○	○	○
Restrictions on export of luxury goods to Russia	☑	☑	☑	☑	☑	☑	☑
Restrictions on import of luxury goods from Russia	○	☑	☑	○	○	☑	☑
Restrictions on broadcasts by Russian state-owned media	☑	☑	☑	○	○	☑	☑
Restrictions on export of professional services (e.g. consulting, accounting services) to Russia	○	☑	☑	☑	☑	☑	☑
Restrictions on Russian access to IMF & World Bank funds	○	☑	☑	☑	○	☑	☑
Revocation of Most Favored Nation status	☑	☑	☑	☑	○	☑	☑
Restrictions on sovereign debt	☑	☑	☑	☑	☑	☑	☑
Restrictions on Russian banks' correspondent banking accounts	○	○	○	○	○	☑	☑
Restrictions on Russian banks' access to SWIFT	○	☑	☑	☑	☑	☑	☑

As of 15 August 2022

図 4-1　主要な制裁発動国による分野別の経済制裁の実施状況、2022 年 8 月

出典：Castellum.AI

Ⅱ．対ロ経済制裁をめぐる双方の態度

　以上のような対ロ経済制裁について、制裁発動国側はこれを適法・正当な
ものとして、また制裁対象国であるロシアは違法・不当なものと扱っている。

1. 制裁発動国の態度

(1) 対ロ経済制裁に関する法的評価

　EU は自らの独自制裁の措置一般について、EU 内部の諸ルールだけでなく国際法に適合しているという見解[15]をとっている。「EU の共通外交・安全保障政策の枠組における制限的措置(制裁)の実施と評価に関する指針」(2018 年5 月4 日)[16]においても、「制限的措置の導入と実施は常に国際法と合致していなければならない」との指針が表明されている[17]。この文書では簡潔ながら、WTO 諸協定との整合性について、問題になりうるとの認識が示されている。貿易・サービスに関する制限は GATT 第 21 条・GATS 第 14 条 bis に該当しない場合には、GATT 第 20 条・GATS 第 14 条の条件を満たすものでなければならないこと、このことに照らすと一定の場合には EU の措置が WTO のルールと不整合な場合がありうること[18]、そしてそのように「仮に EU の措置が EU またはその加盟国の国際義務と抵触する場合には、そのような抵触を処理する共通のアプローチを設定する必要が出てくるかもしれない」[19]という指摘である。しかし、対ロ経済制裁に特化した EU の公式 HP における説明では、この可能性の検討はなく、ただ EU による対ロ経済制裁が「国際法の諸義務に完全に適合している」とだけ述べられている[20]。これは、上述の指針等で EU が採用している一般的な見解を、ほぼそのまま繰り返すものである。

　米国についても、対ロ制裁に限らず独自制裁一般について、これを正当・適法な手段と考えていることが、国連等での発言等から、見てとれる[21]。2014 年のクリミア併合を契機とする対ロシア経済制裁においても、自国の措置を適法なものとの前提で行動する米国は、各種の貿易制限に伴って最も問題となりやすい WTO 諸協定との不整合の可能性にすら「関心がなかった」と評価されている[22]。

(2) 制裁の原因に関する国際法違反の強調

　以上のように、制裁に関する国際法上の根拠の分析は、制裁発動国側が提示する文書等ではほとんど見ることができない。これとは対照的に制裁発動国が国際法上の評価を強調するのは、対ロ経済制裁の原因についてである。

　ロシア軍による本格的なウクライナ侵攻の開始前に、ウクライナ東部のド

ネツク・ルハンスクの二地域の独立をロシアが承認したことに対して、即時に経済制裁を決定した米国は、その際この「ロシアの決定は、国際法と国際規範の、プーチン大統領による一連のあからさまな違反の一例」と非難している[23]。また、ロシアによるウクライナ侵攻に対して制裁を決定した各国の経済制裁の理由に頻出するのは、「侵略 (aggression)」「侵攻 (invasion)」「戦争 (war)」の三つの用語である。いずれも国連憲章が禁止する武力行使の典型的な形態を示す用語である。各国はこれらの用語に頻繁に「違法な (illegal)」「不当な (unjustified)」といった形容詞を付加し、制裁の原因となったロシアの行動を一斉に非難した。具体的には、「挑発されてもいないのにしかけてきた侵略」[24]、「挑発されてもいないのにしかけてきた、不当な軍事侵略」[25]、「全面的な侵攻」・「ウクライナに対する違法な侵攻」[26]、「ウクライナに対するロシアの違法な戦争」[27]、といった表現で、対ロ経済制裁の原因・理由を提示している。そして、制裁発動国側は、「ロシアによるウクライナ攻撃は民主主義、国際法そして自由に対する攻撃」[28]等の表現で、対ロ経済制裁が国際法違反に向けられたものであることを、再三にわたり強調する。

　国際法の義務違反に対する制裁であるという明確な認識は、個人を対象としたターゲット制裁においても鮮明である。2022 年 2 月に、ウクライナ東部のドネツク・ルハンスクの二地域の独立をロシアが承認したことに対してEU が決定したロシアの議員 351 名へのターゲット制裁は、これらの地域の独立承認という「国際法の違反に対して、そしてウクライナの主権と領域的一体性を侵害することに対して、賛成票を投じた」者に対する制裁である[29]。

　このように、対ロ経済制裁は形式的に独自制裁ではあっても、制裁発動国側はその原因・目的に関する明確な共通認識を有している。対ロ経済制裁は、「国際法の違反であるこの侵略戦争の力を弱め、我々が国際法ルールに違反することを決して容認しないことを明確にするために」実施されている[30]のである。

2. 制裁対象国・ロシアの態度
(1) 対ロ経済制裁に対する法的評価

　翻って制裁対象国であるロシアの方の制裁の法的評価も、同様に明確で

あって、一連の対ロ経済制裁を違法または不当なものとして非難している[31]。ただ、対ロ経済制裁を非難する際に、制裁発動国側が制裁の原因・理由とするウクライナ侵攻との関係には、ほとんど言及がない[32]。

　対ロ経済制裁の法的評価と受け取れる発言として、ロシア外務大臣は、2022年9月の国連総会での演説で、一連の対ロ経済制裁を「違法な一方的制裁」と述べている[33]。「違法」と「一方的」の組み合わせは、対ロ経済制裁に言及する際にロシアが多国間フォーラムにおいても二国間協議においても非常に頻繁に用いる表現であり[34]、この点が、対ロ経済制裁への批判の焦点であるといっても過言ではない。

　より抽象的な表現では、ロシア大統領が対ロ経済制裁をロシアの「主権への攻撃」と述べたり[35]、「宣戦布告も同様」と述べたりしている[36]。レトリック的に用いられているこれらの表現は、対ロ経済制裁が極めて敵対的であることを強調する比喩と考えられる。

　いずれにせよ、非国連制裁である対ロ経済制裁を一方的・違法とロシアが考えること自体は、十分に明らかである。ロシアが制裁対象国である以上このような見解を採用することは当然ともいえる。ただ、ロシアは対ロ経済制裁の批判において完全に孤立しているわけではなく、中国が対ロ経済制裁について類似の見解を有している。中国外務省の報道官は2022年2月以降、対ロ経済制裁について問われるたびにそれらの制裁が「国際法の基礎を欠く一方的な制裁」[37]、「国際法の基礎もなく安全保障理事会による権限付与もない一方的な制裁」[38]であって中国はこれに反対する、という趣旨の応答を繰り返している。

(2) 独自制裁一般に関する見解

　ロシアは中国とともに、独自制裁一般に対しても、同じ観点からの批判を強調してきた。2022年6月にロシアが中国とともに発表した二国間声明「新時代を迎える国際関係とグローバルな持続可能な開発に関する共同声明」[39]では、「普遍的に承認された、国際法に合致する手続きや仕組みを、特定の国家や国家グループによって策定されたルールによって置き換えようとする試み」を批判する文脈で、「力による政治、弱い者いじめ、一方的制裁 [⋯]」

への反対が謳われている。これにさかのぼって 2016 年に両国が発表した「国際法の促進に関する共同声明」[40] においても、国連制裁でない「一方的な強制措置である、いわゆる一方的制裁」は「一般に承認された国際法の原則や規則の誠実な履行」とおよそ相容れない、と批判されている。

　対ロ経済制裁が違法な一方的制裁であるという批判は、独自制裁一般に対してロシアが有する以上のような見解を、そのまま対ロ経済制裁にあてはめたもののようにも受け取れる。そして、安全保障理事会の常任理事国であるロシアや中国にとっては、実際にも、安全保障理事会による統制を迂回した強制措置であるという点、すなわち一方的な制裁である点が、すべての独自制裁に共通の最重要の問題なのかもしれない。

　ちなみに、独自制裁一般の議論では、措置が一方的であることと並んで、もう一つ頻出する批判がある。独自制裁が違法な経済的強制であり内政不干渉の義務違反ではないか、という批判である[41]。この批判は、独自制裁が強制措置であることと措置の対象事項に着目した批判である。ただ、対ロ経済制裁に関する批判や議論ではほとんどとりあげられない側面であるため[42]、本稿ではこの観点からの検討は行わず、Ⅲでは引き続き「一方的」制裁との批判に関する検討を行う。

Ⅲ．独自制裁の正当性をめぐって

1. 論点の整理

　Ⅰにおいて指摘したように、複数の制裁発動国が独自に決定した範囲で実施する対ロ経済制裁は、制裁発動国別にみても合法・違法な措置を混在させている可能性が高い。そのため、対ロ経済制裁に対するロシアの批判の定型文どおりに、これらを一括して「違法な一方的制裁」と断定することには問題がある。国際法上も、独自制裁の発動自体を禁止するルールは存在しない[43]。他方、ロシアによる批判の焦点を「一方的」制裁の正当性欠如への批判と考えるなら、独自制裁に関して、これまでにされてきた以下のような一般的な議論と、整合的に理解できる部分がある。

　独自制裁の評価を試みる複数の先行研究は、一見したところ対極的にもみ

える、一方的な強制措置の二つの類型を検討する[44]。国連制裁と対抗措置である。それは、おおよそ以下のような考えにもとづくものである。

　国際法上の制裁の歴史に照らすと、組織化が進んでおらず中央集権体制をもたない国際社会においては、違法行為に対する制裁といいうるものは、被害国による自助の措置であった。自助と制裁がこのように未分化であった状態から、国際社会の組織化が進んだ今日では分化が進んで、一方的な自助の措置と集団的な制裁とを区別できるようになった。違法行為の被害国による自助の措置は、今日では様々な要件に縛られてはいるものの、対抗措置として受け入れられている。このように国際法に許容された措置という意味で、対抗措置は正当性を有する。他方で、組織化が進んだ国際社会における国連制裁は、違法行為に対する集団的な制裁と同一ではないが、それにかなり近いものと観念することができる。そして国連による集団的な強制措置は、平和と安全の観点からとられる措置であり、違法行為に対してとられる措置には限定されていないものの、とられる措置は国際社会の利益のための措置であって、正当性を有する。また、具体的に国連安全保障理事会の決議の義務を履行する形で、国連加盟国によって経済制裁が発動される場合には、仮に経済制裁の措置がその他の協定との義務の牴触を発生させたとしても、国連憲章上の義務の優先も定められている。

　一方的措置には常に不信・疑義がつきまとう国際社会において、両極端な二つの類型の措置が、このように正当なものと扱われている。その正当性の理由は異なる。国連制裁の方は、一方的でないことが正当性の理由である。対抗措置の方は、一方的であっても、これを許容することが妥当であるという理由で、正当と扱われている。そして独自制裁は、これら二類型のはざまにあって[45]、いずれの類型が有する正当性も当然には有していない。これらの二つの類型が示す正当性を利用して、対ロ経済制裁の文脈での、独自制裁が一方的制裁であるとの批判に対する反論を用意できるのか、検討する。

2.　「一方的」との性格づけへの反論

　Ⅱ. 2で確認できた範囲のロシアによる批判は、対ロ経済制裁が「一方的」であるという、制裁の発動形態を最も問題視している。しかし、独自制裁に

ついて批判されている一方的な性質は、国連制裁でないという定義に自動的に付随する性質である。そこで、対ロ経済制裁は一方的制裁と考えるべきではない、という反論の枠組みは、通常は独自制裁と理解されている措置を国連制裁に再構成する試みとして、展開される。

(1) 理　論

　このようなアプローチをとる先行研究[46]は、以下の2つの事例を「一方的」ではない制裁の事例と性格づけることを試みる。1982年にアルゼンチンがフォークランド(マルビナス)に対する軍事作戦を開始した際、これを「平和への脅威」と認定し軍隊の撤退を要求する決議[47]が、国連安全保障理事会により採択された。決議採択の一週間後に、EC加盟国はアルゼンチンに対する兵器・軍用関連品の輸出を停止しただけでなく、アルゼンチンからの全般的な輸入禁止を決定した[48]。安保理決議502は経済制裁を決定したり要請したりしていないため、通常、EC加盟国のこの決定は独自制裁として扱われている[49]。これを一方的な独自制裁と位置づけない先行研究は、安保理決議502が「その国家[アルゼンチン]に対して経済制裁を発動することの十分な国際的権威[authority, 根拠]と考えることができる」[50]とする。つまり、EC加盟国による上述の措置は集団的な決定を拠り所とした、国連制裁に準ずる制裁とみることが適切である、と考えるのである。同じ著者はさらに、このような意味での「十分な国際的根拠」は、国連総会決議によって提供されることもあると考えている。ソ連によるアフガニスタン侵攻の際に、安保理決議はソ連の拒否権により成立せず、総会において「アフガニスタンに対する軍事介入を、国家の主権、領土的一体性、政治的独立の尊重という根本的な原則に反するものとして」憂慮する決議[51]が採択された。この総会決議について、「個別国家あるいは国家グループによって発動される経済制裁を許可するものと考えることができる(can be regarded as warranting)」、というのである[52]。

　参照されている二つの事例から主張されていることは、次のようにまとめられよう。安全保障理事会または総会により、本来なら集団的な対応が望まれる事態であるとの評価が明確にされる場合には、事態に責任のある国家に対する制裁の発動はその評価に呼応するものであることから、国連制裁ある

いはそれに準ずる集団的な判断にもとづくものと考える、ということである。

(2) 対ロ経済制裁の場合

　このような見解を採用することで、対ロ経済制裁は一方的制裁であるとの非難・批判に、説得力ある反論を提示できるだろうか。以下の理由により、その可能性は乏しいように思われる。

　ロシアによるウクライナ侵攻について、安全保障理事会は国連憲章第7章下の認定をなんら行っていない[53]。国連総会においては2022年3月2日に、ウクライナ侵攻についてロシアを名指しする非難決議が採択されている[54]。そこで、先行研究が依拠するアフガニスタン侵攻の事例とは共通点がある。しかし、共通点である総会決議には、双方に共通する問題がある。アフガニスタン侵攻に関する前出の総会決議も、ウクライナ侵攻に関する3月2日の総会決議も、それが経済制裁に関連すると解することができる文言が、一切見当たらないことである。対ロ経済制裁についてのみの検討を進めると、前出の総会決議に至る討論の過程においても、経済制裁の議論は皆無である[55]。また、ウクライナ侵攻に関する総会の緊急会期が開催され最初の決議採択に至ったのが3月2日なのに対して、制裁発動国の多くが、それよりも前に複数の制裁措置の決定を行っている。そのため、これらの経済制裁が3月2日に採択された総会決議を「国際的根拠」としていると性格づけることは、時系列的な観点からはフィクションである。2022年の総会の緊急会期中、10月までに複数の決議が採択しており、例えばすべての国家に対してロシアによる併合措置を承認しないこと等明示的に求めている[56]が、これに対して経済制裁の検討や発動を求めたり示唆したりする文言は、いずれの決議にもみられない。

(3) 評　価

　先行研究として検討した見解は、通常一方的な独自制裁と性格づけられているいくつかの事例で、事例に関連する安保理決議または総会決議に着目することで、国連加盟国が独自に実施する制裁措置に「国際的根拠」を見出そうとした。

　しかし、具体的な総会決議が本事例の 2022 年 3 月 2 日の決議のように、経済制裁にまったく言及しない場合には、これらの決議が独自制裁に「国際的根拠」を提供していると主張することには、かなり無理があると思われる。決議に書かれていないことを総会が推奨している、と主張しているも同然だからである。

　逆に、総会決議が禁輸措置等を明示した経済制裁に関する記述を含む決議であれば、これを「国際的根拠」とする、独断ではない経済制裁を観念することはできるであろう。例えば 2021 年 2 月のミャンマーでのクーデターに関する総会決議[57]が「ミャンマーへの武器の流入を防ぐようすべての国連加盟国によびかけ」ている[58]。輸出入・禁輸措置といった文言は含まれないものの、呼びかけに対応して独自にとられる武器輸出関連の措置があれば、措置の正当性を当該決議に求めることは可能であろう。ただし総会決議の勧告に基づく経済制裁ということになるので、国連憲章第 103 条による同憲章の義務の優先は発生しない点に留意が必要である[59]。また、依拠する総会決議に対する反対票や棄権の数によっては、これを経済制裁の「国際的権威」「国際的根拠」と主張することが難しくなるだろう。

3.　対抗措置の有用性

　それでは、一方的措置でありながら正当なものと認められている対抗措置は、対ロ経済制裁に対する批判への反論にとって、どのように有用であろうか。

(1) 対抗措置と独自制裁の個別の措置の適法性

(a) 理　論

　当然、対抗措置には違法性阻却事由としての有用性がある。国際法上の対抗措置とは、被害国が侵害国に対して、違法行為の停止を目的としてとる、本来ならば違法な行為をさす。対抗措置は、それ自体が違法行為である点で、非友好的ではあるが合法な行為 (報復 retorsion) とは明確に区別される。対抗措置は、一定の条件を満たす場合には違法性を阻却されるのであり、その限定的な意味で適法である。二国間関係における対抗措置は一般国際法上も確立している。

　対ロ経済制裁のうち、一般国際法上違法と評価される可能性があり、対抗措置として正当化する必要がありうる措置としてよく指摘されるのは、国家主権免除法に照らした中央銀行の資産凍結である[60]。より一般的にも、独自制裁に含まれるそれ自体として違法な措置については、対抗措置と位置づけることで適法性を確保する必要が生じる。

　ただし、独自制裁において頻繁に用いられているように見える措置の中には、現行の国際法に照らしてそもそも違法なのか適法なのか、論争があり不明確なものもある。たとえば、国家元首や外務大臣の個人の資産が凍結される場合である。国家の財産であり明確に国家の機能のために用いられる中央銀行の資産の場合と異なり、国家元首や外務大臣が海外に有する純然たる個人の資産の凍結を、国際法が禁止しているかどうかについては、論争がある。国家元首等の免除に関するこれまでの実行および議論の大部分が、刑事管轄権に関する実行または裁判管轄権との関係での資産に対する執行[61]に関する実行だからである。ターゲット制裁における国家元首他に対する資産凍結の措置は、刑事管轄権とも裁判手続とも無関係な、行政措置である。また、昨今の経済制裁の文脈以外での国家元首等の資産凍結は、実行も乏しいとされる。このような背景から、国家元首や外務大臣が海外に有する個人の資産に関する、経済制裁の場合のような行政的な措置からの一般的な免除のルールは、慣習法上存在しないとの見解も、ある[62]。逆に、刑事管轄権からの免除から推論して[63]、このような資産が行政的な措置からの免除を有するという見解も、ある[64]。

　対ロ経済制裁では多くの制裁発動国が域内にあるロシアの現職大統領らの個人資産を凍結する措置をとっている。例えば、ロシアによるウクライナ侵攻開始直後に米国がプーチン・ロシア大統領、ラブロフ・ロシア外務大臣他に対する資産凍結を発表している[65]。Iで示したとおり、EU も両名を EU 入域制限と資産凍結の制裁対象にしており[66]、スイスも EU に追随する形で両名を制裁対象に指定した[67]。

　現職大統領等の資産凍結を免除に反するとする見解を採用する場合には、このような資産凍結は対抗措置として正当化することになる[68]。

(b) 評　価

　ただ、対ロ経済制裁の具体的な例である、免除に関するルールとその違反の可能性は、制裁発動国・制裁対象国の態度からは、対抗措置の有用性を示す例とは言いにくい。現職大統領他に対する資産凍結等が免除のルールに違反するという評価は、制裁発動国の見解に見られないだけでなく、ロシアによってすら提起されていないように見えるからである。2022年2月25日に、プーチン・ロシア大統領他に対するターゲット制裁を発動した米国は、これが同大統領に対する制裁であることを強調し[69]、多くのメディアも米国の措置をプーチン大統領に対する象徴的な制裁として報道した[70]。米国は次に大統領の周辺人物を狙い撃ちにした制裁措置を3月11日に発表した[71]。これらの措置に対抗して、ロシアは、バイデン・米国大統領を含む米国要人に対する入国制限を主な内容とする措置を3月15日に発表した[72]。しかし、この対抗制裁の措置自体は、ロシアの現職の国家元首他に対する資産凍結に抗議する措置とは、位置づけられていない。措置は「ロシアの政府高官が米国に入国することを禁ずることを含む、一連の前代未聞の制裁」[73]に対抗してとられたと説明されている。また対抗制裁の背景も、「アメリカの現政権の極めて反ロシア的な政策」等、一般的に述べられているだけである[74]。米国が発動した、自国の現職大統領や外務大臣に向けられた資産凍結に特化した抗議と解しうるものは、この対抗制裁にはみてとれない。

　そこで、対ロ経済制裁のような独自制裁において、個別の措置の適法性の評価の際に、対抗措置が実際にも有用であるためには、(i)個別措置に関する制裁対象国の違法性の主張、(ii)当該措置に関する制裁発動国の違法性の認識、(iii)これらの評価を基礎づける現行ルールの明確性、といった法と事実の双方にまたがる条件が満たされる必要がある[75]。また、ウクライナ以外の制裁発動国による対ロ経済制裁は、被害国による対抗措置とはいえないため、(iv)「第三者」対抗措置の国際法上の扱いが、問題となる[76]。

(2) 第三者対抗措置と独自制裁の正当性

(a) 理論

　第三者対抗措置の法的帰結は(1)のとおり、それ自体違法な措置の違法性

阻却であるが、対ロ経済制裁への批判への反論の観点からは、第三国対抗措置には、もう一つ別の魅力がある。それは、正当性の観点からの魅力である。

　独自制裁に対する「一方的」との批判に着目して、III.2. では、批判される独自制裁を「一方的」と性格づけない反論を検討した。これに対して、第三者対抗措置の発想は、一方的という発動形態については争わずに、一方的でもなお正当であるとの反論を提供しうる。

　第三者対抗措置はしばしば、国際社会における共通利益や共通の価値を実現する手段である[77]、とも言われる。これは、第三者対抗措置の以下のような特徴による。第三者対抗措置に関する条文として言及される国家責任条文第54条は、被害国以外の国が「被害国や違反のあった義務の受益者のために、違反の中止および賠償を確保する目的で責任国に対して適法な措置をとる権利」について定めている[78]。第54条の権利を有する国は特定されており、「第48条第1項に基づいて他の国の責任を援用する権利を有する国」である。その第48条第1項の対象である義務違反の一つは「違反のあった義務が、国際社会全体に対して負う義務」、いわゆる対世的義務の違反である。そして、侵略行為はその最たる例とされている[79]。

　このような種類の義務違反を対象とした第三者対抗措置は、一方的と批判される独自制裁に対して「国際社会全体」の観点からの正当性を提供しうる。

　(b) 評　価

　ただ、第三者対抗措置には、理論上の大きな問題がある。第三者対抗措置という対抗措置の類型が国際法上確立していると、明確に言い切れないことである。前出の国家責任条文第54条において定められているのは、国家責任条文がこのような権利を「害するものではない」という点のみである。よく知られている通り、2001年の国家責任条文のコメンタリーは国家実行の少なさを指摘し、このような第三者の権利に関する国際法はその時点では「不確定」であると結論して、「この問題の解決を国際法の将来の発展に委ねる」と評していた[80]。

　その時以降、独自制裁の実行の数は増した。しかし、その実行の評価には、収束が見られない。また、Iでも示したとおり、一方的措置としての独自制裁に対しては、国際社会の一部に根強い不信感もある[81]。2014年以降の対ロ

経済制裁についての議論でも、第三者対抗措置を所与として違法性阻却できるという位置づけには明らかに躊躇が見られる[82]。

おわりに

　ロシアによるウクライナ侵攻に対して発動されている対ロ経済制裁は、これまでの独自制裁と比べて、より多くの国の参加・連携の下で発動されており、またこれまでになく多様で幅広い措置を内容としている。各国の制裁措置は合法・違法な措置を混在させたパッケージとなるため、対ロ経済制裁の評価における国際法上の論点の一つは、個別の措置の適法性となる。もう一つの論点は、ロシアの対ロ経済制裁全般への批判に顕著な、一方的制裁の正当性の問題である。本章では、一方的制裁の正当性に対するこの批判に対して、二つの反論の方法を検討した。

　一つ目の反論は、「一方的」な措置の正当性欠如は認め、一部の独自制裁を「一方的」制裁でない制裁に再構成するものであった。しかし、独自制裁の一方的な性質は、国連制裁でない制裁という定義に付随するものなので、この再構成は国連制裁の定義を拡大することを意味する。安全保障理事会の決議による決定・許可・要請がなくても、どのような条件が満たされれば国連制裁とみなせるのか、提示された指針からは説得的な答えを見出すことができなかった。

　対ロ経済制裁の批判への二つ目の反論の試みとして、第三者対抗措置の発想を検討した。この文脈での第三者対抗措置の魅力は、一方的であっても正当性を有するという第三者対抗措置の性質である。しかし、国際法上確立している対抗措置とは異なり、第三者対抗措置については、そのような類型の一方的措置が国際法上認められているのかどうか自体に、なお論争がある。

　独自制裁への批判に対応する形で、これを積極的に正当なものと示すことは実は容易ではない。もちろん、国連憲章に違反する武力行使を「特別軍事作戦」と言い換えて正当化を試みるような国家が自らに対して発動された経済制裁を批判したからといって、これにはとりあわないという選択肢もあろう。しかし、対ロ経済制裁のような独自制裁が期待される力を発揮するため

には、経済制裁の抜け道となる国の数を極力減らすことが重要である。独自制裁に正当性が欠如していると受けとめられれば、協力を要請されても躊躇する国が出るだろう。この観点からは、独自制裁の正当性の問題は実践的にも重要な問題と思われる。

[注記]
　　本章におけるインターネット情報の最終アクセス日は 2022 年 10 月 30 日である。

注

1　対ロ経済制裁を発動している主体を制裁発動「国」、各「国」等という本章の表記は不正確で、正確には各国「および EU」と表記すべきところである。文章の簡略化のために本章では、国「および EU」との表記を毎回繰り返すことを省略している。EU 等の地域的機関による措置を独自制裁として議論する際の注意点については、浅田正彦「国際法における制裁とその法的正当化」岩沢雄司・岡野正敬編集代表『国際関係と法の支配─小和田恆国際司法裁判所裁判官退任記念』（信山社、2021 年）963-964 頁。

2　独自制裁を一方的制裁と呼ぶ場合もあるが、注 1 のとおり、検討の対象には地域的機関の行為が含まれている。そこで「多国間 multilateral」との対比で「一方的 *uni*lateral」（筆者による斜体強調）という用語が想起させる「一国家による」という性質の強調は適切でなく、本章では独自制裁の用語を用いる。

3　安全保障理事会が国連憲章第 41 条に基づき決定する非軍事的措置から生じる国連加盟国の義務は、「憲章に基く義務」であるため、それと「他のいずれかの国際協定に基く義務とが抵触する時は、この憲章に基く義務が優先する」（第 103 条）とされている。

4　第 5 章以降において WTO 等は詳細に扱われるため、本章では WTO 等の個別分野の検討は行わない。本書以外にも中谷和弘「ロシアに対する経済制裁」『ジュリスト』1575 号（2022 年 9 月）114 頁等、参照せよ。

5　分野別制裁とターゲット制裁の線引きは対ロシア経済制裁の全体像を概観する上の便宜的なもので、厳密なものではない。たとえば制裁措置の目的から考えると、ロシア向けのぜいたく品の輸出禁止は、これらのぜいたく品を購入する特定の消費者層に対する圧力創出のための措置であり、ロシア経済への打撃を狙った措置とは言えず、分野別の貿易制限ではあるものの、ターゲット制裁に近い性質をもっている。対イラン制裁を検討する Richard Nephew, *The Art of Sanctions: A View from the Field* (Columbia University Press, 2017), pp. 8-9 の説明を参照。

6　脱稿時期との関係で本節での対ロ経済制裁の紹介は 2022 年夏までを対象としている。本節の執筆にあたり、JETRO ビジネス短信 (https://www.jetro.go.jp/biznews/) の関連記事を参照した。ほとんどの制裁措置の決定の出典は後の脚注で示されるため、本節では割愛する。

7　後出 III.3.(1).

8　EU 指令 2022/350 (前文 7), Council Regulation (EU) 2022/350 of 1 March 2022 amending Regulation (EU) No 833/2014 concerning restrictive measures in view of Russia's actions destabilising the situation in Ukraine. 理事会決定 (Decision (CFSP) 2022/351) も参照。

9　制裁措置の対象の一社であるロシア国営メディア RT のフランス支社 RT France は、制裁の決定・EU 指令の取消を求める訴訟を EU 司法裁判所に提起した (RT France v. Council (Case T-125/22R)) が、請求は退けられた。Arrêt du Tribunal (grande chambre) du 27 juillet 2022. *RT France contre Conseil de l'Union européenne,* Case T-125/22.

10　EU指令2022/355, Council Regulation (EU) 2022/355 of 2 March 2022 amending Regulation (EC) No 765/2006 concerning restrictive measures in view of the situation in Belarus.

11　後出 III.3.(1).

12　2014 年クリミア併合時に独自制裁に消極的であった国家については、Mika Hayashi, "Russia: the Crimea Question and Autonomous Sanctions", in Masahiko Asada (ed.), *Economic Sanctions in International Law and Practice* (Routledge, 2020), pp. 229-231.

13　NZ 外務大臣・発表 (2022 年 3 月 18 日), at https://www.beehive.govt.nz/release/first-tranche-sanctions-under-russia-sanctions-act-enacted.

14　NZ・ロシア制裁法 , at https://www.legislation.govt.nz/bill/government/2022/0111/latest/whole.html.

15　「制限的措置 (制裁) の活用に関する基本原則」(2004 年 6 月 7 日), at https://www.consilium.europa.eu/en/policies/sanctions/. のうち、独自制裁に関する第 3 段落を参照。

16　「EU の共通外交・安全保障政策の枠組における制限的措置 (制裁) の実施と評価に関する指針」(2018 年 5 月 4 日), at https://www.consilium.europa.eu/en/policies/sanctions/.

17　*Ibid.*, para. 9.

18　*Ibid.*, para. 11.

19　*Ibid.*, para. 12.

20　"EU sanctions against Russia explained", at https://www.consilium.europa.eu/en/policies/sanctions/restrictive-measures-against-russia-over-ukraine/sanctions-against-russiaexplained/.

21　国連総会第二委員会での、経済制裁に関する米国代表の発言についてこのように分析する論考として Alexandra Hofer, "The Developed/Developing Divide on Unilateral Coercive Measures: Legitimate Enforcement or Illegitimate Intervention?", *Chinese Journal of International Law,* Vol. 16 (2017), p. 199.

22　山田卓平「経済制裁の法的規律 (2・完) －対ロシア制裁の検討－」『龍谷法学』54 巻 1 号 (2021 年) 199 頁。

23　米国務省・報道声明 (2022 年 2 月 21 日), at https://www.state.gov/kremlin-decision-on-eastern-ukraine/. 大統領記者会見 (2022 年 2 月 22 日), at https://www.whitehouse.gov/briefing-room/speeches-remarks/2022/02/22/remarks-by-president-biden-announcing-response-to-russian-actions-in-ukraine/ も参照。

24　米国大統領府声明 (2022 年 2 月 24 日), at https://www.whitehouse.gov/briefing-room/statements-releases/2022/02/24/fact-sheet-joined-by-allies-and-partners-the-united-states-imposes-devastating-costs-on-russia/.

25　欧州理事会 (EU サミット) 結論 (2022 年 2 月 24 日), at https://www.consilium.europa.eu/en/press/press-releases/2022/02/24/european-council-conclusions-24-february-2022/. EU 理事会・報道発表 (2022 年 2 月 25 日), at https://www.consilium.europa.eu/en/press/press-releases/2022/02/25/russia-s-military-aggression-against-ukraine-eu-imposes-sanctions-against-president-putin-and-foreign-minister-lavrov-and-adopts-wide-ranging-individual-and-economic-sanctions/.

26　英外務大臣・報道発表 (2022 年 2 月 24 日), at https://www.gov.uk/government/news/foreign-secretary-imposes-uks-most-punishing-sanctions-to-inflict-maximum-and-lasting-pain-on-russia.

27　豪外務大臣・報道関係者向け発表 (2022 年 5 月 4 日), at https://www.foreignminister.gov.au/minister/marise-payne/media-release/additional-sanctions-response-russias-invasion.

28　カナダ首相発言 (2022 年 2 月 24 日), at https://pm.gc.ca/en/videos/2022/02/24/remarks-russias-attack-ukraine.

29　EU 外務 / 安全保障政策上級代表・メディア発言 (2022 年 2 月 22 日), at https://www.eeas.europa.eu/eeas/russiaukraine-press-remarks-high-representative-josep-borrell-after-extraordinary-informal-0_en.

30　ドイツ外務省 HP 記事 (2022 年 6 月 4 日) に引用された 5 月 17 日外務大臣発言。"Geschlossenes Vorgehen gegen Putins Krieg in der Ukraine: Welche Sanktionen sind in Kraft?", at https://www.auswaertiges-amt.de/de/aussenpolitik/eu-sanktionen-russland/2515304.

31　2014 年クリミア併合に起因する対ロシア経済制裁に対するロシアの法的評価について、山田・前掲注 (22) 168-180 頁 ; Hayashi, *supra* note 12, pp. 232-234.

32　ウクライナ侵攻を「特別軍事作戦」として正当化するロシアの見解については、本書第 2 章および浅田正彦「ウクライナ戦争と国際法―武力行使と戦争犯罪を中心に」『ジュリスト』1575 号 (2022 年 9 月) 107 頁等を参照せよ。

33　"Russia had 'no choice' but to launch 'special military operation' in Ukraine, Lavrov tells UN" (24 September 2022), *UN News*, https://news.un.org/en/story/2022/09/1127881.

34　紙面の制約上、ロシア首相による二国間協議での発言「ロシアに対する非友好国による、違法で一方的制裁」1 点の引用元を記す。ロシア・カザフスタン二国間協議 (2022 年 5 月 30 日) , at http://government.ru/en/news/45564/.

35　2022 年 9 月の東方経済フォーラムでのプーチン・ロシア大統領の発言。"Sanctions on Russia are 'declaration of economic war', says Vladimir Putin" (8 September 2022), *BBC News,* at https://www.youtube.com/watch?v=6PU24OR9GBc.

36　Emma Bowman, "Putin calls sanctions a declaration of war as Zelenskyy pleads for more aid" (5 March 2022), *NPR,* at https://www.npr.org/2022/03/05/1084764302/putin-calls-sanctions-a-declaration-of-war-as-zelenskyy-pleads-for-more-aid.

37　中国外務省報道官・定例記者会見 (2022 年 2 月 28 日) , at https://www.fmprc.gov.cn/eng/xwfw_665399/s2510_665401/202202/t20220228_10646378.html.

38　中国外務省報道官・定例記者会見 (2022 年 6 月 29 日) , at https://www.fmprc.gov.cn/mfa_eng/xwfw_665399/s2510_665401/2511_665403/202206/t20220629_10712209.html.

39　"Joint Statement of the Russian Federation and the People's Republic of China on the International Relations Entering a New Era and the Global Sustainable Development" (4 February 2022) , at http://en.kremlin.ru/supplement/5770.

40　"The Declaration of the Russian Federation and the People's Republic of China on the Promotion of International Law" (25 June 2016) , at https://mid.ru/en/foreign_policy/news/1530748/ (also at https://www.fmprc.gov.cn/mfa_eng/wjdt_665385/2649_665393/201608/t20160801_679466.html).

41　例えば Jean-Marc Thouvenin, "Sanctions économiques et droit international", *Droits,* Vol. 57 (2013), pp. 161-175; Nigel White, "Shades of Grey: Autonomous Sanctions in the International Legal Order", in Surya Subedi (ed.), *Unilateral Sanctions in International Law* (Hart, 2021), pp. 79-82; Daniel H. Joyner, "International Legal Limits on the Ability of States to Lawfully Impose International Economic/Financial Sanctions", in Ali Z. Marossi and Marisa R. Bassett (eds.), *Economic Sanctions under International Law: Unilateralism, Multilateralism, Legitimacy, and Consequences* (T.M.C. Asser Press, 2015), pp. 83-93; Devika Hovell, "Unfinished

Business of International Law: The Questionable Legality of Autonomous Sanctions," *AJIL Unbound*, Vol. 113 (2019), p. 144 を参照せよ。

42 2014年クリミア併合時の経済制裁に対する批判において、この点を確認したものとして山田・前掲注 (22) 184頁。

43 Alexandra Hofer, "Unilateral Sanctions as a Challenge to the Law of State Responsibility," in Charlotte Beaucillon (ed.), *Research Handbook on Unilateral and Extraterritorial Sanctions* (E. Elgar, 2021), p. 187. 独自制裁が違法な経済的強制の一類型であるかの議論については、注41の引用を見よ。

44 Natalino Ronzitti, "Coercive Diplomacy, Sanctions and International Law," in Natalino Ronzitti (ed.), *Sanctions as Instruments of Coercive Diplomacy: An International Law Perspective* (Nijhoff, 2016), pp. 9-14; Hofer, *supra* note 43, pp. 186-189; White, *supra* note 41, pp. 64-67.

45 White, *supra* note 41, p. 66-67.

46 Paola Gaeta, Jorge E. Viñuales, and Salvatore Zappalá (eds.), *Cassese's International Law* (Oxford University Press, 2020), p. 307.

47 U.N. Doc. S/RES/502 (3 April 1982).

48 カナダ、オーストラリアも類似の経済制裁を発動しているが、Gaeta et al., *supra* note 46 の該当箇所では言及はない。

49 例えば Jean-Marc Thouvenin, "History of Implementation of Sanctions," in Masahiko Asada (ed.), *Economic Sanctions in International Law and Practice* (Routledge, 2020), p. 83, p. 89; Martin Dawidowicz, *Third-Party Countermeasures in International Law* (Cambridge University Press, 2017), pp. 140-149.

50 Gaeta et al., *supra* note 46, p. 307.

51 U.N. Doc. A/RES/ES-6/2 (14 January 1980). ただしこの決議は軍事侵攻に言及する際に、それがソ連による軍事侵攻であるとは述べていない。

52 Gaeta et al., *supra* note 46, p. 307.

53 ロシアによるウクライナ侵攻に対する「憂慮を最も強いことばで表明する」決議案 U.N. Doc. S/2022/155 (25 February 2022) は11対1 (棄権3) で、ロシアの拒否権により採択されなかった。フォークランド紛争の事例の安保理決議502は、紛争当事国であり常任理事国であるイギリスの主導で、採択されている。

54 U.N. Doc. A/RES/ES-11/1 (2 March 2022).

55 U.N. Doc. A/ES-11/PV.1 (28 February 2022). 経済制裁への言及自体は皆無ではないが、これらは自国がとった措置の紹介で終わっている。

56 U.N. Doc. A/RES/ES-11/4 (12 October 2022).

57 U.N. Doc. A/RES/75/287 (21 June 2021).

58 *Ibid*, para. 7.

59　形式的には国連憲章第 103 条を援用できない、義務的でない安保理決議に従った経済制裁の場合については、浅田・前掲注 (1) 972-974 頁、またこの議論を踏まえての総会決議が勧告する経済制裁の場合については、同 987-988 頁を見よ。

60　本書第 5 章を参照せよ。

61　万国国際法学会の 2001 年決議「国際法における国家元首および政府の長の管轄権および執行からの免除」第 4 条では、国家元首の外国にある個人資産は「国家元首に対して下される最終判決の執行として以外は、執行の対象としてはならない」とされている。「最終判決の執行として以外は」という文言が裁判手続という文脈を含意した上での文言なのか、そうではなく、より広範・一般的に当該資産を執行の対象としてはならないとしているのか、解釈はわかれる。Tom Ruys, "Immunity, Inviolability and Countermeasures – a Closer Look at Non-UN Targeted Sanctions," in Luca Ferro, Nicolas Angelet and Tom Ruys (eds.), *The Cambridge Handbook of Immunities and International Law* (Cambridge University Press, 2019), pp. 694-695. 万国国際法学会同決議のこの部分には権威的な根拠がないとの評価として　Hazel Fox, "The Resolution of the Institute of International Law on the Immunities of Heads of State and Government," *International and Comparative Law Quarterly*, Vol. 51 (2002), p. 125.

62　Steven Ratner, "U.S. Sanctions Against Iran's Foreign Minister and International Law" (28 August 2019), at https://www.justsecurity.org/65996/u-s-sanctions-against-irans-foreign-minister-and-international-law/; Ruys, *supra* note 61.

63　しばしば引用される ICJ の刑事司法共助問題事件 (2008 年 6 月 4 日判決) において、免除の本質は、該当する身分の者が、外国政府の権力行為による制約を受けることからの免除にあるとされている (para. 170)。本稿の検討対象との関係では、たとえ資産凍結が行政的な手続であってもこの点は変わらないはずだ、ということになる。

64　Thouvenin, *supra* note 41, p. 175; Joanne Foakes, *The Position of Heads of State and Senior Officials in International Law* (Oxford University Press, 2014), pp. 118-119.

65　米国財務省発表 (2022 年 2 月 25 日)、U.S. Treasury Imposes Sanctions on Russian Fed'n President Vladimir Putin & Minister of Foreign Affs. Sergei Lavrov, Treas. JY-0610 (Feb. 25, 2022) Treas. JY-0610 (Dept.Treas.), 2022 WL 575637.

66　EU 理事会報道発表 (2022 年 2 月 25 日)、at https://www.consilium.europa.eu/en/press/press-releases/2022/02/25/russia-s-military-aggression-against-ukraine-eu-imposes-sanctions-against-president-putin-and-foreign-minister-lavrov-and-adopts-wide-ranging-individual-and-economic-sanctions/.

67　スイス政府発表 (2022 年 2 月 28 日)、at https://www.admin.ch/gov/fr/accueil/documentation/communiques.msg-id-87386.html.

68 Thouvenin, *supra* note 41, p. 175. ただし、一般的にこのような資産凍結が違法であるとの立場をとる場合にも、免除を機能的に理解する近年の傾向に照らして大統領等の個人名義の資産凍結の措置が大統領等の機能になんら影響しないと考え、免除の違反はないと結論することもまた可能である。Foakes, *supra* note 64.

69 米国国務省・報道関係者向け声明 (2022 年 2 月 25 日) "Imposing Sanctions on President Putin and Three Other Senior Russian Officials", at https://www.state.gov/imposing-sanctions-on-president-putin-and-three-other-senior-russian-officials/.

70 Phil Mattingly and Jeremy Herb, "US to impose sanctions on Putin following Ukraine invasion" (25 February 2022), *CNN,* at https://edition.cnn.com/2022/02/25/politics/us-putin-sanctions/index.html.

71 米国財務省・報道関係者向け発表 (2022 年 3 月 11 日), at https://home.treasury.gov/news/press-releases/jy0650.

72 ロシア外務省声明 (2022 年 3 月 15 日), "Foreign Ministry statement concerning personal sanctions on US senior officials and affiliated persons", at https://mid.ru/ru/foreign_policy/news/1804365/.

73 *Ibid.*

74 *Ibid.*

75 類似の観点から、国際責任条文の枠組みで経済制裁を評価することの難点を指摘するものとして、Hofer, *supra* note 43, pp. 202-203.

76 後出 III.3.(2)(b).

77 そのような主張の紹介として、Dawidowicz, *supra* note 49, p. 11.

78 「適法な措置」を、本来は違法だが違法性を阻却される対抗措置と考えると、この条文が第三者対抗措置に関する条文ということになる。

79 ILC 国家責任条文・第 48 条コメンタリー (paras. 9-10)。

80 *Ibid.*, 第 54 条コメンタリー (para. 6)。

81 浅田・前掲注 (1) 986-987 頁。

82 Erpelding Michel, "L'annexion de la Crimée devant les juges," *Annuaire français de droit international,* Vol. 63 (2017), pp. 96-97.

第5章　ロシアに対する金融制裁と国際法

中谷和弘

はじめに

　ロシアに対する金融制裁は、① SWIFT からのロシアの金融機関の排除、②ロシアの政府高官、オリガルヒ、企業等の資産凍結、③ロシア中央銀行の資産凍結、④ロシア側による新規証券の発行・流通禁止及びロシア向けの新規の投資・長期貸付の禁止、⑤国際決済銀行 (BIS) からのロシア中央銀行の参加資格の停止に大別される。本稿では、まず、①～③を中心にこれらの措置について国際法の観点から検討する。その上で、ロシアによるルーブルでの支払の事実上の強制及びロシアのデフォルトの可能性についてもあわせて見ておきたい。最後に凍結資産の没収の可能性についても検討することにしたい[1]。

Ⅰ．SWIFT からのロシアの金融機関の排除

　SWIFT (Society of Worldwide Interbank Financial Telecommunications, 国際銀行間通信協会) は、国際的な金融取引のメッセージをやりとりすることを任務としている。ベルギー法に基づく協同法人であって、ベルギー法と EU 法に従って行動する。EU は、2022 年 3 月 1 日の理事会規則 2022/345 により、ロシアの 7 つの金融機関 (Bank Otkritie, Novikombank, Promsvyazank, Rossia Bank, Sovcombank, VEB, VTB)[2] を SWIFT のネットワークから排除することを決定した (実施は 3 月 12 日)。また、3 月 9 日の理事会規則 2022/398 により、ベラルーシの 3 つの金融機関についても排除が決定された (実施は 3 月 20 日)。EU 諸国がロシ

アからの石油・ガスの購入代金の資金決済に主に利用する Gazprombank が SWIFT からの排除対象には含まれていない点が注目される。

　SWIFT は非国家主体であり、SWIFT からの排除自体が国際法上の問題を生じることはない。SWIFT が利用できなくなることは、国際資金決済を大いに不便にはするものの、不可能にするものではない。古典的な FAX を使っての決済や、中国の CIPS（Cross-Border Interbank Payment System）を利用しての人民元による決済やロシアの SPFS（System for Transfer of Financial Message）を利用してのルーブルによる決済が、少なくとも部分的には可能である。それゆえ、フランスのルドリアン元外相が言った「SWIFT 制裁は金融版の核兵器」という表現は SWIFT 制裁を過大評価したものである。

　特定国の金融機関が SWIFT から排除された先例としては、2012 年 3 月の EU 理事会規 267/2012 に従って核開発疑惑のあるイランの銀行が排除されたことが挙げられる。なお、2017 年 2 月の国連の対北朝鮮経済制裁専門家パネル報告書では、SWIFT は北朝鮮の金融機関に金融メッセージサービスを提供していたという不祥事（関連の安保理決議の違反にもあると考えられる）が指摘され、これを受けて同年 3 月に SWIFT は北朝鮮の全銀行に対して銀行間資金移転などに必要なすべてのサービスの提供を停止したということがあった[3]。

II．ロシアの政府高官、オリガルヒ、企業等の資産凍結

　西側諸国は、ロシアの政府高官、オリガルヒ、政府系企業の資産凍結措置をとっている。

　我が国の場合、外為法 16 条 1 項に基づく支払規制及び 21 条 1 項に基づく資本取引規制が関係個人・団体に対して発動されている。2022 年 7 月 5 日までの段階で、564 名の個人（プーチン大統領、ラヴロフ外相、ショイグ国防相、ゲラシモフ参謀総長ら政府高官とその家族、軍関係者、国家院議員、オリガルヒら）、11 の特定銀行（バンクロシア、プロムスヴャジバンク、ロシア対外経済銀行、対外貿易銀行、ソフコムバンク、ノヴィコムバンク、アトクリチエ、ズベルバンク、アルファバンク、モスクワ・クレジット・バンク、ロシア農業銀行）[4]、44 の団体（特定銀

行を除く。ロシア中央銀行、民間軍事会社 (PMC) ワグナー、ロスネフチ・エアロ等)
の合計 619 個人・団体[5] が資産凍結措置の対象とされている。これとは別に、
クリミア「併合」又はウクライナ東部の不安定化に直接関与していると判断
される者並びに「ドネツク人民共和国」(自称) 及び「ルハンスク人民共和国」
(自称) 関係者と判断される者 (274 個人・団体)[6]、ベラルーシのルカシェンコ大
統領をはじめとする 35 個人・団体[7] も資産凍結措置の対象とされている。財
務省のホームページにおいては、「国際平和のための国際的努力への寄与 (米、
EU 等との協調)」が実施根拠として記載されている[8]。

　国際法違反に責任を有する個人や団体の資産凍結は、冷戦後の安保理決
議に基づく非軍事的強制措置の手法であるスマート・サンクション (一般民
衆への過度のダメージは避けつつも国際法違反に責任を有する者へのダメージを最大
化する制裁の手法) として導入されたものだが、安保理決議に基づかない経済
制裁措置においても幅広く採用されるに至り、金融制裁は貿易制裁よりも一
般に「抜け駆け」が少なくて「効く」とされたこともあって、今日の経済制裁
手段の主要な一翼を担っている。我が国が 2022 年 8 月現在で資産凍結措置
を発動している個人・団体は次の通りである。①ミロシェビッチ前ユーゴス
ラビア大統領及び関係者 (国際平和のための国際的努力への寄与 (米、EU 等との
協調) を実施根拠とし、2001 年 2 月から実施、10 個人)、②タリバーン関係者等 (安
保理決議 1267,1333,1390 を実施根拠とし、2001 年 9 月から実施)、③テロリスト等 (安
保理決議 1373 を実施根拠とし、2001 年 12 月から実施、②とあわせて 516 個人・団体)、
④イラク前政権の機関等・イラク前政権の高官又はその関係者等 (安保理決議
1483 を根拠とし、2003 年 5 月から実施、81 個人・団体)、⑤コンゴ民主共和国に
対する武器禁輸等に違反した者等 (安保理決議 1596 を実施根拠とし、2005 年 11
月から実施、45 個人・団体)、⑥スーダンにおけるダルフール和平阻害関与者
等 (安保理決議 1591 を実施根拠とし、2006 年 6 月から実施、3 個人)、⑦北朝鮮の
ミサイル又は大量破壊兵器計画に関連する者 (安保理決議 1695 を実施根拠とし、
2006 年 9 月から実施、16 個人・団体)、⑧北朝鮮に関連する国連安保理決議に基
づく資産凍結措置の対象となる者 (安保理決議 1718,2087,2094,2270,2321,2356,2371,2
375,2397 を実施根拠とし、2009 年 5 月から実施、155 個人・団体 [但し 10 団体は安保
理決議 1695 に基づき、43 個人・団体は国際協調に基づき実施済)、⑨国際平和のた

めの国際的な努力に我が国として寄与するために講ずる資産凍結等の措置の
対象となる北朝鮮の核その他の大量破壊兵器及び弾道ミサイル関連計画その
他の北朝鮮に関連する国連安保理決議により禁止された活動等に関与する者
（国際平和のための国際的努力への寄与（米、EU 等との協調）を実施根拠とし、2013
年 4 月から実施、131 個人・団体）、⑩ソマリアに対する武器禁輸措置等に違反
した者等（安保理決議 1844 に基づき 2010 年 6 月から実施、20 個人・団体）、⑪リ
ビアのカダフィ革命指導者及びその関係者（安保理決議 1970,1973,2009 に基づき、
2011 年 3 月から実施、26 個人・団体）、⑫シリアのアル・アサド大統領及びその
関係者等（国際平和のための国際的努力への寄与（米、EU 等との協調）を実施根拠
とし、2011 年 9 月から実施、94 個人・団体）、⑬クリミア「併合」又はウクライナ
東部の不安定化に直接関与していると判断される者並びに「ドネック人民共
和国」（自称）及び「ルハンスク人民共和国」（自称）関係者と判断される者（国際
平和のための国際的努力への寄与（米、EU 等との協調）を実施根拠とし、2014 年 8 月
から実施、274 個人・団体）、⑭中央アフリカ共和国における平和等を損なう行
為等に関与した者等（安保理決議 2127,2134 を実施根拠とし、2014 年 8 月から実施、
15 個人・団体）、⑮イエメン共和国における平和等を脅かす行為等に関与した
者等（安保理決議 2140 を実施根拠とし、2014 年 12 月から実施、9 個人）、⑯南スー
ダンにおける平和等を脅かす行為等に関与した者等（安保理決議 2206 を実施根
拠とし、2015 年 9 月から実施、8 個人）、⑰イランの核活動等に関与する者（安保
理決議 2231 を実施根拠とし、2016 年 1 月から実施、84 個人・団体）、⑱マリ共和国
における平和等を脅かす行為等に関与した者等（安保理決議 2374 を実施根拠とし、2020 年 3 月から実施、5 個人）[9]。

　資産凍結は財産所有者の財産自由処分権の一時的剥奪であるが、国際法違
反に対する対抗措置としてであればその違法性が阻却されることになる（な
お、資産凍結措置は他にも金融秩序維持といった公共目的のために発動される場合は
ありうる）。資産凍結措置の発動にあたっては、国際通貨基金（IMF）との関係
では、1952 年 8 月 14 日の IMF 理事会決定[10]に基づき資産凍結措置を IMF に
通告する必要がある。IMF 理事会としては資産凍結措置に対して異議申し立
てをすることは可能であるが、これまで異議申し立てがなされたことはない。
　なお、今回の資産凍結において特徴的なことは、支払規制の対象に暗号資

産の移転に係る支払も含め、暗号資産交換業者に対して、顧客が指定する受取人のアドレスが資産凍結措置の対象者のアドレスであると判断した場合には暗号資産の移転を行わないこと、及び、顧客が指定する受取人のアドレスが資産凍結措置の対象者のアドレスである疑いがあると判断した場合には、資産凍結措置の対象者のアドレスでないことを 確認した後でなければ、暗号資産の移転を行わないことを要請したことである[11]。

　また、2022 年 3 月 17 日には、G7 諸国、オーストラリア及び EC は、「ロシアの支配層（エリート）、代理勢力、オリガルヒに対するタスクフォース」を立ち上げた。同日の閣僚共同声明では、「ロシアの重要な支配層（エリート）や代理勢力の資産を捕捉し、彼らの支援者や促進者に対して行動するために共に取り組むことにより、我々はそれらの者を国際的な金融システムから孤立させるための更なる措置をとり、それらの者の行動に対する結果責任を負わせると共に、他国に対してもこの重要な取組を行うよう慫慂する」とし、「本日我々が立ち上げたタスクフォースは、ウクライナへの断固とした支持とともに、ロシアが引き起こした不当な戦争の共犯者の責任を追及することへの共同の決意の証左である。我々は、彼らが、すべての地域で資産を隠し利益を得ることができないようにすること、そして、国際的な金融システムの廉潔性を損なわせないようにすることを決意する」と述べた[12]。同タスクフォースの 6 月 29 日の共同声明では、制裁対象のロシア人の 300 億米ドル相当以上の金融口座や経済資源を制限・凍結し、また制裁対象のロシア人が所有・保有・管理しているヨットやその他の船舶を差押・凍結・留置し、さらに制裁対象のロシア人が所有・保有・管理している高級不動産を差押・凍結したと述べている[13]。

Ⅲ．ロシア中央銀行の資産凍結

　今回のロシアに対する経済制裁において最も注目すべき措置は、ロシア中央銀行が外貨準備金として G7 諸国等の中央銀行に預託していた巨額の外貨準備金[14]を凍結したことである[15]。中央銀行の資産凍結の先例としては、1979 年に米国がイラン人質事件への対応としてイラン中央銀行の資産を凍結した

例、2011年のアラブの春の際に安保理決議1970に基づいてリビア中央銀行の資産凍結が決定された例、2012年に米国及びEUが核開発疑惑のあるイランの中央銀行の資産を凍結した例、2011年に米国が、2012年にEUが反体制派を抑圧するシリアの中央銀行の資産を凍結した例、2019年に米国が非合法な政権が居座っているベネズエラの中央銀行の資産を凍結した例、2021年に米国がタリバン政権による引き出しを防ぐためにアフガニスタンの中央銀行の資産を凍結した例がある。

　「ロシアの支配層、代理勢力、オリガルヒに対するタスクフォース」による2022年6月29日の共同声明では、約3,000億米ドル相当のロシア中央銀行の資産を凍結したと述べている[16]。通常時であれば、外国中央銀行の資産を凍結することは、国及びその財産の裁判権からの免除に関する国際連合条約（国連国家免除条約、未発効）においても、慣習国際法上も、認められない。国家財産の資産凍結は「判決前の強制的な措置」に該当すると解せられる所、国連国家免除条約第18条では、「いずれの国の財産に対するいかなる判決前の強制的な措置（仮差押え、仮処分等）も、他の国の裁判所における裁判手続に関連してとられてはならない。」と規定する。但し、当該国が「そのような強制的な措置がとられることについて明示的の同意した場合」や「当該裁判手続の目的である請求を満たすために財産を割り当て、又は特定した場合」は、この限りではないと規定するが、通常はこれらの例外には該当せず、今回も該当しない。しかしながら、同条の規定は一般国際法の強行規範（*jus cogens*）ではなく任意規範（*jus dispositivum*）にとどまるため、重大な国際法違反に対する対抗措置としての資産凍結であれば、その違法性は阻却されうる[17]。

Ⅳ．ロシア側による証券の発行・流通・募集の禁止及びロシア向けの新規の投資・長期貸付の禁止

　証券の発行又は募集の禁止措置の対象となるロシア連邦の特定銀行等としては、5銀行（ズベルバンク、対外貿易銀行、対外経済銀行、ガスプロムバンク、ロシア農業銀行）が[18]、また、証券の発行又は募集の禁止措置の対象となるロシ

ア連邦の政府その他政府機関等としては、3機関（ロシア連邦の政府、ロシア連邦の政府機関、ロシア連邦中央銀行）が指定された[19]。

　我が国は、2022年5月12日から、ロシア向けの新規の対外直接投資を許可制とし、ロシア企業に向けた10％以上の新規投資や返済までの期間が1年を超える貸し付けを禁止対象とした[20]。

　これらの措置は、基本的には報復（retorsion）として裁量的に発動できると解されるが、たとえ日露投資保護協定3条3項に規定された「公正衡平待遇」に通常時であれば抵触する措置だとしても、侵略という重大な国際法違反に対する対抗措置として違法性が阻却されると考えられる。

　なお、国際協力銀行（JBIC）は、2022年3月3日に前田総裁が今後ロシアでのプロジェクトを見直す考えを示した。「参議院議員牧山ひろえ君提出国際協力銀行によるロシア向け投融資についての今後の対応に関する質問に対する答弁書」（2022年4月5日）において政府は、「武力紛争が融資先国で生じた場合に備えた損失最小化のための措置をJBICはどのように講じてきたのか」という趣旨の質問に対して、「株式会社国際協力銀行法（平成二十三年法律第三十九号）第十三条第一項第一号の規定に基づき、貸付けに係る資金の償還が確実であると認められる場合に貸付けを実施することとなっている。その上で、融資取引先が欧米の制裁の対象となった場合に新規貸付けの停止や既貸付けの早期償還を可能とする契約条項（以下「制裁関連条項」という。）を設けるなど、案件の特性を踏まえた債権保全策を講じてきていると認識している」と回答している[21]。

V. 国際決済銀行（BIS）からのロシア中央銀行の排除

　63の中央銀行によって所有されている国際決済銀行（Bank for International Settlements, BIS）のスポークスマンは2022年3月10日にBISのサービス、会合及び他の活動からロシア中央銀行を排除する、BISはロシア中央銀行に対する国際的制裁に従い、制裁の抜け道にはならない旨を述べた。BISの憲章（Constituent Charter）や定款（Statutes）には資格停止の規定はなく、またBISによるロシア中央銀行の参加資格の停止の意思決定の詳細は公表されていない。

一般論として、国際組織[22]の憲章に参加資格停止等の制裁規定がなくても、当該組織が裁量権限を享受できる分野においては制裁措置をとることは可能である[23]。もっとも現実には制裁規定があって利用可能な場合であっても国際組織は制裁をとることに消極的であり[24]、今回の事態においても国連人権理事会に関して以外には、国連の諸機関においては対ロシア制裁は基本的にとられていない[25]ことに鑑みると、BIS のこの決定は画期的である。

VI. ロシアによるルーブルでのガス代金の支払の事実上の強制

ロシアは 2022 年 3 月 31 日の大統領令第 172 号「外国の購入者がロシアの天然ガス供給業者に対する義務を履行するための特別な手続について」により、外国のガス購入企業にルーブルでの支払を次のような形で義務づけた。当該企業は、ガスプロムバンクにルーブルと外貨の勘定を併せ持つ特別口座を開き、代金決済をする。まず、当該企業は、外貨でガスプロムバンクにある自身の外貨建て特別口座に代金を振り込む。ガスプロムバンクはモスクワ証券取引所を通じて入金された外貨を売却し、ルーブルを買い入れてガス購入企業のルーブル建て特別口座に入金し、この口座からガスプロムに代金を支払うというものである[26]。

このようなルーブルでの支払の事実上の強制は、ガス売買契約には全く規定されていないものであり（通常は米ドル又はユーロでの支払が規定されている）、契約違反である。ロシアがこのような行動をとった理由について、イタリア中央銀行の Zangrandi は、ルーブルの価値を支える、ガス供給を兵器化する（手数料を上乗せすることでガス価格を上昇させる、ガスプロムが不可抗力を援用しやすくする等）、金融制裁を逃れる、ルーブルの国際化を促進し、またルーブルと金をリンクさせる、EU 諸国間を離反させる、といった論者の指摘を整理した上で、モスクワ証券取引所（モスクワ銀行間通貨取引所を統合している）を金融制裁から保護するためであったと指摘する[27]。

Ⅶ.　ロシアのデフォルトの可能性

　ロシアはデフォルトする可能性があるか。ロシア国債の利払をめぐって 2022 年 6 月末に次のような「事件」が生じている[28]。

　米国はロシアのウクライナ侵略後にロシア財務省やロシア中央銀行との取引を禁止したが、例外的にロシアの国債や株式の利子・配当・償還金（米国金融機関に保有する口座からドルで支払われる）の受取を特例措置として 2022 年 5 月 25 日まで認めていたが、特例措置は同日で失効した。他方、欧州委員会は 2022 年 3 月 9 日以前に発行された外貨建てロシア国債のロシアによる返済は金融制裁の対象外としていた。ロシア財務省は 5 月 27 日に利払の期限を迎えた 2 本のロシア国債の利子（2026 年満期のドル建てロシア国債の利子 7125 万ドル及び 2036 年満期のユーロ建てロシア国債の利子 2650 万ユーロ）を 5 月 25 日の米国の特例措置の失効前に支払うべくユーロクリア[29]に送金したが、ユーロクリアは制裁対象国との決済処理はコンプライアンス上できないとの理由でコルレス銀行への送金を行わなかった。6 月 1 日、クレジットデリバティブ決定委員会（CDDC）はロシアが債務支払に関する条件に違反し、支払不履行の信用事由が発生したと認定した[30]。利払期限から 1 か月後の 6 月 27 日に西側諸国の報道ではロシアが 1918 年以来の対外債務のデフォルトに陥ったとされた。格付け会社ムーディーズ・インベスターズ・サービスは、同社の定義では、ロシアのドル建ておよびユーロ建てソブリン債保有者が 30 日の利払い猶予期間中に利息を受け取れなかった事実は、ロシア政府側のデフォルト（債務不履行）に該当するとの認識を示した。ムーディーズは「将来の利払いをさらに履行できない可能性が高い」と指摘した。そのような通貨の変更を契約条項が認めていない外貨建てソブリン債の元利返済をルーブルで行うことについても、デフォルト扱いとなる公算が大きいと同社は先に説明していた[31]。これに対してロシアは、返済の意思も能力もあるのに、西側諸国の制裁により人為的なデフォルトに陥らされそうになっているとして西側諸国を非難した。

　上記の事態はデフォルトの認定をめぐる政治的駆け引きであった。ソブリン・デフォルトついての明確な基準はなく[32]、今後も西側諸国とこれに抵抗

するロシアとの間でデフォルトの認定をめぐる抗争が生じることになろう。

Ⅷ. 凍結資産の没収の可能性

　西側諸国は凍結しているロシア中央銀行、ロシア政府高官及びオリガルヒの資産を没収して、損害を受けた自国の企業[33]への補償やウクライナ支援[34]に充当することはできるのであろうか。

　財の自由処分権の一時的否認である資産凍結と恒久的否認である資産没収は性格を異にし、資産没収は「対抗措置は有責国が義務を履行した場合には終了しなければならない」という対抗措置の一時性の要件（国家責任条文第53条）に抵触することになる。また、第三国が凍結している国際法違反国の資産を接収することは、通常時であれば不当利得（unjust enrichment）の問題を生じかねない。ロシア中央銀行の資産没収に関しては、国連国家免除条約第19条では、「いずれの国の財産に対するいかなる判決後の強制的な措置（差押え、強制執行等）も、他の国の裁判所における裁判手続に関連してとられてはならない。」と規定し、但し、「(c) 当該財産が、政府の非商業的目的以外に当該国により特定的に使用され、又はそのような使用が予定され、かつ、法廷地国の領域内にあることが立証された場合」には、この限りではないとするが、第21条1項では、「(c) 当該国の中央銀行その他金融当局の財産」は「第19条(c)に規定する政府の非商業的目的以外に当該国により特定的に使用され、又はそのような使用が予定される財産とは認められない」と規定するため、中央銀行の財産への強制執行は通常の場合には容認されないこととなる[35]。

　以上だけを考えると、資産没収は不可能とも思われるが、次のような場合には例外的に資産没収が可能になると解せられる。第1に、日本をはじめとする西側諸国の企業のロシアにある資産が没収された場合であって、通常であれば利用可能な投資保護条約に基づく投資仲裁が拒否され[36]、当該企業がロシアにおいて国内的救済を尽くし、さらに企業の本国がロシアに外交保護権の行使をしたが、ロシアによる断固たる拒否（non volumus）に直面した場合には、最終的に凍結したロシア中央銀行の資産の一部を損害を被った企業への補償に充当することは、中央銀行の享受する immunity のルールは jus cogens と

までは言えないことに鑑み、また、「国際法違反は原状回復・金銭賠償・謝罪といった事後救済の義務を生じる」という国際法の基本ルールに立ち返るのであれば、必ずしも不可能ではないと考えられる[37]。自国企業の損害に補填するための没収であれば不当利得の問題も生じない。但し、措置の発動には、凍結資産の没収を可能にする国内法が必要である。

　第2に、ロシアの侵略によって受けたウクライナの損害の一部に補填するため、西側諸国が凍結しているロシア中央銀行の資産の一部を没収することについては、既にカナダが国内法を制定している[38]。ウクライナは直接の被害国であるため、ロシアの政府資産を没収しても不当利得の問題は生じない。この点を勘案して、ウクライナが「ロシアから被った損害の賠償に充当するため、世界中にあるロシア政府関連資産を当該資産の所在地国の協力の下に没収できる」旨の国内法を制定し、西側諸国がこのウクライナ法の域外適用に国際礼譲として協力するという法律構成をとるのであれば、国際法上の問題はクリアされると考えられる。換言すれば、直接の被害国であるウクライナのために事務管理（*negotiorum gestio*）として凍結しているロシア中央銀行の資産をウクライナ側に渡すという法律構成である。

　いうまでもなく、オーソドックスな対応は、将来ロシアにおいてプーチン政権に代わる「まともな」新政権ができた際にその同意の下にロシア中央銀行の凍結資産をウクライナ復興に充てることであるが、国家存亡の危機にあるウクライナがそれまで待てるかという深刻な問題があるからこそ、上記のような対応についても検討しておく必要がある。なお、凍結した中央銀行の資産を接収する動きは、既に米国が2022年2月11日に大統領令14064により、凍結中のアフガニスタン中央銀行の資産を接収して、半分をアフガニスタン復興支援に充て、半分を同時多発テロの犠牲者の遺族への補償に充てる方針を決定したことに見られる[39]。

　以上に関連して、若干の付言をしておきたい。

　[1]国連国家免除条約とそのコメンタリー、外国等に対する我が国の民事裁判権に関する法律等の国内法、国内判例[40]においては、通常時や過去の国際法違反のみを考え、現在進行中の侵略への対応といった非常時を想定していないため、上記のような指摘はなされていない上、国際法違反のおそれを

極小化する観点からは広めに裁判権免除・強制執行免除を認める方が安心なので、多少ともそのような方向に判断が傾く可能性は皆無ではないが、国際法の諸課題の合理的な検討には視野を広げることが肝要である。対抗措置の一時性との関係では、損害額が凍結資産額を上回ることが明白な場合には、没収を相殺の先行行為として位置づけることは必ずしも不可能ではないであろう。

　[2]大使館・領事館の銀行預金は、国連国家免除条約第21条1項においては、中央銀行の資産と同様に位置づけられているが、両者の法的性質は全く同じではないと思われる。同項aで規定された銀行預金を含む外交・領事財産は、通常の場合、互いに相手国内においてきたという点で相互性があること、古くからの慣行により、外交・領事財産は強制執行からの免除がなされてきたこと、国際司法裁判所のイラン人質事件判決で指摘されたように外交・領事関係法は自己完結的レジーム（self-contained regime）をなす[41]ことゆえ、例外として強制執行の可能性を認めることはハードルが高い。これに対して、同項cで規定された中央銀行の資産については、主要通貨（米ドル、ユーロ、ポンド、円、スイスフラン、人民元等）の中央銀行には各国から多額の外貨準備金がおかれるが、ロシアのようなマイナー通貨国におかれる各国の外貨準備金は限定的であり、相互性は確立されていない。さらに、国連国家免除条約第21条の規定が慣習国際法として確立しているかは明確ではなく、関連する国家実行も乏しい。

　[3]ロシア中央銀行の資産を接収することに対しては、国際金融秩序を崩すとの批判が国際金融界から生じると思われるが、上記のような外貨準備金をめぐる非対称性ゆえ、その影響は限定的であろう[42]。国際金融界への説明としては、侵略に対するあくまで例外的な対抗措置であると説明して運用することが現実的だろうと思われる。

　現実の外交の動きとしては、2022年7月4日〜5日に開催されたウクライナ復興会議の成果文書である「ルガーノ宣言」において、復興プロセスの指針となる原則として、本宣言の付属文書であるルガーノ原則が認識され、同原則では、パートナーシップ、改革の焦点、透明性・アカウンタビリティ・法の支配、民主的参加、マルチステークホルダーによる取組、ジェンダー平

等と包摂性、持続可能性の7つが挙げられ、また、国際的な規則、標準及び承認された原則に合致した、公平かつ透明な開発融資、貸付及び借入の慣行の重要性を強調するとしている[43]。

　第3に、凍結中のオリガルヒやロシア政府高官の資産を没収してウクライナ支援に充てることについては、私有財産の没収は、一般には個人の財産権の保護に抵触するため、極めて困難である。もっとも、全般的に高いレベルでの人権を保護している欧州人権条約においても、第1議定書第1条において「公益のために、かつ、法律及び国際法の一般原則で定める条件に従う場合」には例外的に財産の剥奪の可能性を認めているため、国際法上、私有財産の没収は全く不可能とまではいえないと思われる。ロシアの侵略とオリガルヒの活動との間に相当因果関係を立証することは一般には困難であるが、例えば軍事関連ビジネスで財をなしたオリガルヒの場合には立証が可能かもしれない。

　以上とは別に、犯罪収益の没収は一般に可能であり、一部の政府高官やオリガルヒの財産の一部については、マネーロンダリングや組織犯罪に関連した財産だとして、例えば国際組織犯罪防止条約（パレルモ条約）12条の下での没収が可能になると考えられる。

まとめにかえて

　貿易制裁は、通商が本質的に相互依存的な作用であるため、対ロシア制裁を実施している国の側にも経済的ダメージが生じるのが不可避であるのに対して、金融制裁、特に資産凍結については、預金が西側諸国に偏在している（ロシアの個人や団体が西側諸国の金融機関に預託している額は、西側諸国の個人や団体がロシアの金融機関に預託している額よりもはるかに大きい。また、ロシア中央銀行が外貨準備のため西側諸国の中央銀行に預託している額は西側諸国がロシア中央銀行に預託している額よりもはるかに大きい）ため、西側諸国はダメージを気にすることなくロシア資産の凍結ができるという利点がある。非対称の関係については SWIFT 制裁についても同様であり、西側諸国はダメージを気にすることなくロシアの主要金融機関を SWIFT から選択的に排除できた。また金融

制裁はスマート・サンクションの考え方と整合的である点も貿易制裁にはない利点であるといえよう。

　金融制裁は貿易制裁よりも「抜け駆け」が少ないとされるが、タックスヘイブンや暗号資産を利用した金融取引などに関しては「抜け駆け」を取り締まることは容易ではないのが実情であり、楽観視はできない。さらに、ルーブルが年初に比べて 9 月末までに 45.4% 上昇した[44]ことが示すように、対ロシア金融制裁を含む対ロシア経済制裁についての市場の見方は厳しいことにも留意する必要がある。

　対ロシア金融制裁はロシアのウクライナ侵略に対する西側諸国の主要な反応として、その真価が問われており、その評価は将来の経済制裁のメニューを規定するものとなろう。

［付記］
　　本章におけるインターネット情報の最終アクセス日は 2022 年 10 月 4 日である。

注

1　なお、ロシアに対する経済制裁全般については、拙稿「ロシアに対する経済制裁」『ジュリスト』1575 号（2022 年 9 月号）114-119 頁。

2　石油・天然ガスの資金決済に利用されるガスプロムバンクが含まれていないのが注目される。

3　この点につき、拙稿「政府系ファンド、中央銀行、特定通貨に対する金融制裁」吉村祥子編『国連の金融制裁』（東信堂、2018 年）45 頁。

4　ガスプロムバンクは含まれていないのが注目される。

5　https://www.mof.go.jp/policy/international_policy/gaitame_kawase/gaitame/economic_sanctions/ukraine_list_russia_20220705.pdf.

6　https://www.mof.go.jp/policy/international_policy/gaitame_kawase/gaitame/economic_sanctions/ukraine_list_20220705.pdf.

7　https://www.mof.go.jp/policy/international_policy/gaitame_kawase/gaitame/economic_sanctions/ukraine_list_belarus_20220607.pdf.

8　https://www.mof.go.jp/policy/international_policy/gaitame_kawase/gaitame/economic_sanctions/list.html.

9　以上につき、財務省「現在実施中の外為法に基づく資産凍結等の措置（令和 4 年 8 月 3 日現在）」https://www.mof.go.jp/policy/international_policy/gaitame_kawase/

gaitame/economic_sanctions/list.html. 参照。

10　IMF Executive Board Decision No.144-(52/51)

11　金融庁総合政策局長・財務省国際局長「ウクライナをめぐる現下の国際情勢を踏まえた対応について（要請）」（2022 年 3 月 14 日）https://www.mof.go.jp/policy/international_policy/gaitame_kawase/press_release/20220314.html.

12　https://www.mof.go.jp/policy/international_policy/convention/other/20220318.html.

13　https://www.mof.go.jp/policy/international_policy/convention/other/20220629.html.

14　ロシアの外貨準備高は 2022 年 1 月 31 日時点で 6302 億 700 万ドル、その内訳は、外貨が 4686 億 3100 万ドル、金が 1322 億 5600 万ドル、SDR が 240 億 8500 万ドル、IMF 準備ポジションが 52 億 3500 万ドルである。Bank of Russia, International Reserves of the Russian Federation (End of Period), at https://cbr.ru/eng/hd_base/mrrf/mrrf_m/.

15　中国政府関係者は 2022 年 3 月に西側諸国によるロシア中央銀行の資産凍結について「SWIFT からの排除よりもはるかに打撃が大きい」と驚いたとされる。中国は 2022 年 7 月時点での米国債保有総額を 2021 年末から 9% 減らしたが、これは中国がドル依存への警戒を強めた結果だと思われる。日本経済新聞 2022 年 9 月 22 日朝刊 1 面「中国、米国債保有 1 割減」参照。

16　https://www.mof.go.jp/policy/international_policy/convention/other/20220629.html. 我が国が凍結した額は 4 兆円乃至 5 兆円だとされる。

17　中央銀行に対する金融制裁全般につき、拙稿（注 3）35-44 頁。国連国際法委員会「国家責任条文」第 50 条 1 項では、「対抗措置は、次のものに影響を及ぼすものではない。」として、その 1 つに「(d) 一般国際法の強行規範に基づくその他の義務」を挙げている。対抗措置としてであっても強行規範に抵触する措置はとりえないという趣旨の規定であるが、裏返せば任意規範に抵触する措置を対抗措置としてことは不可能ではないということになろう。

18　https://www.mof.go.jp/policy/international_policy/gaitame_kawase/gaitame/economic_sanctions/ukraine_list_russiabank_20220226.pdf.

19　https://www.mof.go.jp/policy/international_policy/gaitame_kawase/gaitame/economic_sanctions/ukraine_list_russiagov_20220226.pdf.

20　https://www.mof.go.jp/policy/international_policy/gaitame_kawase/gaitame/economic_sanctions/ukrainehoudou_20220412.html.

21　https://www.sangiin.go.jp/japanese/joho1/kousei/syuisyo/208/syuh/s208032.htm. 制裁関連条項は公表されていないようだが、日本損害保険協会の約款における「制裁等に関する特別条項」は、「当社は、この保険証券のもとで保険の引受、保険金の支払またはその他の利益の提供を行うことにより、当社が○○○○○○に基

づく制裁、禁止もしくは制限を受けるおそれがあるときは、いかなる場合も、保険の引受、保険金の支払またはその他の利益の提供を行いません」というものであり、JBIC の制裁関連条項も同趣旨のものだと思われる。

22　BIS が独自の法人格を有する国際組織であることは、個人株主から株式の強制取得価格について提起された請求に関する仲裁の中間裁定（2002 年 11 月 22 日）において認められた。この点につき、拙著『もう 1 つの国際仲裁』（東信堂、2022 年）76 頁参照。

23　Henry G. Schermers and Niels M.Blokker, *International Institutional Law* (Martinus Nijhoff, 1995), p.906.

24　Schermers and Blokker, *supra note* 23, p. 903.

25　2022 年 4 月 7 日、国連総会は人権理事会のメンバーシップを停止する決議 ES-11/3 を採択した。

26　JETRO ビジネス短信「ロシア、ガス代金のルーブル払いに関する大統領令が施行」（2022 年 4 月 7 日）https://www.jetro.go.jp/biznews/2022/04/b3b28ee63fdf30e8.html. 代金決済の仕組みの詳細については、Agnieszka Ason, "Rouble Gas Payment Mechanism: Implications for Gas Supply Contracts," (Oxford Institute for Energy Studies, April 2022), at https://www.oxfordenergy.org/publications/rouble-gas-payment-mechanism-implications-for-gas-supply-contracts/.

27　Michele Savini Zangrandi, "Ruble payments: Shielding the Ruble from Financial Sanctions" (25 July 2022), at https://voxeu.org/article/ruble-payments-shielding-ruble-financial-sanctions.

28　詳細は、菅野泰夫「ロシア国債デフォルト騒動の本質」（大和総研レポート、2022 年 7 月 5 日）https://www.dir.co.jp/report/research/economics/europe/20220705_023152.pdf.

29　ブリュッセルにあるユーロクリアはルクセンブルグにあるクリアストリームと並ぶ国際決済機関（証券集中保管機関）であり、1968 年に設立された。

30　https://www.bloomberg.co.jp/news/articles/2022-06-01/RCT0WHT0AFBB01.

31　https://www.bloomberg.co.jp/news/articles/2022-06-27/RE5P33T1UM0Y01.

32　この点につき、桜井省吾「ソブリン・デフォルトの実像─ギリシャ危機から学ぶ─」『立法と調査』354 号（2014 年）3-18 頁参照。

33　ロシアは撤退する「非友好国」の企業の資産をロシア側の管理下におく方針を示し、接収の可能性も示唆している。十分・迅速・実効的な補償なしに西側諸国の企業の資産が接収される可能性は十分にありうる。この点につき、拙稿（注 1）117-118 頁参照。

34　2022 年 4 月 25 日にウクライナ政府は、各国がロシアの政府資産の強制執行か

らの免除を否認してウクライナが被った損害の補填のための基金に充当する旨の国際協定を締結するという構想を示した。拙稿 (注 1) 118 頁参照。

35　外国等に対する我が国の民事裁判権に関する法律 (平成 21 年法律第 24 号) 第 19 条においても、外国中央銀行の資産は強制執行から免除される旨を規定している。

36　ロシアは 2020 年 6 月 8 日の連邦法 No.171-FZ によって商事訴訟法を改正して、外国の制裁の標的となる企業に関する紛争又は反ロシア制裁から生じる紛争については、ロシアの商事裁判所が排他的な管轄権を有するとし、外国の仲裁や裁判所によってなされた裁定や判決はロシアでは執行できないと規定したので、この点は現実の懸念となっている。

37　中央銀行と政府の関係は国によって異なるが、中央銀行が政府とは別個の法人格を有していたとしても、そのことは中央銀行の資産を政府の資産とみなすことの障害とはならない。中央銀行の資産が immunity を享受しながら、特権に伴う負担は負わないという二律背反的な行動は信義則に違背し、容認されない。なお、国際司法裁判所において係属中の「イラン資産」事件 (イラン対米国) では、イラン中央銀行の資産の米国による強制執行の可否が論点になっており、本案判決が期待される。

38　カナダ上院は 2022 年 6 月 23 日に法案 C-19 を承認し、その 441 節には「(a) 国際の平和及び安全の重大な違反によって悪影響を被った外国国家の復興、(b) 国際の平和及び安全の回復、(c) 国際の平和及び安全の重大な違反、重大かつ組織的な人権侵害又は重大な腐敗行為の犠牲者の補償」を目的として凍結口座からの支払を認める旨の規定が含まれている。https://www.parl.ca/DocumentViewer/en/44-1/bill/C-19/second-reading.

39　米国は 2022 年 9 月 14 日にアフガニスタン人民の便益のための基金である Afghan Fund の創設を発表した。この凍結資産の中から 35 億ドルを原資として、国際決済銀行 (BIS) に口座をおき、アフガニスタン復興を支援する。タリバンには関与させない。The United States and Partners Announce Establishment of Fund for The People of Afghanistan, at https://www.state.gov/the-united-states-and-partners-announce-establishment-of-fund-for-the-people-of-afghanistan/.

40　国内判例につき、拙著『ロースクール国際法』(信山社、2013 年) 88-89 頁参照。

41　*ICJ Reports 1980,* p. 40.

42　仮想例だが、中国が重大な国際法違反を犯したとして、中国が西側諸国においている多額の外貨準備金を凍結した上で接収するとなると、中国内におかれている各国中央銀行の外貨準備金も接収を余儀なくされ、結果として国際金融秩序全体を混乱させることになりかねないため、避けるべきであろう。

43 https://www.mofa.go.jp/mofaj/files/100366551.pdf; https://www.mofa.go.jp/mofaj/files/100366549.pdf.

44 日本経済新聞 2022 年 10 月 4 日夕刊 5 面「主な通貨の騰落率」参照。

［補足］脱稿後の 2022 年 11 月 30 日に欧州委員会は、凍結しているロシア中央銀行の資産を運用してその運用益をウクライナ支援にあてるという提案を公表した。制裁が解除された場合にはロシア中央銀行の資産は返還されなければならないが、戦争賠償と相殺され得ることも指摘している。凍結資産の運用は可能か、運用益ではなく運用損が生じた場合にどう対応するかといった新たな問題があるものの、本稿でもみたように凍結資産の没収が国際法上非常に難しいことを勘案した上でのより法的リスクの少ない対応であるといえよう。

第6章　経済制裁のジレンマ
──制裁は武器を使わない戦争なのか──

鈴木一人

はじめに

　2022年2月、ロシアがウクライナを侵略する準備を進める中、アメリカやNATO諸国は、ウクライナへの部隊配備を否定し、ロシアとの直接戦闘を避ける道を選んだ。仮にNATO諸国とロシアが直接交戦すれば、北大西洋条約第5条に基づく集団的自衛権が発動され、NATOとロシアが直接戦争状態に入る可能性がある。それは第3次世界大戦を想起させ、究極的には米ロによる核戦争の可能性すら想定される状況を生み出す。そのため、アメリカはロシアがウクライナを武力侵攻すれば大規模な経済制裁を行うと宣言し、モスクワを抑止しようとした。結果的にロシアは経済制裁を恐れず、ウクライナに侵攻し、1年が経つ今でも戦闘が続いている。米国、欧州連合（EU）、日本は約束通り、ウクライナ侵略後のロシアに対して広範な経済制裁を実施しているが[1]、ロシアの軍事侵攻を止めることはできていない。

I．経済制裁をどう理解すべきか

　経済制裁はしばしば武力行使の代替物として実行される。国内政治の要請により、部隊を派遣することが困難な状況であったり、自国の兵士を犠牲にしてまで介入するほどの重要性がない場合でも、道義的な責任や国際的な連帯を目的に経済制裁を実施する場合もありうる。そうした様々な理由で経済制裁は実施されうるが、それらの場合、必ずしも経済制裁が実効的なものであったり、何らかの効果を生み出さないということも多い。機械的に経済制

裁を取り上げ、それらを統計的に処理する研究などもあるが[2]、経済制裁は多様な目的や動機によって実施されるものであり、外形的に同じような手段を用いたとしても、それらの政策的判断が実現しようとする効果は一様ではない。では、経済制裁を理解する上で、どこに注目すべきなのであろうか。

1.　経済制裁には相互依存関係が不可欠

　第1に、経済制裁が効果を発揮するためには、一定の経済的相互依存関係が成立していることが必要である。そのような関係を政治的に断ち切ることによって何らかの「痛み」が生じなければ、経済制裁は効果を発揮しない。冷戦時代、東西間には貿易関係が存在したが、貿易関係を断絶すれば経済が立ち行かなくなるほど相互依存関係があったわけではない。そのため、東西両陣営の間では経済制裁を武器として冷戦を戦うという発想は生まれてこなかった。冷戦終結後、ロシアも中国も世界貿易機関に加盟し、自由貿易体制の一員となった。その結果、中国は社会主義体制下で培った低い生産コスト、高い労働の質、インフラを背景に「世界の工場」の役割を獲得し、欧米諸国は中国に投資して世界のサプライチェーンに組み入れるようになった。一方、ロシアは豊富な地下資源を武器に、欧州各国への天然ガスや石油のパイプラインを整備し、パラジウムなどのレアメタルを輸出し、世界経済における資源大国となった。このように、体制の異なる国々が自由貿易体制の下で共存し、経済的な依存関係を促進し、相互依存の高まりが経済制裁をより効果的にする条件を整えたのである[3]。

　しかし、相互依存の状態で経済制裁を実施することは、制裁対象国だけでなく制裁実施国にも「痛み」が及ぶことを意味することに注意が必要である。経済制裁とは、政治的な目的のために経済活動を制限するものである。ロシアに対する最も効果的な制裁は、同国からの天然ガス輸入の停止であり、外貨収入を奪うことで経済的負担を強いることを目的としている。しかし同時に、ロシアからの天然ガスに依存する欧州諸国は、制裁の実施により経済・社会活動が大きく制限されることになる。経済・社会活動の大幅な制限、電力不足のリスクなど、天然ガス不足に起因する問題が顕在化する。相互依存の度合いが高ければ高いほど、経済制裁の効果は高くなるが、同時に自らを

傷つけるリスクや自国の経済活動や国家政策への影響も覚悟しなければならない[4]。これまで北朝鮮やイランなど比較的経済規模の小さい国（非対称的相互依存の国）を対象とした制裁が多かったため問題が表面化しなかったが、ロシア程度の経済規模を対象とした制裁は、対称的相互依存の国を対象とすることの難しさを明らかにしたと言える。ロシア制裁では、経済規模が相当程度あり、相互依存関係が対称的な国を対象とすることの難しさが明らかになった。

2.　経済制裁の制約要因

　第2に、経済制裁は対象国の政治的思惑によって、その効果が限定される場合がある。通常、経済制裁は対象国に経済的負担を与え、政策の継続を困難にし、政策立案者に判断の変更を迫り、国民の生活を苦しくすることで国民の圧力を高めることで効果を発揮するものである。しかし、経済制裁は、政策立案者が非常に強い意志を持ち、その政策を継続することが、どんな経済的損害よりも多くの利益があると信じている場合には、効果を発揮することはない。例えば、北朝鮮の核開発の場合、独裁的な政策決定権を持つ金正恩は、核兵器の開発・保有が自国の存続に関わる最重要課題であると認識し、経済的困難によって多くの国民が苦しむ中でも核開発を止めることはない。経済制裁により、北朝鮮は核開発に必要な資材を入手できないはずであるが、独自開発、密輸など制裁を逃れる手段で資材を入手し、政策を継続している。また、核開発に必要な資金を入手できないはずなのに、「瀬取り」などを含む手段で外貨を獲得することが出来る石炭などの輸出を行っている。また、サイバー空間で暗号通貨を盗み出すなどの手段で資金を集め、核開発が行われていると考えられる[5]。抜け穴を利用されれば、経済制裁の効果は十分に出ない。

　経済制裁は必然的に市民生活に影響を与え、経済活動を制限し、国民の不満が蓄積されるため、世論が経済制裁による効果に大きな影響を与えることがある。しかし、権威主義的・独裁的な政治体制の場合、こうした国民の不満は暴力的に抑圧されることが多い。その点、民主主義体制においては、国民が選挙という形で不満を表明し、それが政策立案者に影響を与えることで

効果を発揮しやすくなる。例えば、2015年のイラン核合意は、2013年の大統領選挙で経済制裁の解除を公約に掲げた穏健派のハッサン・ローハニが当選したことが大きな要因となり実現した。イランは宗教的最高指導者を頂点とする、権威主義的な政治体制ではあるが、行政府の長である大統領は選挙によって選ばれる。そのため、国民の不満の声が政権選択に反映される可能性は少なからずあり、それが制裁の効果を押し上げたことは間違いないであろう。ただし、イランの政治体制では最高指導者の強い影響の下にある護憲評議会が立候補者を選別する権限を持っており、体制にとって不利益な主張をする候補者は失格となるため、純然たる民主主義とは言えない。

3.　経済制裁の目的

　第3に、経済制裁には何らかの戦略的な目的があることが不可欠である。つまり、経済制裁は、その目的が明確に伝わらなければ効果がない。この点、イランに対する経済制裁は、イランの核開発を止めることを目的に設定されたが、イランが核兵器不拡散条約（NPT）を脱退せず、核開発を「平和目的」と位置付け続けていたため、経済制裁の圧力を受け、それをはねのけるだけのロジックを作ることはできなかった。しかし、イランは中東地域における通常兵器による影響力拡大の抑制や、イラク、レバノン、イエメンに対する介入の縮小には至らず、イスラエルに対する脅威を与え続けるなど、核開発とは異なる戦略目標を持ち、核合意後もこれらの野心を持ち続けたため、米国のトランプ政権はそれらの地域的な野心を理由に、イラン核合意からの離脱と一方的な制裁の再発動に踏み切った。トランプ政権による制裁は、現状ではその目的が達成されたとは言い難いが、その背景には、イランに対して多大な経済的損害を与えているにもかかわらず、アメリカによる制裁の正当性が欠けており、イランが持つ中東地域での戦略的野心や利益を超えるほどの経済的損害にはなっていないということがある。また、米国の一方的な制裁には抜け穴が多く、中国をはじめとして、多くの国が、アメリカの一方的な制裁は正当性を欠くとして、制裁に協力していないこともある。

　アメリカは他国と協調することなく一方的に制裁を科しているが、それがイランに対して一定程度の経済的損害を与えているのは、アメリカが「二次

制裁」と言われる、自国の制裁を他国に強要する手段を持つからである。二次制裁とは、アメリカが制裁対象としている個人や組織は「一次制裁」の対象であるが、その一次制裁の対象と取引をしたアメリカ国外の銀行や企業を制裁することである。この二次制裁が効果を発揮するのは、もし一次制裁対象の個人や組織と取引し、二次制裁の対象となった場合、アメリカの市場における営業権やライセンスを失うという懲罰的措置が適用されるからである。つまり、アメリカ国外の銀行や企業は、一次制裁の対象との取引を優先するか、アメリカ市場へのアクセスを失うか、という選択を迫られる。また、もし、リスクを負って一次制裁対象の個人や組織と取引をした場合、アメリカ市場でのアクセスを回復するために、数百億円にも上る課徴金を支払わなければならない。多くの場合、アメリカ市場へのアクセスを選ぶため、一次制裁の対象とは取引を控えるようになる[6]。アメリカは自らの市場へのアクセスを取引材料とする二次制裁を実施することで、制裁の効果が著しく上がるのだが、今回の対ロシア制裁には、ロシアから天然ガスなどの輸入を継続する欧州や日本に配慮して、この二次制裁が適用されていない。

II．対ロシア制裁は「経済戦争」なのか

　ロシアに対する制裁は、これまで国連や米国、EU が行ってきた制裁よりも幅広く、多彩である。しかし、効果や戦略的目標を達成できるかどうかという観点から見れば、一定の効果は出ているものの徹底した制裁とは言えない。逆に、ロシアは、自らの化石燃料に強く依存している欧州各国をターゲットに天然ガスを「武器化」し、制裁の継続を難しくしようとしている。

1．G7 が目指した経済制裁

　ロシアとの相互依存関係が深い欧州諸国は、突然の石油・天然ガス禁輸が欧州域内の経済や市民生活に大きな影響を与えるため、エネルギー関連の制裁に消極的だった。一方、ロシアへの依存度が低い米国は、まずエネルギー制裁を実施しようとした。しかし、アメリカは G7 の国際的結束が重要であり、ロシアが欧州とアメリカを分断させるような工作に出ることで制裁の効

果が失われていくことを懸念し、アメリカが設計した制裁を実施するよりも、ロシアの天然資源に強く依存している欧州の制裁に歩調を合わせることで、G7 の結束を優先した。米国は独自制裁の一環としてロシア産原油の輸入を3月から停止しているが、そもそも原油の自給率の高いアメリカにとっては大きな経済的損害にはなっていない。

しかし、アメリカが欧州に歩調を合わせたことで、経済制裁の効果は限定的なものになっている。欧州がロシアの化石燃料に依存しているということは、結果的にロシアから化石燃料を買い続けることになり、それはロシアに外貨を提供し続けることを示唆している。ある試算によると、ドイツが天然ガス制裁に参加した場合、約 2200 億ユーロの損失が発生するとされている[7]。原油の場合は貯蔵が比較的容易で、欧州が輸入するロシア産原油の3分の2以上は海上輸送されているため、ロシアからの輸入を止めた分は中東などの産油国からの輸入にシフトすることで原油の供給を継続することが期待できるが、天然ガスはそうはいかない。天然ガスの多くはパイプラインで輸送されており、海上輸送するとなると、天然ガスを冷却して液化し、タンカーで輸送し、再び気化させるという設備が必要になる。また、備蓄のための大規模な施設も必要で、これも新たに建設しなければならない。また、天然ガスのパイプライン輸送と液化天然ガス (LNG) 輸送のコストには大きな差がある。ドイツは LNG を気化させる設備を持つ船舶を5隻調達しているが、これは一時的なものである[8]。また、計画が始まってから 200 日で LNG の受け入れ施設を建設したとも報じられているが[9]、本格的に制裁を効果のあるものにするのであれば、これまで以上にロシアへの依存度を下げていくことが重要であろう。仮にロシアの天然ガスを LNG に置き換えたとしても、そのコストはガス料金の値上げで回収しなければならず、経済活動や国民生活に影響を与えることは必至である。

さらに重要なことは、欧州委員会がロシアの原油輸入禁止を提案した際、ロシアの原油をパイプラインで調達している内陸国のハンガリーが強く反発し、合意に至るまで4週間を要したことである。ハンガリー政府は、ブリュッセルが押し付ける単一市場のルールは国益を侵害するとして、反 EU の姿勢を隠していない。これは、ロシアのプーチン大統領が EU 加盟国間のいざこ

ざに乗じて、ハンガリーのオルバン首相との関係を強化し、EU内の調整を妨げようとした結果ともいえる。つまり、G7やEU内のコンセンサスがない状態では、効果的な経済制裁を実施することは難しいのである。

　欧米諸国による対ロシア制裁は、欧米諸国が迅速に決定し、足並みを揃えているが、自国へのダメージが小さくない制裁であるため、不完全に実施されている。このように、できるだけ多くのことをやろうとする「ボトムアップ型」の経済制裁には大きな問題がある。制裁によってロシアにどのような行動変容が求められるのか、そのメッセージが明確でないのである。経済制裁は、戦略的な目的をきちんと伝える必要がある。しかし、西側諸国による制裁は、ロシアが明確な出口戦略なしに戦争に突入することはできないので、制裁を選択せざるを得なくなっており、しかも、天然ガスをロシアに依存しているため、その実施も中途半端なものになっている。つまり、ロシア制裁の「抜け穴」は中国でもインドでもなく、欧州そのものにあり、その意味で制裁は真ん中に穴の開いた「ドーナツ」のような性格を持つ。

2.　ロシアによる天然資源の「武器化」

　その一方で、ロシアは西側諸国に対する制裁に対抗する措置を取っている。特にターゲットになっているのは、ロシアに強く依存する国々である。ロシアは、ポーランド、ブルガリア、オランダ、デンマーク、フィンランド等に対するガスの供給を停止し[10]、ロシアへの依存度が高く、経済的な損害が大きくなると見込まれるドイツと直接結ばれているノルドストリームパイプラインを意図的に破壊したとみられている[11]。これは、ロシアが天然ガスを「武器」として用い、暖房や発電に使われる天然ガスの供給を停止することで、欧州各国の社会経済生活に大きな影響を及ぼし、特に冬季の暖房が得られなくなることで、人々の不満を高め、それが経済制裁緩和を求める社会運動に転換することを期待していると考えられる。

　また、ロシアは、資源・穀物輸出、武器輸出、民間軍事会社によるサービス提供という形で協力関係にある中東・アフリカ諸国、さらにはG7とは明らかに異なる行動をとる中国やインドとの関係を重視している。これらの国々に国際市場価格よりも安い価格で石油を提供することにより、ロシアと

の依存関係を強化し、ロシアの立場を支持することはなくとも、G7諸国などから受けている経済制裁による損失を埋め合わせることを可能にしている。

3. 制裁の戦略的目的は何か

　経済制裁によってロシアのウクライナ侵攻を停戦させ、ロシアが獲得した領土を放棄させ、ロシア軍を撤退させることが戦略目標であるとすれば、現在の経済制裁ではまだ不十分である。プーチンの戦争目的は明らかではないが、少なくとも首都キーウへの電撃攻撃とゼレンスキー政権の崩壊という当初の目的はあきらめたと見られるが、ウクライナ東部に戦力を集中し、ドンバス地方のルハンスク州とドネツク州、南部のザポリージャ州とヘルソン州の併合を宣言し、これら4州のロシアへの従属による領土の拡大、さらにはウクライナに対して圧倒的な勝利を収めることで将来的にロシアの意向に逆らうことが出来ない状況を作ろうとしているように見える。

　これらの戦略目標を持っていることを確認することは難しいが、仮にこうした目標を達成するため、多大な犠牲を払ってでも戦争を継続しているところを見ると、プーチンの政治的意志は固く、たとえ経済制裁で国民の生活が苦しくなったとしても、それを経済的負担と認識して戦争を止めることはないと思われる。欧米諸国の戦略目標がロシア軍撤退の強制であれば、自らを傷つけてでも天然ガス禁輸まで踏み込んだより強い制裁が必要となるだろう。

　もし、西側諸国がプーチン政権の打倒を戦略目標とするならば、ロシア国民の政権に対する不満の表明と反政権運動による政権交代を期待するしかないが、経済制裁によってそれらを実現することは困難であろう。仮に国民の不満が高まったとしても、反体制活動家が不自然な事故や化学物質による注射で次々と殺害されている現状では、反体制運動の盛り上がりを期待することは難しい。また、ロシアは選挙による政権交代が可能であるが、選挙は公正とは言えず、国際的な監視機関が関与しているにもかかわらず、さまざまな不正選挙が行われていると言われている[12]。このような環境の中で、経済制裁による国民生活の困窮が政権交代をもたらすとは考えにくい。同様に、プーチン政権を支えるオリガルヒ（新興財閥）にも制裁が加えられ、その資産が凍結されているが、現時点では彼らがプーチンを倒す気配はなく、そのよ

うな政権交代は期待できない。

　では、欧米諸国による経済制裁の目的は何なのか。おそらく、経済制裁によって戦争にかかるコストを引き上げ、戦争を継続する力を奪うことが目的であると思われる。欧州や中国、インドなどが石油や天然ガスを買う限り、ロシアは当面の政府を運営するための資金を確保できるが、それ以上に戦争遂行のために必要な資金を獲得することは、金融制裁により困難となる。また、制裁によりロシアの原油はかなりの安値で売らざるを得ず、ロシア原油を中心とするウラル原油の価格は北海ブレントなどより 20 米ドル近く安い。さらに、経済制裁のメニューには外貨建てロシア国債の発行禁止が含まれており、戦費調達のための戦時国債の発行も困難な状況にある。このような状況から、経済制裁が即時停戦、ロシア軍の撤退、政権交代を目指すものとは考えにくく、ロシアが戦争継続のための資金を失い、国民やロシア軍が戦闘継続を拒否することを期待して、戦争継続のための費用を増加させる事を目標としているといえよう。

　また、対ロ制裁には半導体などのハイテク製品を中心とした製品規制が含まれている。ロシアはソ連崩壊以降、半導体や自動車部品などのサプライチェーンにおいて西側諸国に強く依存しており、自国での生産能力がきわめて脆弱な状況にある。そのため、西側諸国の制裁によって、半導体や部品の供給が断絶されてしまうと、民間市場向けの自動車や電化製品などの製造が出来なくなるだけでなく、兵器に用いられる半導体なども入手することが困難になるため、戦闘で消耗した兵器を生産し、補充することが困難となっている。実際、ロシアは前線で用いるドローンをイランに依存しているが、それは精密誘導ミサイルが枯渇しつつあるということに起因するとみられる。2 月 24 日に大規模な軍事侵攻を始めて以来、ロシアは 3 分の 2 のミサイルを使用したといわれるが[13]、半導体などの入手が困難であることでミサイルを生産することが出来なくなれば、戦争を継続することは困難になるであろう。

　また、こうした兵器の調達を制裁に参加していない中国などがロシアを支援する可能性はあるが、現時点では中国がロシアに対して武器を輸出しているという証拠はなく、戦場で中国製の兵器が使われているという報道もほと

んどない[14]。また、中国はバリ島で行われた G20 首脳会談においても、ロシアの戦争責任を指摘する共同声明の採択を認め、ロシアと距離を置く姿勢を見せている。こうしたことからも、ロシアは西側諸国の制裁により、兵器の不足によって戦争継続が困難になっている。金融制裁とハイテク製品の制裁によって、継戦能力を奪うことが制裁の目的と考えて間違いないだろう。

Ⅲ．制裁の帰結

　ロシアに対する経済制裁は、ロシアが国連安保理で拒否権を発動し、国連安保理が制裁を行うことは事実上不可能であるため、G7 諸国を中心に実施している。G7 諸国は欧米諸国として足並みを揃えてロシアに圧力をかけ、戦争の継続を困難にしている。経済制裁は対象国だけでなく、実施国の企業活動や国民生活にも影響を与えるが、ロシアがウクライナの人々を救うために国際法に違反する武力行使をしたことに対する罰として、国民の支持を得て実施されているのである。

　しかし、こうした経済制裁はすぐに結果が出るものではない。したがって、戦争が続く限り、制裁は続き、仮に停戦に至ったとしても、ロシアがウクライナの領土一体性の保持を不可能にするような占領を続ける限り、制裁を解除することは困難であろう。制裁の目的があくまでも継戦能力の剥奪であったとしても、それは即座にロシアのウクライナ占領地域からの撤退を意味するものではない。そのため、どのような状況で制裁を解除すべきなのかも不明である。その結果、制裁解除の機会もなく、制裁が継続される可能性がある。

　しかし、ここで懸念されるのは「制裁疲れ」である。制裁が続く限り、制裁を実施する国は自らを傷つけ、経済的な反動を感じることになる。すでに、原油価格の高騰によるコスト増が人々の生活に影響を及ぼしており、ロシアの黒海艦隊がウクライナからの輸出を停止したため、世界の穀物価格が高騰し、国連やトルコの仲介で輸出が再開されることにはなったが、不安定な状況は続いている。さらに、新型コロナによる行動制限がなくなったことで、経済活動が活発化し、先進国を中心に世界的なインフレが進行している。こうした生活に必要な原材料の高騰は、人々の生活を苦しくし、ビジネスを続

けられなくなる企業も出てくるだろう。そうなると、制裁を実施している国でも人々の不満が高まり、欧米諸国の政権運営が難しくなり、結果的に支持率が低下することになる。そうなれば、たとえウクライナで戦闘が続いても、いつかは制裁解除の動きが出てくる可能性がある。また、欧米諸国の足並みが乱れ、それに乗じてロシアは石油や天然ガスを安く売り、ロシアの支援に引き込もうとするだろう。また、ロシア発のさまざまな偽情報やプロパガンダがSNSを通じて拡散され、西側諸国の体制に反発が生じるだろう。

　ロシアのウクライナ侵攻は、国際法に反する出来事であり、看過できない。2022年6月のブチャの虐殺を例に挙げるまでもなく、ロシアによる武力行使は暴力的かつ非人道的であり、これらの行為を継続させてはならない。欧米諸国はウクライナに軍隊を派遣してロシア軍と直接戦闘することはないが、それでもウクライナ軍が戦いやすいように経済制裁を続け、ロシアの戦闘継続能力を奪うためにあらゆる努力をすることが重要である。しかし、エネルギー価格の高騰や経済への打撃を理由に欧米が経済制裁をやめれば、ロシアに有利となり、ウクライナへの攻撃がさらに強まる可能性がある。この戦争を終わらせるためには、経済制裁をさらに強化し、各国政府が経済制裁の意義を国民に説明し続け、「制裁疲れ」にならないように、なぜ、何のために制裁を行うのかを認識させることが必要であろう。

　最後に、西側諸国と世界は将来の経済戦争に備えなければならない。日本の国会が2022年5月に「経済安全保障推進法」を成立させたのは、まさにこのためである。この法律は、海外からの供給に過度に依存するケースがあれば、政府が商業活動に介入する機会を提供するものである。経済戦争の時代には、欧州がロシアの石油・ガスに依存しているように、依存は脆弱性となる。経済安全保障を強化し、サプライチェーンの強靭性を高めることは一種の武装であり、サプライチェーンに不可欠な産業・技術力を構築することは、安全保障と経済が密接に結びつく中で、極めて重要な課題である。

［付記］
　本章におけるインターネット情報の最終アクセス日は2022年11月20日である。

注

1 各国の制裁の内容については、アメリカ財務省のサイト（https://home.treasury. gov/system/files/126/20221014_russia_alert.pdf）、EU の対ロ制裁のサマリー（https:// www.consilium.europa.eu/en/policies/sanctions/restrictive-measures-against-russia-over-ukraine/）及び日本の安全保障貿易情報センター（CISTEC）のホームページ（https:// www.cistec.or.jp/service/russia.html）などを参照した。

2 たとえば、Robert A. Pape, "Why Economic Sanctions Do Not Work," *International Security*, vol.22, no.2 (1997), pp.90-136; David A. Baldwin and Robert A. Pape, "Evaluating Economic Sanctions," *International Security*, vol.23, no.2 (1998); Gary Hufbauer, Jeffrey Schott and Kimberly Elliot, *Economic Sanctions Reconsidered: History and Current Policy, 2nd ed.*, (Institute for International Economics, 1990); Steve Chan and A. Cooper Drury (eds), *Sanctions As Economic Statecraft: Theory and Practice* (Macmillan, 2000) など。

3 この点については拙稿「『相互依存の罠』──経済の武器化に潜む落とし穴」『アステイオン』97 号（2022 年）54-65 頁。

4 Mark Flanagan, Alfred Kammer, Andrea Pescatori , Martin Stuermer, "How a Russian Natural Gas Cutoff Could Weigh on Europe's Economies," *IMF Blog*, July 19, 2022, at https://www.imf.org/en/Blogs/Articles/2022/07/19/blog-how-a-russias-natural-gas-cutoff-could-weigh-on-european-economies.

5 "How North Korea Used Crypto to Hack Its Way Through the Pandemic", New York Times, July 1, 2022, at https://www.nytimes.com/2022/06/30/business/north-korea-crypto-hack.html.

6 拙稿「イラン核合意再開をめぐる国際交渉」『中東協力センターニュース』（2022 年 3 月号）1-9 頁、at https://www.jccme.or.jp/11/pdf/2022-03/josei01.pdf.

7 "Joint Economic Forecast: From Pandemic to Energy Crisis: Economy and Politics under Stress," *Kiel Institute for the World Economy*, 13.04.2022, at https://www.ifw-kiel.de/ publications/media-information/2022/joint-economic-forecast-12022-from-pandemic-to-energy-crisis-economy-and-politics-under-permanent-stress/.

8 "Economic Affairs Ministry charters fifth floating LNG terminal while infrastructure for the landing of green hydrogen is being set up," *Press Release*, Federal Ministry for Economic Affairs and Climate Action, 01/09/2022, at https://www.bmwk.de/Redaktion/EN/Pr essemitteilungen/2022/09/20220901-bmwk-charters-fifth-floating-lng-terminal-while-infrastructure.html.

9 "Germany completes construction of its first floating LNG terminal," *Guardian*, 15 November, 2022, at https://www.theguardian.com/world/2022/nov/15/germany-completes-construction-floating-lng-terminal-liquefied-natural-gas-energy.

10　America Hernandez and Zia Weise, "Dutch and Danish gas buyers warn of Russian shutoff," *Politico*, May 30, 2022, at https://www.politico.eu/article/netherlands-and-denmark-gas-buyers-warn-of-russia-shutoff-kremlin-gazprom/.

11　「ノルドストリーム損傷は破壊工作　スウェーデン検察確認」『日本経済新聞』（2022 年 11 月 19 日）。

12　Skovoroda, Rodion and Lankina, Tomila V. "Fabricating votes for Putin: New tests of fraud and electoral manipulations from Russia, *Post-Soviet Affairs* (2016), pp. 1-24. at https://eprints.lse.ac.uk/67182/1/Lankiina_Fabricating%20votes.pdf.

13　「『ロシア軍、保有ミサイル 3 分の 2 使用』　ウクライナ国防相主張」『毎日新聞』（2022 年 10 月 22 日）。

14　中国製の携行型ロケット弾が使われたといったツイッターなどでの投稿はみられるが、中国が第三国に輸出したものをロシアが調達したとみられる古い型のものとみられている。

第3部　経済②──貿易、投資──

第7章　対ロシア経済制裁の WTO 協定適合性
——安全保障例外による正当化の可否を中心に——

川島富士雄

はじめに

　2022 年 2 月 24 日のロシアによるウクライナ侵攻を受け、G7 各国を中心にロシアに対する各種の経済制裁が発動された（以下「対ロシア経済制裁」という。）。同制裁には様々なものが含まれるが、物品の輸出入の禁止、最恵国待遇の撤回（結果として関税引き上げ）等の貿易制限が含まれる。発動国である G7 各国も被発動国であるロシアもいずれも世界貿易機関（以下「WTO」という。）の加盟国であり、Ⅰで確認するように、対ロシア経済制裁のうち貿易制限を構成するものは、一見すると WTO 協定に不適合である。しかし、それらの不適合措置も、関税及び貿易に関する一般協定（以下「GATT」という。）21 条やサービス貿易に関する一般協定（以下「GATS」という。）14 条の 2 といった安全保障のための例外（以下「安全保障例外」という。）によって正当化される余地がある。

　本稿では、まずⅠにおいて、対ロシア経済制裁に関する重要事実を紹介し、同制裁が国際経済法上、どのように位置付けられるか確認する。さらにⅡにおいては、物の輸出入禁止に焦点を当て、GATT21 条の安全保障例外の先例を整理した上で、対ロシア経済制裁が同例外によって正当化されるか、関連する論点ごとに検討を加える。最後に「おわりに」では、本稿における知見を、特に解釈上の論点の相互関係に着目して整理する。

Ⅰ．対ロシア経済制裁に関する重要事実と国際経済法上の位置づけ

1. 重要事実

対ロシア経済制裁に関する重要事実を整理すると以下の通りである。

(1) 発動国及び被発動国

発動国のウクライナ[1]、G7（欧州連合（以下「EU」という。）、フランス、ドイツ、イタリア、英国、米国、日本、カナダ）、オーストラリア[2]、ニュージーランド[3]等、及び被発動国のロシア[4]のいずれもWTO加盟国である。

(2) 発動分野と発動措置

制裁の発動されている分野は、物、サービス、投資、人と幅広く、同様に発動されている措置も物の輸出禁止、物の輸入禁止、決済停止[5]、投資禁止[6]、入国禁止等と極めて幅広い。

(3) 発動理由

今回、後述Ⅱ2のように、国際連合安全保障理事会決議により経済制裁の義務付けはなされていない。よって、発動国や発動措置毎に発動理由は異なりうるが、ロシアの「侵略」の停止にむけ同国による戦費、武器及び同原材料の調達を不可能にすることが主な目的と考えられる（後述Ⅱ5(2)）。

以上の重要事実は、問題の制裁措置がどの条項に違反し、対応した安全保障例外に該当し正当化されるかの検討に密接に関係する。

2. 国際経済法上の位置づけ

例えば、G7と連動した日本の対ロシア経済制裁を物の貿易制限に絞って時系列的に挙げれば以下の通りである（いずれも2022年）[7]。

2月26日発表：国際輸出管理レジームの対象品目の対ロシア輸出の禁止
3月1日発表：ロシア軍事関連団体に対する輸出の禁止、及び半導体等汎
　　用品の対ロシア輸出の禁止

3 月 8 日発表：ロシア向け石油精製用装置等の輸出等の禁止

3 月 16 日発表：ロシア向け最恵国待遇撤回 [8]

3 月 25 日発表：ロシア向けぜいたく品の輸出禁止

4 月 12 日発表：ロシア産石炭、機械類、一部木材、ウォッカ輸入禁止

5 月 10 日発表：ロシア向け量子コンピューター等先端的産品輸出禁止

6 月 7 日発表：ロシアの産業基盤強化に資する物品（貨物自動車、ブルドーザー
等）の輸出禁止

7 月 5 日発表：ロシア産金の輸入禁止

9 月 26 日発表：ロシア向け化学兵器等関連物品の輸出の禁止、ロシアの
特定団体 (21 団体) への輸出等の禁止

　以上はいずれもロシアに仕向けられる、又はロシア原産の産品のみに対す
る輸出入制限であるため、GATT1 条 1 項（一般的最恵国待遇）[9]若しくは 11 条
1 項（数量制限の一般的廃止）[10]、又はその双方に違反すると暫定的に結論するこ
とができる。

　以上の検討結果（注 5 及び 6 を含む）を**表 7-1** に整理した。

表 7-1　対ロシア経済制裁の国際経済法上の整理

	輸出禁止	輸入禁止	決済排除	投資禁止	入国禁止
違反条項	G11、1	G11、1	G11、S11	—	— (S ?)
正当化	G21	G21	S14-2	—	—
論点・備考	発動国、発動理由、措置内容の関数	同左	EU のみが発動国？	投資協定上、違反不構成	対象者は非サービス提供者

注：G=GATT; S=GATS
出典：筆者作成

II．GATT 21 条の安全保障例外による正当化

1．GATT21 条に関する先例と争点

第 21 条 安全保障のための例外

　この協定のいかなる規定も、次のいずれかのことを定めるものと解してはならない。

　　(a) 締約国に対し、発表すれば自国の安全保障上の重大な利益に反するとその締約国が認める情報の提供を要求すること。

　　(b) 締約国が自国の安全保障上の重大な利益の保護のために必要であると認める次のいずれかの措置を執ることを妨げること。

　　　(i) 核分裂性物質又はその生産原料である物質に関する措置

　　　(ii) 武器、弾薬及び軍需品の取引並びに軍事施設に供給するため直接又は間接に行なわれるその他の貨物及び原料の取引に関する措置

　　　(iii) 戦時その他の国際関係の緊急時に執る措置

　　(c) 締約国が国際の平和及び安全の維持のため国際連合憲章に基く義務に従う措置を執ることを妨げること。

(1) 先　例

　① 1970 年対イスラエル・アラブボイコット

　② 1982 年フォークランド紛争

　③ 1985 年米国・対ニカラグア禁輸 (以上 GATT 事例、パネル未設置・報告未採択等)

　④ ロシア・通過運送制限 (DS512) (パネル採択済み)

　⑤ サウジアラビア・知的所有権 (DS567) (パネル報告、上訴撤回で未採択)

　⑥ 米国・鉄鋼及びアルミ製品 (DS544 他) (パネル報告、未採択)

　上記の通り GATT 時代に 21 条に関し解釈を展開し、正式に採択されたパネル報告はなかったが、WTO に入ってから④、⑤及び⑥の 3 つの事例で GATT21 条 b 号 (iii) 及び同柱書並びに同規定と全く同じ文言を採用する知的

所有権の貿易関連の側面に関する協定（以下「TRIPS」という。）73 条 b 号（iii）及び同柱書に関するパネル解釈が示された。しかし、⑤は一旦上訴されたものの紛争当事国間で上訴撤回の合意に至り未採択となり、また⑥は 2022 年 12 月にパネル報告が発出されたばかりであり[11]、紛争解決機関により正式にパネル報告が採択された事例は④のロシア・通過運送制限事件のみである。以下では、④のパネル報告を詳しく紹介し、一般論について基本的に④を踏襲した⑤のパネル報告は一部のみ抜粋して紹介する。なお、⑥は④と同様、GATT21 条 b 号が全体として自己判断規定で、同号の援用は司法審査の対象とならないとの米国の主張をしりぞけ（para. 7.128）、同（iii）の「国際関係の緊急」事態が、国際関係に対する影響の観点から「戦争」とその重大度が匹敵する（comparable）ものでなければならない（para. 7.139）との解釈を示した。

(2) ロシア・通過運送制限事件パネル報告（要旨）（下線は筆者）[12]

　2016 年 1 月以降、ロシアは、ウクライナからカザフスタン向けのロシア領内のすべての通過運送について、ベラルーシ・ロシア国境経由ルートに限定する等の措置を導入した。ウクライナは、同措置が GATT5 条 2 項（通過の自由）等に違反するとして紛争解決手続に申し立てた。これに対し、ロシアは GATT21 条 b 号（iii）の安全保障例外を援用するので、パネルに本件を審理する管轄権がないと主張した。

（i）管轄権の有無

　21 条 b 号（iii）の「時に執る」も措置が「戦争その他の国際関係の緊急」事態の「間に」執られることも要求する。時間的な同時性も客観的決定に服する客観的な事実である。さらに国家間などの武力衝突を意味する戦争は明確に客観的決定が可能であるし、「国際関係の緊急」事態は戦争よりは明確でないが、（辞書を参照すれば）国家間の危険又は衝突の状況という意味であり、客観的決定に服する客観的事実の範疇に属する（7.66-7.73）。

　「国際関係の緊急」事態の解釈の文脈を検討すれば、(iii) の戦争も (i) と (ii) の事項もすべて防衛及び軍事の利益（defence and military interests）並びに法及び公序の維持の利益（maintenance of law and public order interests）に関することから、

国家間の政治的又は経済的な違いそれ自体では「国際関係の緊急」事態を構成するのに不十分であることが示唆される。よって、「国際関係の緊急」事態は、一般に武力衝突（armed conflict）、潜在的な武力衝突（latent armed conflict）、高度の緊張若しくは危機（heightened tension or crisis）又は国を取り巻く若しくは巻き込む一般的な不安定（general instability engulfing or surrounding a state）の状況を指すと思われる。この状態の存在は客観的状態であることから、「国際関係の緊急時に執る」措置であるかどうかも客観的決定に服する客観的な事実である（paras. 7.74-7.77）。

　文脈及び協定の趣旨・目的に照らした21条b号（ⅲ）の用語の通常の意味によれば、b号柱書の「締約国が…認める」の文言は（ⅲ）の状況には掛からない。措置が21条b号の適用範囲に該当するためには、（ⅰ）〜（ⅲ）のいずれかに該当すると客観的に認定されなければならない（para. 7.82）。

　以上から、GATT21条b号（ⅲ）はロシアの主張するように完全な自己判断規定ではない。よって、GATT21条b号（ⅲ）の援用についてパネルに管轄権はないとのロシアの主張を拒否する（paras. 7.102-7.103）。

（ⅱ）21条b号（ⅲ）該当性

　少なくとも2014年3月当時、及び少なくとも2016年末まで継続して、ウクライナとロシアの関係は、国際社会の懸念事項となる程度まで悪化した。2016年12月までに、両国の状況は国際連合総会によって武力衝突に関わると認識された。状況の深刻さを示す他の証拠として、2014年からこの状況に関連しロシアに対し制裁を掛けている事実がある。結論として、2014年からの両国の状況は21条b号（ⅲ）の意味での「国際関係の緊急」事態を構成する。また、ロシアの措置はいずれも「国際関係の緊急」事態の間にとられており、よって（ⅲ）の意味でそうした緊急時にとられた（paras. 7.122-7.126）。

（ⅲ）21条b号柱書該当性

　b号柱書の「締約国が…認める」が、「必要と」のみに掛かるのか、「安全保障上の重大な利益」にも掛かるのかの問題が残る。「安全保障上の重大な利益」とは、国家の典型的な機能、つまり領土と国民の外的脅威からの保護及び法

と公序の国内的な維持に関する利益を指す。内外の脅威からの国家の保護に直接関連すると考えられる特定の利益は特定の状況及び当該国家の認識に左右され、状況の変化によって変わるものと考えられる。よって、一般に加盟国が安全保障上の重大な利益と認めるものをどう定義するかは、各加盟国に任せられる (paras. 7.128-7.131)。

　しかし、だからといって加盟国がいかなる懸念も「安全保障上の重大な利益」にまで自由に引き上げることが可能となるわけではない。加盟国の特定の懸念を「安全保障上の重大な利益」に指定する裁量は、21 条 b 号 (iii) を誠実に解釈・適用する義務 (条約法条約 31 条 1 項及び 26 条) によって制約を受ける。信義誠実原則は、加盟国が 21 条例外を GATT 上の義務を潜脱する手段 (例 貿易利益を安全保障上の重大な利益とラベルを貼り換えて義務から逸脱) として使わないことを求める (paras. 7.132-7.133)。

　よって、援用国は誠実さを示せる程度に十分に、国際関係の緊急事態から生ずる「安全保障上の重大な利益」を信ぴょう性 (veracity) を提示するのに十分に明確にする (articulate) ことを義務付けられる。武力衝突や国内又は直近の周囲における法と公序の崩壊状況から遠ければ遠いほど、防衛又は軍事の利益や法と公秩序維持の利益がより明白でなくなる。その場合、援用国は「安全保障上の重大な利益」をより特定的に明確化することが求められる (paras. 7.134-7.135)。

　本件での「国際関係の緊急」事態は戦争や武力衝突に極めて近く、ロシアは安全保障上の重大な利益を明示的に表現していないが、ウクライナ・ロシア国境の安全に関わる 2014 年緊急事態の一定の特徴に言及している。よって、本件での「安全保障上の重大な利益」が曖昧で不確定であるとは言えない。ロシアの表現にも単に GATT 上の義務を潜脱する手段として 21 条 b 号 (iii) を援用したことを示唆するものはない (paras. 7.136-7.137)。

　信義誠実原則は問題の措置との関係でも適用される。問題の措置が主張された安全保障上の重大な利益との関係でもっともらしさの最低限の要件 (a minimum requirement of plausibility) を満たすことが求められる。よって、本件措置が 2014 年緊急事態とあまりにかけ離れているか、無関係で (so remote from, or unrelated to)、ロシアがその緊急事態から生ずる安全保障上の重大な利益の

保護のために当該措置を実施したとは信じられないかどうか審査しなければ
ならない (paras. 7.139)。

　ロシア・ウクライナ国境の安全保障に影響を与える緊急事態の存在する状
況において、すべての措置はロシア・ウクライナ国境を超える通過運送を制
限する。この状況下で、問題の措置は2014年緊急事態とかけ離れて無関係
で、ロシアが当該緊急事態から生じた安全保障上の重大な利益を保護するた
めに当該措置をとったことはもっともらしくないとまで見ることはできない。
よって、ロシアの措置は21条b号柱書の要件を満たす (paras. 7.142-7.146、7.148)。

(3) サウジアラビア・知的所有権事件パネル報告 (未採択) 要旨 (下線は筆者)[13]

　2017年6月、サウジアラビアがカタールとの国交断絶に踏み切ったとこ
ろ、カタールがそれに伴うサウジアラビアの各種措置のうちカタールの放送
事業者の知的財産権保護の停止措置を取り上げて、TRIPS協定42条(民事上
の司法手続の提供)、61条(刑事上の手続)等の違反を申し立てた。これに対し、
サウジアラビアは、GATT21条b号(iii)と全く同じ文言であるTRIPS協定73
条b号(iii)による正当化を主張した。

　パネルは、サウジアラビアの措置がTRIPS協定42条、61条等に違反する
と認定した後(paras. 7.197 and 7.221)、TRIPS協定73条b号(iii)の①「国際関係
の緊急」事態、②緊急「時に執る」、③同号柱書の「安全保障上の重大な利益」
を明確に表現する義務及び④措置と「安全保障上の重大な利益」の関係に関
する解釈に関し、上記(2)のロシア・通過運送制限事件パネルの一般論をほ
ぼ踏襲した (paras. 7.241-7.255)。

　その上で、①本件の状況(筆者注　サウジアラビアらがカタールによるテロ
リズム及び過激思想支援を繰り返し非難してきた文脈で起きた国交断絶)下では「国際
関係の緊急」事態を構成するのに十分な「高度の緊張若しくは危機の状況」が
存在し、かつそれはサウジアラビアの「防衛及び軍事の利益並びに法及び公
序の維持の利益」、つまりは「安全保障上の重大な利益」に関係すると認定し
(paras. 7.257, 7.258 and 7.263)、②サウジアラビアの問題の措置が「国際関係の緊
急時に執」られたとも認定した (para. 7.264)。さらに③サウジアラビアはテロ
リズム及び過激思想の危険からの自国の保護という観点から自国の「安全保

障上の重大な利益」を明確化したと認定した (para. 7.280)。最後に、④両国間のやり取りを停止する包括的措置の一部として、サウジアラビアの法律事務所が知的財産権の民事的執行のためカタール人らを代理し、又はそれらとのやり取りすることを禁止する措置は、テロリズム及び過激思想の脅威からの自国の保護という利益との関係で、もっともらしさの最低限の要件を満たす一方で (paras. 7.284-7.288)、サウジアラビアにおける海賊放送事業者によるカタール放送事業者の知的財産侵害に対する当局による刑事手続及び刑罰の不適用は、カタール人とのやり取りを停止する包括的措置と合理的又は論理的な関係はなく、同要件を満たさないと認定した (para. 7.289)。

2. 正当化根拠条項

　国際連合加盟国に対ロシア経済制裁を義務付ける同安全保障理事会等の決議がない以上[14]、GATT21 条 c 号の援用可能性はない。そうなると、同条 b 号の (ii)「武器……の取引に関する措置」と (iii)「戦時その他の国際関係の緊急時に執る措置」の 2 つに援用可能な安全保障例外条項は絞られる。

　日本を含む対ロシア経済制裁の発動国は自らの制裁措置が、いかなる根拠で正当化されるか必ずしも明示していない。この点は、紛争解決手続が開始されて初めて説明すれば十分であり、潜在的な紛争相手国に事前に情報を提供する必要はないとの訴訟戦略の観点からも致し方ない側面はあろう。

　しかし、(ii) と (iii) では根拠となる客観的事実が異なることから、その根拠との関係で説明すべき「自国の安全保障上の重大な利益」だけでなく、それを保護するために必要な措置の設計も異なりうる。さらに、(iii) は「時に執る措置」と時間的な制約がある一方で、(ii) は「武器……の取引に関する措置」と時間的な制約は必ずしも想定されていないと解しうる (6 で詳述)。よって、制裁措置を設計する際には、対外的に公表する必要はないとしても、将来の紛争解決手続を想定して、どの条項で正当化する心づもりなのか政府内部では詳細に検討し、論理的な整合性を十分に確保するよう努める必要があろう。

　その観点で、上述 2 で紹介した日本政府が発動した各種の対ロシア経済制裁は、その内容から**表 7-2** のように正当化条項を推測することができる。

　1 ～ 8 のいずれも外国為替及び外国貿易法（以下「外為法」という。）上の「国

表7-2　日本の対ロシア経済制裁一覧

	21条b号	制裁内容
1	(ii) + (iii)	国際的合意に基づく規制リスト品目の輸出禁止（工作機械、炭素繊維、化学兵器関連物品等）
2	(ii) + (iii)	軍事能力等の強化に資する汎用品の対ロシア輸出禁止（半導体、PC、通信機器等）
3	(ii) + (iii)	ロシア軍事関連団体（ロシア国防省、航空機メーカー等）に対する輸出禁止
4	(ii) + (iii)	ロシア向け先端的産品輸出禁止（量子コンピューター、3Dプリンター等）
5	(iii) > (ii)	ロシアの産業基盤強化に資する物品（貨物自動車、ブルドーザー等）の輸出禁止
6	(iii)	ロシア向け石油精製用装置等の輸出等の禁止
7	(iii)	ロシア向けぜいたく品の輸出禁止（高級自動車、宝飾品等）
8	(iii)	ロシア産石炭、機械類、一部木材、ウォッカ、金の輸入禁止
9	(iii)	ロシア向け最恵国待遇撤回（石油への関税引き上げを含む）

出典：筆者作成

際的な平和及び安全の維持を図る」（外為法48条1項）、「国際平和のための国際的な努力に我が国として寄与する」（同条3項、52条）との目的で発動されている。**表7-2**のうち、1〜3は「武器、弾薬及び軍需品の取引並びに軍事施設に供給するため直接又は間接に行なわれるその他の貨物及び原料の取引」に関するものと分類可能であり、21条b号（ii）を根拠条文として想定している可能性が高いが、通常の輸出管理体制（許可制）をロシアに対してのみ厳格化（禁止）している側面については同号（iii）も根拠規定として想定している可能性もある。他方、6、8及び9は、ロシアの主要な外貨獲得手段である産品に関係する措置と考えられ、主にロシアの戦費調達を困難にする措置である。7は戦費調達とは直接関係ないが、戦争継続の政策決定に影響力のあるエリート層に揺さぶりをかける措置と考えられる。よって、6〜9は全体として21条b号（iii）を根拠条文として想定していると考えられる。

　これに対し、4と5は同（ii）と（iii）のいずれか或いは両方を根拠条項として想定しているのか必ずしも明らかではない。4の対象の先端的産品が「武器等」又は少なくともデュアルユース品（軍民両用の汎用品）に位置付けられるかは必ずしも明らかではない。しかしこれらは、ワッセナー・アレンジメント等にロシア等も含まれることから、同国等を排除した形の新たな国際的枠組みに基づき規制リストに含めるべく努力している産品カテゴリーと考えられるため、4はより1〜3に近い類型と位置付けるべきだろう。他方、5はよ

り 6 〜 9 に近く、(ii) よりは (iii) を根拠とすると考える方が妥当であろう。

　このように対ロシア経済制裁は想定される正当化の根拠条項が類型によって異なり得るが、以下では主に (iii) を中心に検討を進める。

3.　GATT21 条 b 号 (iii) 号の「戦時その他の国際関係の緊急時」

　まず、各国の対ロシア経済制裁が「戦時その他の国際関係の緊急時に執る」の要件を満たすのか検討する。上述 1 (2) の通り、ロシア・通過運送制限事件パネルは、「戦時その他の国際関係の緊急時」にあるかどうか客観的状態であり、その「時に執る」措置かどうかも客観的決定のできる客観的事実とした[15]。

　検討の前提として制裁発動国を以下の 4 つの類型に分けて分析する。

(1) 戦争又は武力衝突 (以下「戦争等」という。) の当事国

　上記 1 (2) のロシア・通過運送制限事件パネルは、「国際関係の緊急」事態は、一般に武力衝突 (armed conflict)、潜在的な武力衝突 (latent armed conflict)、高度の緊張若しくは危機 (heightened tension or crisis) 又は国を取り巻く若しくは巻き込む一般的な不安定 (general instability engulfing or surrounding a state) の状況を指す」との一般論を提示している[16]。このうち、同パネルは、2014 年クリミア危機後、ロシアとウクライナが「武力衝突」状態にあったことを認定した[17]。まさに紛争当事国である申立国ウクライナと 21 条 b 号 (iii) を援用している被申立国ロシアの間の戦争に極めて近い国際関係の緊急事態が認定されているため、21 条 b 号 (iii) の適用範囲であることは明らかであった。

　これに対しサウジアラビア・知的所有権事件パネルは、サウジアラビアによる対カタール断交に至る背景に両国間のテロリズム及び過激思想支援のめぐる紛争があったことを重視して、両国間に「高度の緊張若しくは危機」、つまりは国際関係の緊急事態があったと認定した[18]。戦争に極めて近い状態が認定されているわけではないが、やはり紛争当事国間の国際関係の緊急事態が認定されているため、やはり 21 条 b 号 (iii) の適用範囲であるとされた。

　以上から、今回の侵攻を受け、戦争の当事国であるウクライナによる対ロシア経済制裁が同 (iii) の適用範囲であることは論をまたない。

(2) 戦争等の当事国の軍事同盟国 (allies)

　仮に制裁発動国が戦争等の直接の当事国でないとしても、戦争当事国と軍事同盟関係にある場合、「潜在的な武力衝突の状況」にあり、少なくとも国際関係の緊急事態の当事国であるとみなすことは可能であろう。しかし、ウクライナは加盟に関心を表明しているが、いまだ北大西洋条約機構 (NATO) 加盟国ではない。よって、NATO 加盟国が、この観点から直ちに少なくとも国際関係の緊急事態の当事国であると考えることはできない。

　他方で、欧米諸国は武器等の供与という形でウクライナに対し援助を行っている。そのことをもって交戦国又は事実上の軍事同盟国とみなせるかが論点になりうる。しかし、交戦国の軍隊に対する単なる武器援助のみでは、援助国が交戦国になるとは考えられていない[19]。

(3) 戦争等の当事国と国境を接する国等

　戦争等の直接の当事国ではないものの、当事国と国境を接する国等も当事国と同様に 21 条 b 号 (iii) の援用を認めることは可能か。実際に「ロシアの周辺国」に関し援用が可能とする見解も見られる[20]。

　例えば、モルドバは、今回 G7 と協調して対ロシア経済制裁を発動しており、かつ WTO 加盟国でもあるところ、同国はウクライナと同様に領土内にロシア系住民が居住していることから、ロシアから同様の侵攻を受ける相当程度現実的な脅威を感じていると考えられる。同国のような立場であれば、戦争等の直接の当事国でないとしても、「潜在的な武力衝突」又は「高度の緊張若しくは危機」の状況にあるとして、「国際関係の緊急」事態の当事国とみなすことは十分可能であろう。それ以外にも、モルドバほどではないにしてもロシアと国境を接するポーランドやバルト 3 国等も一定程度、ロシアから同様の侵攻を受ける現実的な脅威を感じているとみることができる[21]。

　他方、戦争当時国と国境を接していないドイツ、フランス、イタリア等はそこまでの脅威を認められるのか定かではない。しかしながら、仮にポーランドやバルト 3 国が少なくとも「国際関係の緊急」事態の当事国であるとみなせるとすれば、これらの国家が加盟する関税同盟である欧州連合 (EU) にこれらの国家の貿易政策立案・実施が授権されている以上、EU 全体として

の制裁が正当化される余地が生ずると解することができよう[22]。

　これに対し米国や日本はロシアと国境を接しているといえるか判断は微妙であり、今回のロシアのウクライナ侵攻から直接に潜在的な武力衝突、高度の緊張若しくは危機又は国を取り巻く若しくは巻き込む一般的な不安定が生じているといえるかも判断は分かれうる。しかし、仮にポーランドやバルト 3 国が「国際関係の緊急」事態の当事国であるのであれば、これらの国がNATO 加盟国である以上、今回の侵攻が米国にとっての「国際関係の緊急」事態を構成すると主張することは可能であろう。

　他方、日本は関税同盟である EU や軍事同盟関係のある米国とは異なり、むしろ次の (4) に近い立場にあると考えられる。

(4) 戦争等の当事国と国境を接しない国

　今回対ロシア経済制裁発動国のうち、日本、カナダ、オーストラリア及びニュージーランド等はロシアと国境を接していない国に分類され、上記 (1)〜 (3) に挙げた理由で、戦争その他の国際関係の緊急事態の当事国と見なすことは難しい。

(5) 小　括

　以上、戦争その他の国際関係の緊急事態の当事国の範囲について検討してきた。WTO 先例により、21 条 b 号 (iii) による正当化が明確に認められたのは、戦争その他の国際関係の緊急事態の直接の当事国 (ロシア対ウクライナ、サウジアラビア対カタール) 間の貿易制限措置のみである。逆に GATT 時代には、1982 年のフォークランド／マルビナス諸島紛争に際し、アルゼンチンが GATT 理事会において英国との紛争を理由に英国以外の EEC 加盟国やカナダ、オーストラリアが安全保障例外を根拠に自国産品の輸入を停止することはできないと主張した例 (1982 年 4 月に発動された同輸入停止は、アルゼンチンの上記主張後、同年 6 月に撤廃) もあることから[23]、援用国が戦争や武力衝突の当事国であることが必要であるか否かについては、必ずしも明確な先例があるとはいえない。

　しかし、(iii) 号の「戦時その他の国際関係の緊急時」には、文言上、「自国の」

といった制限はみあたらない。そうした文言解釈を重視し、同号の援用に当たって、戦争等の当事国である必要がないとすれば、上記で(4)に分類される国も「戦時その他の国際関係の緊急時」と主張することが可能であるとの結論が導かれる[24]。

　しかし、戦争等の当事国とまったく国境も接しておらず、地球の裏側の当該戦争等に無関係の国までもが、第三国間で戦争等が発生したことを奇貨として、戦争等の一方当事国又は双方に対し何らかの貿易制限を執ることが正当化できるとすれば、それは不合理と言わざるを得ない。この問題は、「戦時その他の国際関係の緊急時」の要件だけではなく、むしろGATT21条b号柱書の「自国の安全保障上の重大な利益」や「保護のために必要」といった要件の総合的な解釈によって解決すべきであろう(後述4及び5)。

　この点に関し、上記1(3)のサウジアラビア・知的所有権事件パネル報告は、「本件の状況(筆者注　サウジアラビアらがカタールによるテロリズム及び過激思想支援を繰り返し非難してきた文脈で起きた国交断絶)下では「国際関係の緊急」事態を構成するのに十分な「高度の緊張若しくは危機の状況」が存在し、かつそれはサウジアラビアの「防衛及び軍事の利益並びに法及び公序の維持の利益」、つまりは「安全保障上の重大な利益」に関係する」(下線は筆者)と認定しており[25]、「国際関係の緊急」事態の認定段階で、措置発動国の安全保障上の重大な利益と関係することを求めていると解することができる。

4.　GATT21条b号柱書の「自国の安全保障上の重大な利益」

　上記1(2)のロシア・通過運送制限事件パネルは「一般に加盟国が安全保障上の重大な利益と認めるものをどう定義するかは、各加盟国に任せられる」としつつも[26]、「加盟国の特定の懸念を『安全保障上の重大な利益』に指定する裁量は、21条b号(ⅲ)を誠実に解釈・適用する義務(条約法条約31条1項及び26条)によって制約を受ける」として[27]、「援用国は誠実さを示せる程度に十分に、国際関係の緊急事態から生ずる『自国の安全保障上の重大な利益』を信ぴょう性(verocity)を提示するのに十分に明確化する(articulate)ことを義務付けられる。武力衝突や国内又は直近の周囲における法と公序の崩壊状況から遠ければ遠いほど、防衛又は軍事の利益や法と公序維持の利益がより明白で

なくなる。その場合、援用国は『安全保障上の重大な利益』をより特定的に表現することが求められる」と説示した[28]。

　ウクライナのような戦争の直接の当事国については、その事実のみで「自国の安全保障上の重大な利益」が関わることは明白であり、戦争相手国との貿易を制限することが、仮に今回のウクライナのような全面的禁輸であっても、「自国の安全保障上の重大な利益」の保護のために必要であると判断される可能性が高い[29]。これに対し、上述 3 (4) の戦争等の当事国と国境を接しない国に関しては、第三国間で戦争等が発生した事実だけから直ちに「自国の安全保障上の重大な利益」や「保護のために必要」といった要件を満たすと判断されるとはいえず、濫用防止のため、より慎重な審査が必要であろう。この点は上記で抜粋したロシア・通過運送制限事件パネルの「武力衝突や国内又は直近の周囲における法と公序の崩壊状況から遠ければ遠いほど、防衛又は軍事の利益や法と公序維持の利益がより明白でなくなる。その場合、援用国は『安全保障上の重大な利益』をより特定的に表現することが求められる」からも容易に導くことができる。例えば、国境を接しない国が戦争等の当事国の一方からの輸入又はその一方への輸出を制限した場合、それらの貿易制限について戦争等の当事国の場合よりもいっそう特定的な「自国の安全保障上の重大な利益」の明確化や、「保護のために必要」であることの説明が求められよう。

　こうした説明として、上記 3 の (1) ～ (3) のいずれかにも該当しない制裁発動国（例 日本、カナダ、オーストラリア、ニュージーランド）は、ロシアのウクライナ侵攻を国際連合憲章 2 条 4 項に違反する「侵略 (aggression)」であり[30]、侵略の禁止が対世的義務であることから[31]、国際秩序への脅威を構成し[32]、ひいては WTO 加盟国全般の「安全保障上の重大な利益」に関係する「国際関係の緊急」事態を構成すると主張して[33]、自国らを含む同加盟国全般による制裁を正当化することを試みる可能性がある[34]。しかし、この場合、貿易に関するルールを適用する WTO 紛争解決手続において、特定国による「侵略」を認定できるかが問題となり得る[35]。「侵略」かどうか紛争当事国間で真正面から争われた場合、その点についてパネルが事実認定を行うことは、経済関係のルールに関する国際機関が政治的な問題に深く関与しすぎであるとの批判も容易に予想されうる[36]。

　しかし、WTO 紛争解決パネル自身に関連事実の認定権限がない等の場合でも、他の専門国際機関等の事実認定を採用した例は過去の先例にも見られる[37]。その観点から、ロシアによるウクライナ侵攻が 2022 年 3 月 2 日の国際連合緊急特別総会により国際連合憲章 2 条 4 項に違反する「侵略」と認定されている事実は重要である（なお、同決議はロシアによる核兵器の準備を引き上げる決定も非難している）[38]。

　特に、本決議が関連する安全保障理事会決議がロシアの拒否権行使により採択されなかったことを受けて召集された緊急特別総会において採択された決議であることも注目に値する。例えば、常任理事国が当事国である戦争等に関し安全保障理事会が機能不全に陥り、GATT21 条 c 号の「国際連合憲章に基く義務に従う措置」が援用できない場合でも、「侵略」を認定する総会決議を根拠に、代替条項として同条 b 号 (iii) を受け皿として活用する可能性が十分に考えられる。この考え方に従えば、ロシアと国境を接していない国も、ロシアによるウクライナ侵攻を「侵略」と認定した国連決議を根拠に 21 条 b 号 (iii) の援用が可能であると考える余地が生ずる[39]。

　もちろんパネル自身が直接「侵略」と認定するのではなく、総会決議による事実認定を尊重して、それを土台に「侵略」であると認定する場合も政治的な問題に関与しすぎであるとの批判を惹起する可能性は否定できない[40]。しかし、上記 1 (2) のロシア・通過運送制限事件パネルは、ウクライナとロシアの状況が武力衝突に関わるとの国連総会の認識を証拠として参照して、2014 年以降、ロシアとウクライナが「戦時その他の国際関係の緊急時」にあるとの客観的事実の認定を行っており[41]、今後のパネルが同様な事実認定に踏み切る可能性は十分に認められる。

　以上通り、今回のウクライナ侵攻を受けた対ロシア経済制裁は、仮に戦争や武力衝突の直接の当事国によるものでなくても、国連憲章違反の「侵略」を認定した国連総会決議を根拠に、ロシアのウクライナ侵攻が他のいずれのWTO 加盟国にとっても「戦争その他の国際関係の緊急事態」を構成し、「自国の安全保障上の重大な利益」に関わると主張・立証することによって正当化される余地がある。他方で、こうした国連決議等がない場合に、どこかで戦争が始まれば、どの国であっても「戦時その他の国際関係の緊急時」であ

るとか、「自国の安全保障上の重大な利益」の保護のために必要であると主張し、いかなる制裁も正当化されるとまではいえない点にも同様に留意が必要である（後述 5 も参照）。

5.　GATT21 条 b 号柱書の「締約国が……保護のために必要と認める」措置

(1) 審査基準

上記 1(2) のロシア・通過運送制限パネルは、「信義誠実原則は問題の措置との関係でも適用される。問題の措置が主張された安全保障上の重大な利益との関係でもっとももらしさの最低限の要件 (a minimum requirement of plausibility) を満たすことが求められる。よって、本件措置が 2014 年緊急事態とあまりにかけ離れているか、無関係で (so remote from, or unrelated to)、ロシアがその緊急事態から生ずる安全保障上の重大な利益の保護のために当該措置を実施したとは信じられないかどうか審査しなければならない」と説示した[42]。

また、紛争解決機関により未採択ではあるが 1(3) のサウジアラビア・知的所有権事件パネル報告は、④両国間のやり取りを停止する包括的措置の一部として、サウジアラビアの法律事務所が知的財産権の民事的執行のためカタール人らを代理し、又はそれらとのやり取りすることを禁止する措置は、テロリズム及び過激思想の脅威からの自国の保護という利益との関係で、もっとももらしさの最低限の要件を満たす一方で[43]、サウジアラビアにおける海賊放送事業者によるカタール放送事業者の知的財産侵害に対する当局による刑事手続及び刑罰の不適用は、カタール人とのやり取りを停止する包括的措置と合理的又は論理的な関係はなく、同要件を満たさないと認定した[44]。

以上の先例は、GATT20 条 a 号、b 号及び d 号に関し適用されている必要性テスト（より貿易制限度の低い合理的に利用可能な代替措置があるか）の水準の厳しさには達しないものの[45]、従来の 21 条 b 号が完全なる自己判断 (self-judging) 規定であるとの理解を覆し、必要性についても一定の審査が及ぶことを示した。しかし、示された審査基準は、「もっとももらしさの最低限の要件を満たすかどうか」、安全保障上の重大な利益と措置があまりにかけ離れ、又は無関係であるかどうかである。この基準の下では、より貿易制限的でない代替措置の有無の審査ができず、GATT20 条 g 号の「関する (relating to)」につい

ての「目的と手段の密接かつ真正の関係（a close and genuine relationship of ends and means）」や20条b号等の必要性の予備的審査の段階における、「目的の達成に実質的に貢献するか（bring about a material contribution to the achievement of the objective）どうか」の基準に近いか[46]、それよりもより緩やかな審査となると考えられる。

(2) 対ロシア経済制裁に対する当てはめ

表7-3　日本の対ロシア経済制裁一覧（再掲）

	21条b号	制裁内容
1	(ii) + (iii)	国際的合意に基づく規制リスト品目の輸出禁止（工作機械、炭素繊維、化学兵器関連物品等）
2	(ii) + (iii)	軍事能力等の強化に資する汎用品の対ロシア輸出禁止（半導体、PC、通信機器等）
3	(ii) + (iii)	ロシア軍事関連団体（ロシア国防省、航空機メーカー等）に対する輸出禁止
4	(ii) + (iii)	ロシア向け先端的産品輸出禁止（量子コンピューター、3Dプリンター等）
5	(iii) > (ii)	**ロシアの産業基盤強化に資する物品（貨物自動車、ブルドーザー等）の輸出禁止**
6	(iii)	ロシア向け石油精製用装置等の輸出等の禁止
7	(iii)	ロシア向けぜいたく品の輸出禁止（高級自動車、宝飾品等）
8	(iii)	ロシア産石炭、機械類、一部木材、ウォッカ、金の輸入禁止
9	(iii)	ロシア向け最恵国待遇撤回（石油への関税引き上げを含む）

出典：筆者作成

　そうした基準に照らし、まず**表7-3**の対ロシア経済制裁のうち、1〜3の輸出禁止措置は、武器調達・製造を不可能にして、戦争を継続する能力を低下させるものであり、ロシアによる国連憲章違反の侵略を停止させるとの安全保障上の重大な利益とかけ離れているとはいえない。4についても2の汎用品と同様に分類可能であれば、同様な判断となろう。他方で**表7-3**の5のロシアの産業基盤強化に資する物品（貨物自動車、ブルドーザー等）の輸出禁止は、武器等に該当するとはいえず、また、直接的に戦費調達を不可能にする措置か疑問が残る。長期的にロシア経済を弱体化し、ひいては戦争継続能力を低下させるとの性格付けができるかどうかがポイントとなろう。この措置が唯一「もっともらしさの最低限の要件」を満たすかどうか判断が分かれうるもののように見える。

　次に、輸入禁止措置や最恵国待遇停止による関税引き上げも、石油・ガス

等の輸出による財政収入を断ち、戦費の調達を不可能にする措置であり、や
はりロシアによる国連憲章違反の侵略を停止させるとの安全保障上の重大な
利益とかけ離れているとはいえない。なお、禁輸対象輸入品の選択において、
石油は禁止するが、ガスは禁止しないといった産品間の取り扱いの違いも、(同
様に疫病のリスクのある牛肉と豚肉の間での不整合といった形で)衛生植物検疫措置
の適用に関する協定(SPS協定)5条5項の文脈では問題となり得ても、GATT21
条 b 号柱書の必要性に関する基準の下では、特に問題とならないであろう。

6. 制裁の終期

　(ii) の「武器……の取引に関する措置」を根拠条項とする制裁措置は、対象
産品が客観的に武器等に該当するかどうかによって適用範囲が画定されるた
め、終期は特に想定されていないようにも見えるが、b 号柱書の「自国の安
全保障上の重大な利益」の保護が必要でなくなった場合は、当然制裁は終了
すべきであろう。ただし、その必要性が消滅したかどうかの判断は、ロシア・
通過運送制限事件パネルによれば、一義的には発動国の裁量の範囲内である。
　他方で、日本の**表 7-3** 掲載の対ロシア経済制裁のうち 1 〜 3 は、従来の輸
出管理を、ウクライナ侵攻を受け、ロシアに対してだけ特に厳格にした側面
があり、その追加的な側面はむしろ (iii) を根拠規定として想定している可能
性がある。その場合、ウクライナ侵攻が終了すれば厳格化した部分は終了す
る必要性が生ずる。これに対し、4 は従来の輸出管理対象品を拡大する側面
とロシアに対して適用する両側面を有するが、基本的に (iii) を根拠規定とし
て想定しつつ、対象産品を拡大した側面は (ii) を根拠規定として想定してい
る可能性があり、ウクライナ侵攻が終わっても、ロシアだけでなく他国に対
しても適用される可能性がある。
　(iii) を根拠条項とする制裁措置は、「戦時その他の国際関係の緊急時」でな
くなったら終了すべきであると考えられる。終期の判断は上記1(2)のロシア・
通過運送制限事件パネルによれば、上記(ii)の終期と異なり客観的な判断に
服することになろう。では対ロシア経済制裁に関する「戦時」の終期は具体
的にいつと判断されるか。
　ウクライナはクリミア危機の発生した 2014 年から戦時であると考える可

能性は高く、ロシア・通過運送制限事件パネルもその当時からロシアとウクライナが「戦時その他の国際関係の緊急時」にあったと認定している。となると、今回ウクライナが発動した全面的禁輸措置はクリミア半島奪還まで継続することが可能と判断される可能性が高い。他方、ウクライナ以外の、特に2022年3月2日の国連緊急特別総会決議（ES11/1）の「侵略」認定を援用して制裁を正当化しようとする国々の場合、その「侵略」の終了が制裁措置の終期を決定すると考えるのが適切だろう。同決議は、2022年2月24日のロシアによるウクライナ侵攻をきっかけになされたものであることから、同侵攻が停止し、同日以前の状況に戻れば終期であるとの理解もありうる。しかし、同決議がロシアに対し国際的に認められた国境内のウクライナ領域から軍隊を即時、完全かつ無条件で撤退することを要求していることを重視すると[47]、クリミア半島の併合が継続される間は「侵略」が終了していないとの理解も同様に成り立ちうる。

おわりに——GATT21条各要件間の相互作用——

① 本稿は、WTO紛争解決手続においては適用される条文はあくまで対象協定であり、国家責任条文が直接適用されないことを前提に[48]、その趣旨をGATT21条解釈においても参照する手法の可能性を探るとともに、最近のWTO先例が指摘したGATT21条の安全保障例外が濫用されないよう歯止めをかける必要性にも留意した解釈論を展開した。

② 米中の「戦略的競争」に加え[49]、今回のロシア侵攻も受け、国連安全保障理事会の機能不全が鮮明となり、GATT21条c号の援用可能性が低下している現在、同条b号(ⅲ)を緩やかに解釈する要請はますます高まっていると言える。その文脈で、本稿が試論的に展開した国連総会決議の（義務付けでなく）事実認定機能を重視した解釈論は一定の理論的かつ実務的な価値を有すると期待する。

③ GATT21条b号(ⅲ)の戦争その他の国際関係の緊急事態を戦争や武力衝突から離れた事態も含め幅広く主張するのであれば、その分、同条b号柱書の要件審査が厳しくなる。この点はロシア・通過運送制限パネルが既に「問

題の状況が武力衝突等から遠ければ遠いほど安全保障上の重大な利益をより明確化する要請が高まる」といった形で説示している。よって、武力衝突等の直接の当事国でない国が b 号を援用する場合、その分、少なくとも b 号柱書要件の審査が厳しくなると考えられる。或いはサウジアラビア・知的所有権事件パネルに依拠すると、b 号柱書要件の審査に入る前の「国際関係の緊急」事態の認定段階で、同事態が措置発動国＝ b 号 (iii) 援用国の「安全保障上の重大な利益」と関係することの立証を求められることとなる。

　④ 同様に 21 条 b 号 (ii) の「武器」等を幅広く主張するのであれば、その分、b 号柱書要件の審査が厳しくなりうる。この点、ロシア・通過運送制限パネルは直接的に説示していないが、同パネルから、このように類推することが可能であろう（**表 7-3** の 5）。

　⑤ 最後に、本稿では制裁措置の正当化根拠を GATT21 条 b 号 (ii) 又は (iii) のいずれに求めるか、及び (iii) の「戦時その他の国際関係の緊急時」をどのような基準で判定するかによって制裁の終期に関する判断基準が変わってくる可能性についても検討した。この点はあくまで試論的な検討に過ぎないが、今後、安全保障例外の援用事例が増えると予想される中、制限措置を解除すべき時期に関する検討の重要性は高まると考えられることから、議論の活発化に資することを期待する。

［注記］

　本章におけるインターネット情報の最終アクセス日は 2022 年 11 月 22 日である。再校段階で Panel Report, *US - Origin Marking (Hong Kong, China)*, WT/DS597/R に触れたが本文に反映できていない。

注

1　Letter of the Permanent Representative of Ukraine to the Chairman of the WTO's General Council, 2 March 2022 (notifying the decision to impose a complete economic embargo, "consistent with its national security rights under, inter alia, Article XXI of the GATT 1994, Article XIVbis of the GATS, and Article 73 of the TRIPS Agreement").

2　例えば、オーストラリアのアルミナおよびアルミニウム鉱石のロシアへの輸出禁止、ロシア産原油、ロシア産原油、石油製品、天然ガス、石炭の輸入禁止（2022 年 4 月 25 日発効）、宝飾品、高級車、タバコ製品、ワインなど、27 種類の高級

贅沢品のロシアへの輸出禁止（2022 年 4 月 7 日発効）。「オーストラリアとニュー
ジーランドの対ロシア制裁措置」（7 April 2022）at https://www.standard-club.com/ja/
knowledge-news/australian-and-new-zealand-sanctions-targeting-russia-4289/.

3　例えば、ロシアからの輸入品全てに 35％の関税を発動し、既存の輸出禁止措
置の対象をロシアの戦略的産業と密接に関連する工業製品に拡大（2022 年 4 月 22
日発効）。New Zealand Foreign Affairs and Trade, Russia Sanctions, at https://www.mfat.
govt.nz/en/countries-and-regions/europe/ukraine/russian-invasion-of-ukraine/sanctions.

4　今回の制裁の対象国には、ロシアに対する支援国ベラルーシ及びドネツク・ル
ハンスク両人民共和国（自称）も含まれるが、いずれも WTO 加盟国ではないた
め検討対象から除外する。

5　国際銀行間通信協会（SWIFT）はベルギーの協同組合であり、ベルギー法及び
EU 法に従う。詳細については、本書第 5 章（中谷和弘執筆）参照。SWIFT から
のロシア銀行の排除は、G7 で合意したものの発動国は EU のみと考えることが
できる。同排除の WTO 上の評価は難しいが、間接的な物品の輸出入制限を構成
しているとして GATT11 条 1 項違反、サービス約束に関わる部分は GATS11 条 1
項（支払及び資金の移動）違反等を構成する可能性がある。本稿では、紙幅の制
限があり、これ以上検討しない。GATS11 条 1 項（「加盟国は、次条に規定する場
合を除くほか、自国の特定の約束に関連する経常取引のための国際的な資金移
動及び支払に対して制限を課してはならない。」）。

6　投資禁止については、本書第 9 章（玉田大執筆）参照。

7　以上の措置については次のウェブサイトを参照。首相官邸「ロシアによるウ
クライナ侵略を踏まえた対応について」, at https://www.kantei.go.jp/jp/headline/
ukraine2022/index.html; 経済産業省「対ロシア等制裁関連」, at https://www.meti.go.jp/
policy/external_economy/trade_control/01_seido/04_seisai/crimea.html; 経済産業省「ロ
シア等によるウクライナの侵略をめぐる国際情勢に関連した経済産業省による支
援策・措置（2022 年 10 月 7 日時点）」, at https://www.meti.go.jp/ukraine/index.html.

8　詳細については、川瀬剛志「ロシア排除が進む WTO 体制－米国・同盟国によ
る最恵国待遇（MFN）の停止－」RIETI Special Report（2022 年 3 月 14 日）at https://
www.rieti.go.jp/jp/special/special_report/152.html.

9　GATT1 条 1 項（「いずれかの種類の関税及び課徴金で、輸入若しくは輸出につ
いて若しくはそれらに関連して課され、又は輸入若しくは輸出のための支払手段
の国際的移転について課せられるものに関し、それらの関税及び課徴金の徴収の
方法に関し、輸入及び輸出に関連するすべての規則及び手続に関し、並びに第三
条 2 及び 4 に掲げるすべての事項に関しては、いずれかの締約国が他国の原産の
産品又は他国に仕向けられる産品に対して許与する利益、特典、特権又は免除は、

他のすべての締約国の領域の原産の同種の産品又はそれらの領域に仕向けられる同種の産品に対して、即時かつ無条件に許与しなければならない。」）。

10　GATT11 条 1 項（「締約国は、他の締約国の領域の産品の輸入について、又は他の締約国の領域に仕向けられる産品の輸出若しくは輸出のための販売について、割当によると、輸入又は輸出の許可によると、その他の措置によるとを問わず、関税その他の課徴金以外のいかなる禁止又は制限も新設し、又は維持してはならない。」）。

11　*See e.g.*, Panel Report, *United States — Certain Measures on Steel and Aluminium Products*, WT/DS544/R, 9 December 2022.

12　Panel Report, *Russia — Measures Concerning Traffic in Transit*, WT/DS512/R adopted 26 April 2019. 邦文での解説として、川瀬剛志「ロシア・貨物通過事件パネル報告書－米国・232 条紛争の行方と WTO 体制への影響－」RIETI Special Report（2019 年 4 月 9 日）, at https://www.rieti.go.jp/jp/special/special_report/104.html. 及び同「【WTO パネル・上級委員会報告書解説㉛】ロシア－貨物通過に関する措置（DS 512）－安全保障例外（GATT21 条）の射程－」RIETI Policy Discussion Paper 20-P-004（2020 年）, at https://www.rieti.go.jp/jp/publications/summary/20020017.html.

13　Panel Report, *Saudi Arabia – Measures concerning the Protection of Intellectual Property Rights*, WT/DS567/R, 16 June 2020 (unadopted). 邦文での解説として、川瀬剛志「サウジアラビア・知的財産権保護措置事件パネル報告－カタール危機と WTO の安全保障条項－」RIETI Special Report（2020 年 7 月 14 日）, at https://www.rieti.go.jp/jp/special/special_report/120.html.

14　国際連合憲章第 39 条（「安全保障理事会は、平和に対する脅威、平和の破壊又は侵略行為の存在を決定し、並びに、国際の平和及び安全を維持し又は回復するために、勧告をし、又は第 41 条及び第 42 条に従っていかなる措置をとるかを決定する。」）及び第 41 条（「安全保障理事会は、その決定を実施するために、兵力の使用を伴わないいかなる措置を使用すべきかを決定することができ、且つ、この措置を適用するように国際連合加盟国に要請することができる。この措置は、経済関係及び鉄道、航海、航空、郵便、電信、無線通信その他の運輸通信の手段の全部又は一部の中断並びに外交関係の断絶を含むことができる。」）参照。

15　Panel Report, *Russia —Traffic in Transit*, *supra* note 12, para. 7.77. なお、次のパネル報告は、GATT21 条 b 号 (iii) 援用事案において初めて同条項援用国の主張する状況が「戦争その他の国際関係の緊急事態」を構成しないと認定した。*Panel Report, US — Steel and Aluminium Products (China)*, supra note 11, para. 7.148.

16　Panel Report, *Russia —Traffic in Transit*, *supra* note 12, para. 7.76. さらに同段落に付された注 152 は、このパネルの解釈が、米国が GATT21 条に引き継がれた国際貿易憲章の規定を提案し、「国際関係の緊急」事態に触れるに当たり、1939 年から

1941 年の間（米国が第 2 次世界大戦にいまだ参戦していなかったが、安全保障上の重大な利益の保護のために一定の措置を執ることが必要である考えた時期）に存在した状況を特に念頭に置いていたとの起草作業と整合的であると説示していることに留意が必要である。

17　Panel Report, *Russia —Traffic in Transit*, *supra* note 12, para. 7.123.

18　Panel Report, *Saudi Arabia – IPRs*, *supra* note 13, paras. 7.257, 7.258, 7.263.

19　Michael N. Schmitt, "Providing Arms and Materiel to Ukraine: Neutrality, Co-Belligerency, and the Use of Force," 7 March, 2022, at https://lieber.westpoint.edu/ukraine-neutrality-co-belligerency-use-of-force/. *See also* Marko Milanovic, "The United States and Allies Sharing Intelligence with Ukraine," EJIL: Talk!, 9 May, 2022, at https://www.ejiltalk.org/the-united-states-and-allies-sharing-intelligence-with-ukraine/.

20　「ロシアの周辺国がロシアの武力侵攻をその言動から現実の脅威として強く認識している以上、ロシアに対する輸出入禁止や最恵国待遇の撤回を同条の安全保障のための例外として説明することは十分可能」として、「ロシアの周辺国」による 21 条 b 号 (iii) の援用を支持する見解として、中谷和弘「ロシアに対する経済制裁」『ジュリスト』1575 号（2022 年）115 頁。

21　これ以外にも、ミサイルの着弾のリスクや避難民の流入による影響も「高度の緊張若しくは危機」又は「国を取り巻く若しくは巻き込む一般的な不安定」とみなす理由となりうる。

22　この考え方のみに依拠すれば、1982 年フォークランド紛争（英国対アルゼンチン紛争）時の EEC 加盟国全体は当事国とみなせるが、カナダ及びオーストラリアは正当化が困難となる。ただし、後述 4 及び注 39 も参照。物の貿易以外に関する制裁については EU と加盟国が共管する事項もあるため、判断は本文に述べたよりも複雑化する可能性はある。

23　*Guide to GATT Law and Practice: Analytical Index*, Updated 6th ed. 1995, p. 605.

24　以下の文献は、そうした文言解釈に基づいているか明らかではないが、援用国は戦争当事国である必要はないと明言している。Timothy Meyer and Todd N. Tucker, "There are two ways to kick Russia out of the world trade system. One is more likely to work. Would WTO members change the rules?" *Washington Post*, 11 March, 2022, at https://www.washingtonpost.com/politics/2022/03/11/russia-wto-penalize-ukraine-conflict/.

25　Panel Report, *Saudi Arabia – IPRs*, *supra* note 13, paras. 7.257, 7.258, 7.263.

26　Panel Report, *Russia —Traffic in Transit*, *supra* note 12, paras. 7.128-7.131.

27　*Ibid.*, paras. 7.132-7.133.

28　*Ibid.*, paras. 7.134-7.135.

29　*See* Prabhash Ranjan, "Russia-Ukraine War and WTO's National Security Exception," *For-*

eign Trade Review, 2022, p. 8.

30　国際連合憲章 2 条 4 項（「すべての加盟国は、その国際関係において、武力による威嚇又は武力の行使を、いかなる国の領土保全又は政治的独立に対するものも、また、国際連合の目的と両立しない他のいかなる方法によるものも慎まなければならない。」）。

31　*Barcelona Traction, Light and Power Co. Ltd (Belgium v. Spain)*, ICJ Reports 1970, p. 32, paras. 33-34.

32　Government of Canada, Canada cuts Russia and Belarus from Most-Favoured-Nation Tariff treatment, 3 March 2022（"Russia's invasion of Ukraine … is a violation of international law and threat to the rules-based international order. Canada is taking further action to ensure those who do not support the rules-based international order cannot benefit from it."）, at https://www.canada.ca/en/department-finance/news/2022/03/canada-cuts-russia-and-belarus-from-most-favoured-nation-tarifftreatment.html.

33　Executive Order on Prohibiting Certain Imports and New Investments with Respect to Continued Russian Federation Efforts to Undermine the Sovereignty and Territorial Integrity of Ukraine, 8 March, 2022（"finding that the Russian Federation's unjustified… war against Ukraine, including its recent further invasion in violation of international law, including the United Nations Charter, further threatens the peace, stability, sovereignty, and territorial integrity of Ukraine, and thereby constitutes an unusual and extraordinary threat to the national security and foreign policy of the United States."）

34　本文の主張に近い意見として、次を参照。Ranjan, *supra* note 29, p. 9; David Collins, "The WTO's Essential Security Exception and Revocation of Russia's Most Favoured Nation Status following the Invasion of Ukraine," City Law Forum, 15 March, 2022（A Member's essential security interests probably also include the respect for all internationally recognized borders and the prohibition of territorial acquisition by military force.）, at https://blogs.city.ac.uk/citylawforum/2022/03/15/the-wtos-essential-security-exception-and-revocation-of-russias-most-favoured-nation-status-following-the-invasion-of-ukraine/. また、WTO 法上の検討でないが、侵略に対する制裁が国際法上の「対抗措置」として違法性が阻却されることを示唆するものとして、中谷「前掲論文」（注 20）115 頁。

35　こうした認定に関し、ロシア・通過運送制限事件パネルは非常に慎重な姿勢を示していた。Panel Report, *Russia ─Traffic in Transit, supra* note 12, paras. 7.5（"It is not this Panel's function to pass upon the parties' respective legal characterizations of those events, or to assign responsibility for them, as was done in other international fora. At the same time, the Panel considers it important to situate the dispute in the context of the existence of these events."）and 7.121（"it is not relevant to this determination which actor or actors bear international responsibility for the existence of this situation to which Russia refers. Nor is it necessary for the Panel to characterize the situation between Russia and Ukraine under international law in general.").

36 GATT21条の安全保障例外の援用の権利を尊重すべきという方向ではあるが、GATTの政治的問題を取り扱う権限を否定する、イスラエルに対するアラブボイコット時のアラブ首長国連邦及びフォークランド紛争時のカナダの主張として以下参照。*Guide to GATT Law and Practice, supra* note 23, pp. 602 ("In view of the political character of this issue, the United Arab Republic did not wish to discuss it within GATT."), and 600 ("Canada was convinced that the situation which had necessitated the measures had to be satisfactorily resolved by appropriate action elsewhere, as *the GATT had neither the competence nor the responsibility to deal with the political issue* which had been raised.") (emphasis added).

37 *See e.g.*, Appellate Body Report, *United States — Import Prohibition of Certain Shrimp and Shrimp Products*, WT/DS58/AB/R adopted 8 November 1998, para.132 (confirming the exhaustibility of sea turtles by referring to the fact that all of the seven recognized species of sea turtles are today listed in Appendix 1 of the Convention on International Trade in Endangered Species of Wild Fauna and Flora ("CITES")). *See also* Panel Report, *Russia – Traffic in Transit*, *supra* note 12, para. 7.122 (confirming an emergency in international relations by referring the recognition by the United Nations General Assembly that the situation between Ukraine and Russia was involving armed conflict.).

38 Resolution adopted by the General Assembly on 2 March 2022, ES-11/1, Aggression against Ukraine ("Condemning the decision of the Russian Federation to increase the readiness of its nuclear forces," "2. Deplores in the strongest terms the aggression by the Russian Federation against Ukraine in violation of Article 2 (4) of the Charter"). カナダの対ロシア制裁を念頭に、同決議に依拠してGATT21条b号 (iii) の正当化が可能とするものとして次を参照。Valerie Hughes, *et al.*, "Russia Will Challenge Economic Sanctions at the WTO," Bennett Jones Blog, 22 March, 2022, at https://www.bennettjones.com/Blogs-Section/Russia-Will-Challenge-Economic-Sanctions-at-the-WTO. 同文献は同決議中の「戦争の惨害からこの世代を救うために緊急の行動が必要である (urgent action is needed to save this generation from the scourge of war)」との文言も根拠となるとも主張する。

39 1982年のフォークランド紛争時に英国以外の各国が対アルゼンチン制裁の正当化に際し援用した安全保障理事会決議は、アルゼンチン軍の侵入 (invasion) の報に心を乱されているとし、フォークランド諸島 (マルビナス諸島) の地域に「平和の破壊 (a breach of the peace)」が存在する旨決定し、敵対行為の即時停止、アルゼンチン軍の即時撤退及び両国による外交的な解決を要求している。UN Security Council, Resolution 502 (1982) of 3 April 1982. 「侵略」の認定と「平和の破壊」の認定の違いについては、山本草二『国際法【新版】補訂』(有斐閣、1997年) 719-720頁。同決議は「侵略」との文言こそ使っていないが、「平和の破壊」を認定している。両

者は対世的義務である武力行使禁止原則の違反という意味では異ならない。本文の考え方に従えば、EEC 加盟国以外のカナダ及びオースラリアの対アルゼンチン制裁を同安保理決議を根拠に 21 条 b 号 (iii) で正当化する余地がある。

40　特にインドは、GATT 時代に、安全保障理事会決議がない場合は、貿易制限措置が一方的又は恣意的になり、多角的貿易体制を損なう重大なリスクがあると批判していた。*Guide to GATT Law and Practice, supra* note 23, pp. 608 ("India did not favour the use of trade measures for non-economic reasons. Such measures should only be taken within the framework of a decision by the United Nations Security Council. In the absence of such a decision or resolution, there was a serious risk that such measures might be unilateral or arbitrary and would undermine the multilateral trading system"). また、今回の対ロシア経済制裁を念頭においた同様の批判として、2022 年 11 月 1 日の上海協力機構首脳理事会共同声明も参照。Joint communiqué following the 21st meeting of the SCO Heads of Government (Prime Ministers) Council, 1 November 2022 ("(Unilateral economic sanctions, other than the sanctions approved by the UN Security Council, are inconsistent with the principles of international law and adversely affects third countries and international economic relations.").

41　Panel Report, *Russia – Traffic in Transit, supra* note 12, para. 7.122.

42　Panel Report, *Russia – Traffic in Transit, supra* note 12, paras. 7.138-7.139.

43　Panel Report, *Saudi Arabia – IPRs, supra* note 13, paras. 7.284-7.288.

44　*Ibid.*, para. 7.289.

45　Appellate Body Report, *Brazil — Measures Affecting Imports of Retreaded Tyres*, WT/DS332/AB/R adopted 17 December 2007, para. 159.

46　Appellate Body Report, *US — Shrimp, supra* note 37, para. 136; Appellate Body Report, *Brazil —Retreaded Tyres, supra* note 45, para.151.

47　ES11/1, *supra* note 38, para. 4 ("4. Also demands that the Russian Federation immediately, completely and unconditionally withdraw all of its military forces from the territory of Ukraine within its internationally recognized borders").

48　WTO 補助金協定 1.1 条 (a)(i) における「公的機関」の解釈に関し、国際連合国際法委員会の国家責任条文がウィーン条約法条約 31 条 3 項 (c) における「関連規則」として参照された事例として以下参照。Appellate Body Report, *United States — Definitive Anti-Dumping and Countervailing Duties on Certain Products from China*, WT/DS379/AB/R adopted 25 March 2011, paras. 304-322.

49　米中の戦略的競争を受けた国際経済法上の課題については、川島富士雄「米中の戦略的競争と国際経済法の構造的変容」『日本国際経済法学会年報』31 号（2022年）141 頁以下。

第8章　対ロシア経済制裁措置の WTO 法上の評価
——第三当事国対抗措置に関する慣習国際法による正当化の可能性——

平　覚

はじめに

ウクライナに侵攻したロシアに対して、G7 諸国をはじめとする多くの WTO 加盟国が経済制裁を発動した。その内容は貿易、投資、金融など広範な分野に及ぶが、とくに貿易については特定物品およびサービスの輸出入の禁止ならびに制限のほかロシアの物品およびサービスに対する最恵国待遇の停止といった包括的な措置が含まれている[1]。本来 WTO 協定に違反するこれらの措置をとるにあたり、発動国の多くは、「自国の安全保障上の重大な利益の保護のために必要であると認める」措置という表現を用いており[2]、これらの措置が WTO 協定[3]に含まれるいわゆる「安全保障例外」により正当化されると考えているようである[4]。そのような安全保障例外の典型的な規定は、1994 年の関税及び貿易に関する一般協定（GATT）第 21 条の次のような規定である[5]。

「第 21 条　安全保障のための例外

　この協定のいかなる規定も、次のいずれかのことを定めるものと解してはならない。

　(a)　締約国[6]に対し、発表すれば自国の安全保障上の重大な利益に反するとその締約国が認める情報の提供を要求すること。

　(b)　締約国が自国の安全保障上の重大な利益の保護のために必要であると認める次のいずれかの措置を執ることを妨げること。

　　(i)　核分裂性物質又はその生産原料である物質に関する措置

　　(ii)　武器、弾薬及び軍需品の取引並びに軍事施設に供給するため

　　　直接又は間接に行われるその他の貨物及び原料の取引に関する措
　　　置
　（iii）　戦時その他の国際関係の緊急時に執る措置
　(c)　締約国が国際の平和及び安全の維持のため国際連合憲章に基く
　　　義務に従う措置を執ることを妨げること。」

　この安全保障例外について、2019 年のロシア・通過運送事件で WTO の紛
争解決小委員会（パネル）は、歴史上初めて GATT 第 21 条 (b) 項 (iii) 号の解釈
と適用を行い、その援用要件を明らかにした[7]。さらに、その翌年には、サウ
ジアラビア・知的所有権事件で同事件のパネルが、TRIPS 協定の安全保障例
外である第 73 条 (b) 項 (iii) 号の解釈と適用を行い、ロシア・通過運送事件の
パネルが示した援用要件をほぼ全面的に支持した[8]。

　しかしながら、これらの先例によって明らかにされた安全保障例外の援用
要件は、従来 WTO 加盟国が考えてきたものより予想以上に厳格なものであ
り、実際に安全保障例外を援用できる場合はかなり限定されるようにみえ
る。したがって、対ロシア措置をとったすべての WTO 加盟国が、この例外
を援用して自国の措置を正当化できるかは必ずしも定かではない。本章では、
WTO の紛争解決手続において、ロシアがこれらの措置を WTO 協定違反で
あると主張し申立てを行った場合に[9]、一部の加盟国については安全保障例外
が援用できないことを想定し、そのような加盟国がなお慣習国際法上の対抗
措置の法理を援用し自国の措置を正当化することはできないかという問題を
考察する。

I．対ロシア措置の安全保障例外による正当化の可能性

1．GATT 第 21 条 (b) 項 (iii) 号の援用要件

　各国の対ロシア措置は国連安全保障理事会による決議に基づく国連憲章第
7 章の義務的な制裁措置としてとられたものではないため、たとえば産品の
貿易制限措置については上記の GATT 第 21 条 (c) 項に基づき正当化するこ
とはできない。そこで、措置発動国はこれらの措置を同条 (b) 項に基づき正
当化する必要がある。実際、措置発動国は、上述のようにそれらの措置を同

条(b)項の柱書の文言である「自国の安全保障上の重大な利益の保護のために必要であると認める」措置と表現しており[10]、(b)項による正当化の可能性を前提としているようにみえる。しかし、同項(i)号および(ii)号はより限定された物品についてかつより限定された状況でのみ援用可能であり、これらの各号を援用できない措置、とりわけロシア原産の産品一般に対して最恵国待遇の許与を停止するような包括的な措置については同項(iii)号を援用して正当化する必要があるであろう。ここでは、そのような正当化の可能性を検討するために、まず、上述のロシア・通過運送事件のパネルが判示した(iii)号の援用要件を確認する。

　本件で、申立国であるウクライナは、同国からの第三国向け輸出について陸路および鉄道によるロシア領の通過運送に対するロシアのさまざまな制限および禁止措置が「通過の自由」を定めるGATT第5条などに違反すると主張した[11]。これに対して、ロシアは、当該措置はクリミア危機など2014年の国際関係の緊急時にとった自国の安全保障上の重大な利益の保護のために必要な措置であるとしてGATT第21条(b)項(iii)号を援用し、この規定が完全な「自己判断条項」であるという解釈に基づきパネルの管轄権を否定した[12]。

　本件のパネルはまず、(b)項全体について、この規定の論理構造を考慮すると、(b)項の各号は、明らかに柱書の下で加盟国に与えられた裁量権の行使を各号が規定する事情の下で認めかつ限定する機能を有すると述べる[13]。そして、(iii)号については、「時に執る (take in time of)」という文言は当該措置が戦争その他の国際関係の緊急事態の「間に (during)」とられることを要求し、この同時性は客観的事実であり客観的決定に服しうると述べ[14]、また「戦争」の存在は、「国際関係の緊急事態」という広範なカテゴリーの一つの特徴的な例であり、やはり明らかに客観的に決定できるとする[15]。さらに、「国際関係の緊急事態」は、一般に「武力紛争、潜在的な武力紛争、高度の緊張もしくは危機または国家を巻き込むもしくはその周辺で発生した全般的に不安定な状況」を指し、「防衛上もしくは軍事上の利益または法および公共の秩序を維持する利益」といった措置発動国の特別な種類の利益を生じる状況であり[16]、やはり客観的事態であると述べる[17]。

　こうしてパネルは、(iii)号の要件について、①「戦時その他の国際関係の

緊急事態」の存在を確立すること、および②当該措置が戦時その他の国際関係の緊急「時に執られる」こととし、それぞれの要件の意味を明らかにした。パネルは同時に、これらの要件が満たされているかどうかは客観的事実の決定でありかつ客観的決定に服することから、パネルがそれを決定する管轄権を有すると判示した[18]。

　パネルは次に、(b) 項柱書における「安全保障上の重大な利益」は、明らかに「安全保障上の利益」よりも狭い概念であり、一般に「国家の本質的な機能、すなわち、国外の脅威からの自国の領域および住民の保護ならびに国内の法と秩序の維持に関連する利益」を指すものと理解されるとする[19]。そして、そのような利益は、当該国家の特定の状況および認識に依存し、事情の変更とともに変化すると予想されるため、自国の安全保障上の重大な利益と考えるものを定義するのは一般に各加盟国に委ねられると述べる[20]。

　しかし、パネルは、特定の関心事項を「安全保障上の重大な利益」と指定する加盟国の裁量は、(b) 項 (iii) 号を誠実に (in good faith) 解釈し適用する加盟国の義務によって制限され[21]、さらにこの義務は、「国際関係の緊急事態から生じていると主張される安全保障上の重大な利益をその真正さ (veracity) を十分に証明するように明確化する」義務を伴うと述べる[22]。パネルは、この明確化の程度についても、加盟国が援用する「国際関係の緊急事態」がより典型的なものでなければないほど、すなわち、武力紛争または法と秩序の崩壊状況から遠く離れるほど、防衛上もしくは軍事上の利益または法と秩序を維持する利益がより不明確となり、そのような場合には、加盟国はその安全保障上の重大な利益をより一層特定的に明確化する必要があるとする[23]。パネルによれば、誠実義務はさらに、当該措置が主張される安全保障上の重大な利益との関係で最小限の「相応性 (plausibility)」の要件を満たすこと、すなわち、当該措置がこれらの利益を保護する措置として相応しくないものではないことを要求するとされる[24]。そして、最後に、パネルは、(b) 項柱書の文言から、自国の安全保障上の重大な利益の保護のために当該措置の「必要性」を決定するのは当該措置をとる加盟国であるという結論が論理必然的に導かれると述べる[25]。

　したがって、(b) 項柱書について、パネルは、「安全保障上の重大な利益」

および当該措置の「必要性」の判断は援用国の裁量に委ねられるが、要件として③援用国は国際関係の緊急事態から生じていると主張される安全保障上の重大な利益をその真正さを十分に証明するように明確化すること、および④当該措置が主張される安全保障上の重大な利益との関係で最小限の相応性を満たすこと、が必要であることを明らかにした。

　本件パネル報告書は、2019年4月26日にWTO紛争解決機関で採択されており、GATT第21条(b)項(iii)号について初めて援用要件を明らかにした先例的価値を有する[26]。翌年のサウジアラビア・知的所有権事件のパネルはこの先例が示した援用要件をほぼ全面的に採用して判断を下している[27]。

2.　対ロシア措置の GATT 第 21 条 (b) 項 (iii) 号の援用よる正当化の可能性

　各国の対ロシア措置の中にはさまざまな内容が含まれ、一部の物品に対する貿易制限については確かにGATT第21条(b)項(i)号または(ii)号を援用して正当化することが可能であろう。しかし、上述のように、ロシア原産の物品一般に対して最恵国待遇の許与を停止する包括的な措置については(iii)号を援用して正当化することが可能かどうかが問題になる。

　本章は、この問題を詳細に検討しようとするものではないが、上述のロシア・通過運送事件パネルが示した①〜④の援用要件のうちの少なくとも次の2点について充足上の問題を指摘したい。

　第1に、①「戦時その他の国際関係の緊急事態」の存在を確立することという要件については、措置発動国についてとくに「国際関係の緊急事態」の客観的存在を確立できるのかが問題になる。上述のロシア・通過運送事件パネルによれば、一般に「武力紛争、潜在的な武力紛争、高度の緊張もしくは危機または国家を巻き込むもしくはその周辺で発生した全般的に不安定な状況」で、かつ「防衛上もしくは軍事上の利益または法および公共の秩序を維持する利益」といった措置発動国の特別な種類の利益を生じる客観的状況の存在を確立しなければならない。ロシア・通過運送事件およびサウジアラビア・知的所有権事件では、申立国と被申立国が直接の紛争当事国であったことから被申立国にとってこの①の要件の充足は容易であったと思われる。①の要件が、申立国と被申立国は直接の紛争当事国でなければならないという

ことを意味するものではないとしても、紛争当事国ではない第三国がこの要件を充足できる場合はより限定されるであろう。対ロシア措置の発動国の中には、紛争の第三国として事態が自国にとって高度の緊張または危機をもたらし防衛上または軍事上の利益を脅かすほどの客観的状況であることを説得的に立証することがより困難な国も存在すると思われる。なお、この点に関連し、とくにロシアが措置発動国に対して核攻撃の威嚇を行なっていることを理由にこの①の要件の充足は困難ではないとする見方もあるが、核の脅威の程度についてもより詳細に検討する必要があるように思われる[28]。

　第 2 に、③援用国は国際関係の緊急事態から生じていると主張される安全保障上の重大な利益をその真正さを十分に証明するように明確化することという要件についても、①の要件と同様の問題が指摘できる。ロシア・通過運送事件パネルは、「安全保障上の重大な利益」の存在については援用国の裁量に委ねられる主観的な利益であるとしながらも、その内容は一般に「国家の本質的な機能、すなわち、国外の脅威からの自国の領域および住民の保護ならびに国内の法と秩序の維持に関連する利益」であるという限定を付している。このような利益は、①の要件における「防衛上もしくは軍事上の利益または法および公共の秩序を維持する利益」と重複すると思われ、結局、③の要件の充足は、援用国によって主観的に構成された「安全保障上の重大な利益」を明確化することによっていかに①の要件における客観的な利益に接近させることができるかにかかっているように思われる。措置発動国の中には、自国の安全保障上の重大な利益の保護のためにというよりも、むしろロシアの行動を「民主的な主権国家に対するいわれのない計画的な攻撃であり、国際法、国連憲章および国際の平和と安全に関する基本原則のはなはだしい違反である」[29]として非難するために措置を発動したという国も存在するように思われる。そのような国にとって、この③の要件の充足が可能かは疑わしい。

　このようにして、ロシア・通過運送事件パネルが明らかにした GATT 第 21 条 (b) 項 (iii) 号の援用要件は必ずしも容易に充足できるような要件ではなく、対ロシア措置をとった国がすべてこの例外を援用できるようには思われない。そのため、そのような国については、安全保障例外以外の方法で正当化できないかが問題となる。本章では、そのような方法として慣習国際法上

の対抗措置の援用可能性を検討したい。

Ⅱ．慣習国際法上の対抗措置と第三当事国対抗措置

1．慣習国際法上の対抗措置

　慣習国際法上の対抗措置とは、国際違法行為に責任を負う国に対して被侵害国が自国の権利の執行のためにとる国際違法行為であり、その違法性が阻却されるものをいう。2001年の国連国際法委員会（ILC）の「国際違法行為に対する国家責任に関する条文（国家責任条文）」[30]は、国際慣習法を法典化するものとされるが、その第22条は、「国際違法行為に対する対抗措置」について、「他の国に対する国際義務に一致しない国の行為の違法性は、その行為が当該他の国に対する……対抗措置を構成する場合にはその限度で阻却される」と規定する。紛争の法的解決がいまだ必ずしも担保されていない非集権的な国際社会における独特の制度として伝統的に認められてきた一方的な自助の手段であり、国際法の執行と規範的完全性の確保を可能にしかつ強化するものである[31]。

　対抗措置は、他国の行為によって被害を被ったと主張する国が当該行為の違法性を自ら主観的に判断するため濫用される危険がある。このため国家責任条文は、「対抗措置」と題する第3部第2章で対抗措置が濫用されないためのセーフガードとして一定の条件を明記している。第49条から第53条に規定される主な条件は次のようなものである。

　第1に、被侵害国は、国際違法行為に責任を有する国に対して違法行為の停止や侵害の賠償の義務に従うように促すためにのみ対抗措置をとることができる（第49条1項）。第2に、被侵害国は、責任国に違法行為の停止や侵害の賠償の義務を履行するよう要請し、対抗措置をとる決定を通告および責任国との交渉を提案しなければならない（第52条1項）。第3に、対抗措置は、被侵害国が責任国に対して負う国際義務を当分の間履行しないことに限られ、できる限り、関連する義務の履行を回復できるような方法でとられなければならない（第49条2項および3項）。第4に、対抗措置は、国際違法行為の重大性および関連する権利を考慮して、被った侵害と均衡するものでなければ

ならない（第 51 条）。第 5 に、武力による威嚇または武力の行使による対抗措置は禁止され、さらに、対抗措置は、基本的人権の保護に関する義務、復仇を禁止する人道的性格の義務および慣習国際法の強行規範に基づく義務に影響を及ぼしてはならない（第 50 条 1 項）。第 6 に、対抗措置をとる国は、当該国と責任国との間で適用可能なあらゆる紛争解決手続に基づく義務を免れない（第 50 条 2 項）。第 7 に、対抗措置は、国際違法行為が停止され、または紛争が当事国を拘束する決定を行う権限をもつ裁判所に係属しているときはとることができず、既にとっている場合には不当に遅延することなく停止しなければならない（第 52 条 3 項）。

2. 第三当事国対抗措置

　上述の国家責任条文における対抗措置は、国際違法行為の直接の被侵害国の権利として規定されている。しかし、国家責任条文第 48 条 1 項は、「被侵害国以外の国による責任の援用」について規定し、被侵害国以外のいかなる国も、違反のあった義務が「当該国を含む国の集団に対して負う義務であってかつその集団の集団的利益を保護するために設けられたものであるとき」、または「国際社会全体に対して負う義務であるとき」、他の国の責任を援用する権利を有すると規定している。いわゆる「（当事国間）対世的義務（obligations erga omnes（partes））」の違反について直接の被侵害国以外の国が責任を援用する権利を認めるものである。これに対応して、国家責任条文第 54 条も「被侵害国以外の国がとる措置」について次のように規定する。

　　　「この章は、第 48 条 1 に基づいて他の国の責任を援用する権利を有する国が、違反の停止および被侵害国または違反のあった義務の受益者のために賠償を確保する目的で責任国に対して適法な措置をとる権利を妨げるものではない。」

　この規定について、ILC の注釈は、2001 年の起草当時、（当事国間）対世的義務の違反に対して被侵害国以外の国が対抗措置をとることができるかについて議論が分かれたため、問題の解決を国際法の将来の発展に委ねる保留条項として含められたと述べている。とくに「対抗措置」の代わりに「適法な措置（lawful measures）」という文言が用いられたのは、この種の措置に関するい

ずれかの立場を害することがないようするためであるとされた[32]。

ILC では（当事国間）対世的義務の違反に対して被侵害国以外の国がとる対抗措置を「集団的対抗措置（collective countermeasures）」または「多数国間対抗措置（multilateral countermeasures）」と呼んでいたが[33]、2001 年当時の国家実行は「限定的」で「萌芽的」とされた[34]。しかし、現在までの学説は、この種の対抗措置を「第三当事国対抗措置（third-party countermeasures）」と呼び、国家実行も広範かつ豊富に蓄積されていることを指摘しており、第三当事国対抗措置が国際慣習法として許容されていると主張している[35]。そして、被侵害国による一般的な対抗措置と同様に、濫用されないためのセーフガードとして上述の国家責任条文第 49 条から第 53 条に定める条件が *mutatis mutandis* に適用されるという[36]。実際、これまでの国家実行では、第三当事国対抗措置が（当事者間）対世的義務の広く承認された違反に対応してとられており、このことは違法行為の自動解釈に伴う濫用の危険性もきわめて小さいことを意味すると評価されている[37]。本章は、以下、この学説の立場に従って議論を進める。

Ⅲ．対ロシア措置の第三当事国対抗措置としての正当化の可能性

1．問題の設定

本章は、冒頭に述べたように、WTO の紛争解決手続においてロシアが対ロシア経済制裁措置を WTO 協定違反と主張して申立てを行い、これに対して、被申立国側の一部の加盟国が自国の措置を WTO の安全保障例外を援用して正当化することができない場合を想定し、そのような場合に、なおそれらの措置は慣習国際法上の第三当事国対抗措置として正当化できないかという問題を考察するものである。

WTO の紛争解決手続である DSU は、WTO 協定の違反に対する救済や対抗措置について国家責任条文第 55 条[38] に規定される特別法（*lex specialis*）を含んでいると理解されている[39]。したがって、この特別法が、慣習国際法上の第三当事国対抗措置を排除するものであるのかがまず問題となる。また、DSU は、国際司法裁判所規程のように[40] 裁判における適用法について一般的規定を欠いている。そのため、パネルや上級委員会が第三当事国対抗措置に関する慣

習国際法を適用できるのか、さらに、第三当事国対抗措置が適法であるために
は少なくとも措置対象国による先行国際違法行為の存在が認定されなければ
ならないが、パネルや上級委員会がそのような認定を行うために広く人権
法、人道法、環境法、武力紛争法などの非 WTO 法を適用できるのかも問題
となる。WTO の紛争解決手続において被申立国側が抗弁として慣習国際法
上の第三当事国対抗措置の法理を援用できるかどうかは、それらの問題をど
のように考えるべきかによるといえる。本節では、まず DSU の特別法と第
三当事国対抗措置に関する慣習国際法の関係について、次に WTO の紛争解
決手続における非 WTO 法の扱いについて検討することにする。

2.　DSU の特別法と第三当事国対抗措置に関する慣習国際法の関係

　ここでいう DSU の特別法とは、DSU 第 23 条と第 22 条を指す。DSU 第 23
条 1 項は次のように規定する。

　　　「加盟国は、対象協定[41]に基づく義務についての違反その他の利益の
　　　無効化若しくは侵害又は対象協定の目的の達成に対する障害について是
　　　正を求める場合には、この了解に定める規則及び手続によるものとし、
　　　かつ、これらを遵守する。」

　さらに、第 2 項は、第 1 項の一般的義務を受けて、より具体的な義務を課
す。加盟国は、

　　　「(a) この了解に定める規則及び手続に従って紛争解決を図る場合を除
　　　くほか、違反が生じ、利益が無効にされ若しくは侵害され又は対象協定
　　　の目的の達成が妨げられている旨の決定を行ってはならず、……　(c)
　　　譲許その他の義務の停止の程度の決定に当たっては、前条に定める手
　　　続に従うものとし、関係加盟国が妥当な期間内に勧告及び裁定を実施
　　　しないことに対応して対象協定に基づく譲許その他の義務を停止する
　　　前に、同条に定める手続に従って紛争解決機関の承認を得る」

ものとされている。この (c) に規定される「譲許その他の義務の停止」が DSU
において認められる対抗措置であり、第 22 条は、さらに「譲許その他の義
務の停止」についてその内容や発動の手続を詳細に規定する。

　ここに引用した第 23 条は、「多角的体制の強化」と題されているように、

加盟国の一方的措置を禁止しWTO多角的貿易体制の優越を確保しようとするものであり、加盟国は、この規定によりWTOの紛争解決手続を利用せずに、また紛争解決機関の許可を得ずに一方的な対抗措置をとることを禁止されている。そして、この第23条と第22条は、上述のように国家責任条文第55条の特別法として、その限りで第三当事国対抗措置に関する慣習国際法を排除する。しかしながら、第23条1項は、文言上、あくまで「対象協定に基づく義務についての違反その他の利益の無効化若しくは侵害又は対象協定の目的の達成に対する障害について是正を求める場合」に一方的措置を禁止しているにとどまる。本章が考察の対象としているようなWTO協定以外の国際法義務違反に対する一方的対抗措置はその適用範囲には入らないようにみえる。したがって、その場合には、第三当事国対抗措置に関する慣習国際法が適用可能となる余地が残されていることになる。学説はこのような余地を否定する立場と肯定する立場に分かれる。

(1) 否定説

　たとえば、Marceau and Wyatt は次のように述べる。第23条の文言は、加盟国に対して単にWTO対象協定に関連して一方的に決定された対抗措置をとらないことを要求するにとどまるが、この文言はまた一方的に決定された対抗措置の発動に反対するWTO加盟国の全体的な態度を反映するものである。実際、加盟国がWTO対象協定の規定を執行するためにとられた一方的措置の厳格な禁止を維持しながら、他方である地域貿易協定［WTO協定以外の国際法の例—筆者］の違反の文脈でとられた一方的措置に対して寛容であるべきであるとすると奇妙であろう。「WTOは、対抗措置が向けられた違反がどのようなものであれ一方的決定に基づく貿易上の対抗措置を禁止しているという解釈が、それゆえ少なくとも相当であると我々は主張する[42]」。Marceau and Wyatt はまた、GATTについて、第20条の一般的例外や第21条の安全保障例外だけがGATT違反に対する抗弁を提供し、かつそれで十分であり、慣習国際法上の正当化理由は不要であるとも主張する。さもなければ、「人の生命を保護するためにとられた貿易関連措置が第20条柱書の信義誠実原則に服するのに、地域貿易協定中の保健規定違反に対する対抗措置

と説明される措置はWTOのいかなる審査にも服さない」ことになり「奇妙であろう」という[43]。

　旧GATT体制下の議論ではあるが、Hahnも、GATT第21条(b)項(iii)号が、GATT協定の他の例外条項とともに解釈すると、国際法の自力執行のために経済的措置を一方的に利用することを黙示的に排除していると主張する。彼によれば、GATTに含まれる多くの例外条項、締約国団が規定の適用を停止できる様々な可能性および義務の撤回の容易さは、先行する国際法違反に対する反応としてGATTの義務を回避する他の可能性が存在しないことを示唆するとされる。そして、それ以外の結論は、多角的貿易体制の不安定性を招く大きな可能性を意味し、国際経済関係の安定性を確保するというGATT協定を危うくすると述べる[44]。

　同様に旧GATT体制下の紛争解決手続規定であるGATT第23条を前提とした議論ではあるが、Boisson de Chazournesの見解もまた否定説を支持するようにみえる。彼女は、「GATT体制は、GATT協定の適用範囲に入らない原因行為が対抗措置の行使の名目でGATT協定の規定に違反することを正当化しうることを許可しない」、「[この]体制は、対抗措置の原因行為がGATT協定の適用範囲に入るか否かに関わりなくGATT協定の規律に違反するあらゆる対応措置の利用を制限する」と述べる[45]。彼女は、その理由として、GATT体制下では、対抗措置としてのGATT協定違反[GATT第23条2項の下での「譲許その他の義務でその事態にかんがみて適当であると決定するものの他の締約国に対する適用の停止」]が厳格に制限され規制されていること、GATT協定の例外条項[GATT第20条および第21条]に基づく措置がGATT協定によってはカバーされない国際法の違反に対する反応として行使されうるという意味で[46]、GATT体制の[外に対する]隔壁を除去する役割を果たしているからであるとする[47]。GATTの例外条項の役割について、彼女の見解は上述のMarceau and WyattおよびHahnのものと符合する。

　さらに、Bartelsも、DSUはWTO体制外の国際法違反に対応するために貿易措置を利用することを明示的には禁止していないが、「そのことは必ずしも、許可されない対抗措置の利用を排除する体制を設立するにあたってそのような禁止が含意されていないということを意味しない」と主張する[48]。そし

て、旧 GATT 時代の国家実行は一貫していないが、WTO では、貿易措置を
関連する GATT の例外条項の下で正当化する「実質的でますます一貫してき
た国家実行」が形成されてきており、GATT の例外条項に基づかない対抗措置
は禁止されるという原則が確認されていると述べる[49]。こうして彼は、対
抗措置の形式での強制措置はたとえ国家責任法の下では違法でない場合でも
許容されるべきではないという結論を導いている[50]。

　我が国でも、国際司法裁判所の岩沢雄司裁判官は、WTO が発足した年と
同年の、1995 年の著作で次のように述べている。

　　　「[DSU23 条 1 項]『対象協定に基づく義務についての違反その他の
　　利益の無効化若しくは侵害又は対象協定の目的の達成に対する障害につ
　　いて是正を求める場合』についてしか述べていないので、対象協定以外
　　の国際的義務の違反を理由とする一方的報復もこれによって禁止される
　　かは必ずしもはっきりしない。……しかし、WTO に反する形で行われ
　　る一方的な報復は、……WTO 協定がカバーしていない事項に関して行
　　われる場合でも、許されないと解すべきであろう。……相手国が対象協
　　定以外の国際義務に違反したことを理由とする場合であっても、内容的
　　に WTO 協定に抵触する報復を紛争解決機関の承認を受けずに行うこと
　　は [DSU] 23 条 1 項によって禁止されると解されるからである[51]。」

　岩沢裁判官がこのように述べる根拠は必ずしも明らかではないが、旧
GATT 時代の一方的制裁に対する非難の実行を詳述した後の見解であり、ま
た、当時は、DSU 第 23 条が米国通商法第 301 条の一方的制裁条項を封じ込
めるものとして日本など米国以外の WTO 加盟国から大いに期待されていた
ことなどが背景にあったのではないかと思われる。

　このようにして、以上の否定説の立場からすれば、DSU 第 23 条 1 項は
WTO 協定以外の国際法の義務違反については沈黙しているにもかかわらず、
それに対して加盟国が慣習国際法上の対抗措置として WTO 協定違反で対抗
することは、一方的措置としてこの規定に違反することになる[52]。

(2) 肯定説

　Pons は一般論として次のように述べる。

　　「『自己完結制度』であることと自助の援用可能性を排除することを志
　　望するような体制においてさえ、特別性の原則はそれらの体制の特別な
　　二次規則の妥当範囲を体制『内』で発生した違法行為の結果を規制する
　　ことに限定し、慣習国際法は体制『外』で発生した違法行為の結果に関
　　して介入する[53]。」

　しかし、直前で彼は「GATT/WTO 法の場合のように」と述べており[54]、
WTO 体制がそのような例に該当することを明らかにしている。そして、
GATT 第 21 条の安全保障例外が、WTO 法の「外側の」安全保障問題を含ま
ない国際法規則の先行違反に対応するために WTO 義務の停止を正当化する
方法として対抗措置に関する慣習国際法規則を援用することの可能性を排除
すると主張する上述の Boisson de Chazournes の見解を取り上げて次のように
批判する[55]。そのような見解は、WTO の加盟国が自国の安全保障に影響を及
ぼさない国際違法行為に対して対応するために広範な経済的対抗措置の適用
を放棄したことを意味する。しかし、安全保障例外は慣習国際法の援用可能
性を排除するのに十分とは思われない。「ある措置が『条約例外』として正当
化されるという事実は、他の措置がそれ自体で『条約違反』とみなされると
いう事実に関わらない。そして、沈黙は、もしこれらの措置が対抗措置に関
する慣習国際法により設定されているすべての実質的および手続的要件を尊
重するならば、その正当化の可能性に関して支持されるであろう[56]」。彼は、
さらに、この文章に脚注をつけて、「沈黙」の意味について、「[……] 条約の
沈黙は、条約の外の慣習国際法に由来しかつ条約の締結時に通常想定されて
いない事情の発生に依存する権利の排除を意味するものとして解釈すること
はできない[57]」というナミビア事件における国際司法裁判所の勧告的意見を
引用している[58]。Pons は、「解決策はおそらく、『安全保障保例外』の内容を見
直すことではなく、対抗措置に関する慣習国際法規則の援用可能性が、それ
自体で先行違法行為に対する反応として WTO 義務の停止を正当化しうるこ
とを、特別規定の片隅で推定することであろう」と述べる[59]。

　WTO 協定違反の申立てに対して非 WTO 法による抗弁を認めるべきこ
とを主張する Pauwelyn もまた、対抗措置に関する一般国際法からの逸脱
(contracting out) はもっぱら WTO 協定違反に対応してとられる対抗措置に関

してのみであり、DSU は非 WTO 法違反に対応してとられる対抗措置に関しては何も述べていないことを指摘する。彼は、率直にそのような対抗措置としての WTO 義務の停止は、国際法上有効であり、WTO のパネルにおいてWTO 法上もまた有効であると認められるべきであると主張する[60]。

　Azaria は、Ⅰで検討したロシア・通過運送事件およびサウジアラビア・知的所有権事件のパネル判断において、GATT 第 21 条(b)項における「安全保障上の重大な利益」や「国際関係の緊急事態」の文言がきわめて狭く解釈されたことから、安全保障例外が従来考えられてきたよりもかなり狭い範囲の状況にしか適用されないことを指摘し[61]、安全保障例外が慣習国際法上の対抗措置と機能的に重複し後者を排除するとする上述の否定説に反対する[62]。彼女は、ある WTO 加盟国が他の加盟国に対して武力を行使した場合、被害国以外の一部の加盟国の「安全保障上の重大な利益」が、たとえば地理的近接性や大量の難民の流入により脅かされる可能性があることを認めるが、GATT21 条(b)項(ⅲ)号は、自国の重大な利益が脅かされていない多数の加盟国には適用されず、それらすべての状況において、貿易制限はもっぱら慣習国際法の下で許容される対抗措置である限りで WTO 加盟国にとって利用可能となると主張する[63]。

　Azaria はまた、メキシコ・ソフトドリンク事件における上級委員会の意見[64]に注目する。この事件では、メキシコが、米国による NAFTA 違反を主張し、これに対応して WTO 義務の停止という形でとった自国の対抗措置はGATT 第 20 条(d)項[65]の下で正当化されると主張した。上級委員会は、同項の意味における「法令」は「この規定を援用した WTO 加盟国の国内法秩序の一部を形成する規則を指し、他の WTO 加盟国の国際的義務を含まない[66]」ことを理由にメキシコの抗弁をしりぞけた。Azaria は、言い換えれば他のWTO 加盟国による国際的義務の違反に対応する対抗措置は第 20 条(d)項の一般的例外によっては正当化され得ないということであるとし[67]、それはまた、この例外条項が慣習国際法上の対抗措置の機能と重複しないことを意味すると主張する[68]。

　上級委員会はさらに、「法令」が他の WTO 加盟国の国際的義務を含むとするメキシコの解釈は論理的に WTO 加盟国が第 20 条(d)項を援用して他の加

盟国の WTO 義務の「遵守を確保するために」企図された措置もまた正当化できることになることを意味すると述べ[69]、次のように付言した。「メキシコの解釈は、WTO 加盟国が、他の加盟国が WTO 義務に違反したという一方的決定に基づき WTO に不適合な措置をとることを許容するものであるが、それは DSU 第 22 条および第 23 条……に違反する[70]。」

　Azaria は、したがって、上級委員会は DSU が WTO 義務の違反に対して一方的な対抗措置をとる権利を明示的に排除していることを明らかにしたと指摘する。しかし、DSU は、非 WTO 義務の違反に対する対抗措置もまた排除しているかどうかについては、結局、沈黙しているという。彼女は、WTO 加盟国が非 WTO 義務の違反に対する慣習国際法の下での対抗措置を排除することを望むのであれば、なぜそのことを、WTO 義務の違反に対する対抗措置を排除したのと同じように、明示しなかったのであろうかと問いかける。彼女は、WTO 加盟国がそうしなかったのは、むしろ非 WTO 法義務違反に対する対抗措置を排除しなかったことを示唆すると述べている[71]。

　最近の実行に関連し、Furculita は、2021 年 12 月に EU 委員会が公表した「反強制手段 (anti-coercion instrument)」規則案 (ACI 規則案)[72] について、EU 委員会が対抗措置に関する慣習国際法に基づきその適法性を主張していることを紹介している[73]。この規則案は、EU および構成国に対して第三国が貿易および投資に関する一定の行動を要求してくる場合に、それが慣習国際法の不介入原則に違反するような程度の経済的強制措置である場合には、EU はそのような措置に対して撤回を交渉した上で最終的には譲許関税の撤回、新たな差別的関税の賦課、または物品の輸出入制限など、通常であれば WTO 協定違反となるような措置を対抗措置としてとることを可能とするものである。Furculita は、ACI 規則案の背後には EU 委員会の次のような DSU 第 23 条の理解が存在することを示唆する。すなわち、第 23 条は特別法として一般法である対抗措置に関する慣習国際法を排除するが、それにもかかわらず、それが起こるのは、もっぱら WTO 加盟国が「対象協定に基づく義務についての違反……について是正を求める場合」だけである。実際、米国の対 EC 産品事件のパネル[74] は、「第 23 条が適用可能かどうかを決定する基準は当該措置を賦課した加盟国が WTO 違反について『是正を求めて』いたかどうか

である[75]」と述べており、また、EC 商業船舶事件のパネル[76] も「『違反……に
ついて是正を求める』という文言は、いずれかの加盟国が他の加盟国による
WTO 義務の違反と考えるものに対応してとるいずれかの行為を指す[77]」と述
べている。彼女によれば、EU 委員会は、この点を踏まえて、第三国による
経済的強制措置が、WTO 協定違反であるかどうかに関わりなく、あくまで
慣習国際法の不介入原則に違反することを理由として対抗措置をとろうとし
ているとされる。したがって、ACI 規則案に基づき発動される対抗措置につ
いては、WTO 協定違反の是正を求めるものではないためその限りで DSU 第
23 条の特別法は適用されず、慣習国際法上の対抗措置の要件を満たす限り
で適法なものになると考えられているという。ACI 規則案の背後にこのよう
な理解があるとすれば、EU 委員会は、WTO の紛争解決手続において ACI
規則案に基づく本来 WTO 協定に違反する措置を対抗措置に関する慣習国際
法によって正当化できると考えていることになる。

　（第三当事国）対抗措置に関する慣習国際法規則の援用の可能性について、
否定説は、DSU 第 23 条が明示的にも黙示的にも一切の一方的対抗措置を禁
止しており、WTO 協定違反の対抗措置は DSU に従い WTO 紛争解決機関の
許可を得るか、または一般的例外である GATT 第 20 条や安全保障例外であ
る GATT 第 21 条により正当化されなければならないと主張する。これに対
して、肯定説は、DSU 第 23 条 1 項の文言が明示的にはあくまで WTO 対象
協定の義務違反に対する一方的対抗措置を禁止しているにすぎないとして、
非 WTO 法違反に対して対抗措置をとる慣習国際法上の重要な国家の権利が
DSU の下で黙示的に放棄されたとみることはできないと主張する。否定説
の根底には、安全保障例外について、「その他の国際関係の緊急事態」の意
味が広く理解され、援用国に広範な裁量権が認められると考えられていた時
期を背景に、対抗措置に関する慣習国際法を援用しなくても安全保障例外の
存在だけで十分であるという考えが存在したように思われる。しかし、2019
年のロシア・通過運送事件のパネルは、そのような安全保障例外の理解を覆
し、むしろ安全保障例外の援用をかなり狭い範囲の事態に限定するようにみ
える。本章の出発点もそこにあった。慣習国際法上の対抗措置は、非集権的

な国際社会において非 WTO 法の義務の執行と規範的完全性を確保する唯一
ではないにしても重要な手段であり、とくに第三当事国対抗措置は、国連の
安全保障理事会のように有権的な機関が拒否権行使により機能麻痺に陥って
いる場合には、武力行使禁止原則のような（当事国間）対世的義務違反の是
正を求める上でより一層重要な役割を果たすものである。そのような意味で、
このような対抗措置が DSU 第 23 条 1 項において排除されているという否定
説の主張は明確な証拠に基づかなければならないという Azaria の主張[78]を
支持したい。沈黙は肯定説に有利に働くように思われる。

3. WTO の紛争解決手続における非 WTO 法の扱い

そもそもパネルや上級委員会が、WTO 協定違反の措置を第三当事国対抗
措置に関する慣習国際法を適用して正当化したり、さらに先行国際違法行為
の有無を認定するために WTO 協定以外の国際法を適用したりできるのかが
問題となる。DSU 上、パネルや上級委員会の実質的な事項管轄権は、WTO
対象協定に基づく申立てに限定され、慣習国際法を含む非 WTO 法に基づく
申立てには及ばないことは自明とされてきた[79]。他方で、対象協定違反の申
立てがなされた際に、被申立国側が非 WTO 法を抗弁として援用することが
できるのか、その意味で非 WTO 法が適用法となりうるのかについては学説
上活発な論争がなされてきた[80]。しかし、パネルや上級委員会は、その実行
をみる限り、いわゆる二次規範とされる慣習国際法の手続規則を実際上適用
しており、学説はそれらを司法機能を果たすために必要なものとして容認し
ている[81]。たとえば、Van Damme は、一般国際法としての国家責任原則は特
定の行為を規制しようとするものではなく、WTO 法を含む国際法がいかに
執行されるべきかを規制するものであり、明示的に排除されない限り「一般
的に適用される一般法」としての性質を有すると述べる[82]。それゆえ、司法機
関としてのパネルや上級委員会は、対抗措置に関する規則を含む国家責任法
をむしろ適用する必要に迫られるとみることもできるであろう。したがって、
ここでは、少なくとも二次規範として対抗措置に関する国家責任法それ自体
は適用できるものとして議論を進める[83]。問題は、パネルが先行する国際違
法行為の認定のために実体的な非 WTO 法を解釈し適用することができるか

である。

　すでに述べたメキシコ・ソフトドリンク事件はそのような問題が扱われた稀な事例である。上述のように、この事件でメキシコは、米国のNAFTA違反を主張し、自国のWTO協定違反は米国に対してNAFTAの義務の「遵守を確保するため」のものであるとしてGATT第20条(d)項に基づく抗弁を行なった。仮にメキシコがGATT第20条(d)項ではなく、対抗措置に関する慣習国際法を援用していれば、上級委員会は、まさにこのような慣習国際法が適用可能なのかの判断に迫られていたであろう。しかし、上級委員会は次のような補足的な意見を述べて事実上この問題に対する答えを示した。

　　「メキシコの解釈によれば、紛争を解決するためには、WTOのパネルと上級委員会は、申立国による（NAFTAのような）関連する国際協定の違反が存在することを推定しなければならず、または関連する国際協定が違反されたかどうかを評価しなければならないであろう。パネルと上級委員会は、したがって、非WTO紛争の裁定者になることになる。……これは、DSUによって意図されたようなパネルと上級委員会の機能ではない[84]。」

　　「我々は、パネルと上級委員会が非WTO紛争を裁定するいかなる根拠もDSUにみいださない。DSU第3条2項は、WTOの紛争解決制度が『対象協定に基づく加盟国の権利及び義務を維持し並びに……対象協定の現行の規定の解釈を明らかにすることに資するものである』（強調は上級委員会による。）と述べる。メキシコの解釈を受け入れることは、WTOの紛争解決制度が対象協定の外の権利と義務を決定するために利用できることを意味するであろう[85]。」

　したがって、この意見は、パネルや上級委員会は対抗措置に関する慣習国際法が抗弁として援用されても先行する非WTO法の違反を認定する権限をもたないから、このような抗弁は認められないということを示唆している[86]。

　Kuijperは、この事件を評釈し、メキシコが対抗措置（原文は "reprisal"）に関する慣習国際法を援用していたと仮定すれば、WTOが一般国際法から「隔離（"clinical isolation"）」されては存在しないと自ら宣言してきた[87]上級委員会は、少なくともWTO法が国際法の対抗措置制度から完全に解放されているのか、

それとも WTO 協定の下では例外的状況において他の分野の国際法違反に対する対抗措置が WTO 協定上の義務の無視を認め、紛争解決制度において自動的に非難されることはないのかの問題を真剣に検討する必要があったであろうと指摘する[88]。そして、上記に引用した上級委員会の意見に対して次のように批判する。すなわち、そのような対抗措置の要件が充足されていることを認めるために、メキシコと米国間の NAFTA 上の紛争のすべてについて詳細に判断する必要はまったくなく、単にメキシコが米国による NAFTA 違反についての自国の主張を *prima facie* に証明しているかを審査すれば足りていたであろう。そして、そのような審査は、強力な権限をもつ上級委員会にとって困難なものではなく、上級委員会が過去の事例で行ってきた非 WTO 協定の解釈権限の範囲を逸脱するものではない[89]。

　Davey and Sapir も上級委員会のこの意見を批判する。彼らによれば、上級委員会が想定した状況において、パネルは自らの目的のために米国が NAFTA に違反したかどうかについて決定しなければならないが、そのような決定は NAFTA の下での権利の決定ではなく、単に WTO の判断を行うにあたっての予備的な段階にすぎないとされる。彼らは、「WTO のパネルと上級委員会は、いずれかの規定がそのように規定しない限り非 WTO 協定上の権利と義務を確定的に決定することはできないが、WTO 協定の下での権利と義務を決定するために必要な限りでそのような協定を参照し分析することができる」と述べる[90]。

　これらの批判は注目に値する。すなわち、パネルは、非 WTO 法を適用法としなくても非 WTO 法を WTO 法上の権利と義務を決定するために解釈の対象とすることができることを指摘している。したがって、パネルや上級委員会は、第三当事国対抗措置に関する国際慣習法が抗弁として提起された場合に、先行違法行為の存在について非 WTO 法を参照し *prima facie* な確信をもつことができれば、対抗措置を適法なものとするその他の要件の充足を条件として、WTO 協定違反の違法性は阻却されると判断できるといえるであろう。

おわりに

　本章では、対ロシア経済制裁をとった WTO 加盟国の一部は WTO の安全保障例外を援用できない可能性があると考え、それに代わり、WTO 紛争解決手続において第三当事国対抗措置に関する慣習国際法を援用して正当化できないかを考察した。

　その結果、一般論としては次の3点を指摘したい。第1に、DSU 第23条1項はもっぱら WTO 協定違反に対する対抗措置についての特別法にすぎず、この規定は非 WTO 法の違反に対する慣習国際法上の(第三当事国)対抗措置を排除するものとは解釈できないとする立場が支持されることである。第2に、慣習国際法上の対抗措置に関する規則は、国家責任条文の他の規則と同様に二次規範としてパネルや上級委員会によっても適用可能であると考えられることである。そして、第3に、パネルや上級委員会は、実体的な非 WTO 法を参照して先行する国際違法行為の存在について *prima facie* な確信を持つことができれば、WTO 協定違反の措置を慣習国際法上の(第三当事国)対抗措置として正当化することは不可能ではないと考えられることである。

　WTO が(第三当事国)対抗措置に関する慣習国際法を受け入れなければ、国際法体系の大宇宙の中で適法な措置が、WTO という小宇宙の中で違法な状態に置かれることになる[91]。果たして、措置発動国はそのような小宇宙にとどまり続けるであろうか。

　ロシアのウクライナ侵攻については安全保障理事会や国際司法裁判所による有権的な違法認定が存在しないが、少なくとも国連総会決議は、法的拘束力はないものの「国連憲章第2条4項に違反するロシア連邦によるウクライナへの侵略」を最大限の強い言葉で非難するとしており[92]、国連憲章第2条4項違反という事実の存在を前提としている。WTO パネルは、対ロシア経済制裁を慣習国際法上の適法な第三当事国対抗措置として認めるために、この国連決議による事実認定をロシアによる先行違法行為の存在を *prima facie* に証明するものと受け入れることができると思われる。

[付記]

　本章におけるインターネット情報の最終アクセス日は 2022 年 11 月 29 日である。

注

1　G7 Leaders' Statement, Berlin, 11 March 2022, at https://www.mofa.go.jp/mofaj/files/100315215.pdf. 我が国については、関税暫定措置法の一部を改正する法律、令和 4 年 4 月 20 日成立、同日公布、4 月 21 日施行、法律第 27 号。

2　WTO General Council, *Joint Statement on Aggression by the Russian Federation against Ukraine with the Support of Belarus, Communication from Albania; Australia; Canada; European Union; Iceland; Japan; Republic of Korea; Republic of Moldova; Montenegro; New Zealand; North Macedonia; Norway; United Kingdom and United States* (*Joint Statement*), 15 March 2022, WT/GC/244.

3　本章においては、便宜上、世界貿易機関を設立するマラケッシュ協定（1995 年 1 月 1 日発効）およびその附属書に含まれるすべての協定を一括して「WTO 協定」と呼ぶことにする。

4　我が国については、たとえば関税暫定措置法の改正（注 1）についての国会審議において政府参考人は、最恵国待遇の撤回は、「WTO 協定の安全保障例外に関する規定も含めまして、国際法上許容されるものと考えております」と答弁している。第 208 回国会参議院財政金融委員会会議録第 11 号 7 頁、令和 4 年 4 月 19 日。

5　GATT 第 21 条は物品貿易に関する例外である。サービス貿易についてはサービスの貿易に関する一般協定（GATS）第 14 条の 2 が、また知的所有権については、知的所有権の貿易関連の側面に関する協定（TRIPS 協定）第 73 条が、それぞれ GATT 第 21 条とほぼ同一の文言で安全保障例外を規定している。本章では便宜的に GATT 第 21 条に注目して論述する。

6　世界貿易機関を設立するマラケッシュ協定附属書一 A に関する解釈のための一般的注釈 2 注釈 (a) によれば、1994 年の GATT の規定中「締約国」とあるのは「加盟国」と読み替えるものとされる。

7　Panel Report, *Russia - Measures Concerning Traffic in Transit*, WT/DS512/R, adopted 5 April 2019 (*Russia - Traffic in Transit*).

8　Panel Report, *Saudi Arabia - Measures Concerning the Protection of Intellectual Property Rights*, WT/DS567/R, circulated 16 June 2020 (*Saudi Arabia – IP Rights*).

9　ロシアは、確かに物品貿易理事会の会合で各国の対ロシア措置を「広範かつ公然たる WTO 規則の違反」と非難している（Minutes of the Meeting of the Council for Trade in Goods, 21 and 22 April 2022, G/C/M/142. para. 43.13, p.88, 17 June 2022.）が、本章執筆の時点では、WTO の紛争解決手続に訴えようとはしていない。紛争解決に係る規則及び手続に関する了解（DSU）第 23 条第 1 項（本文Ⅲ 2 参照）によれ

ば、WTO 協定違反の認定は DSU に従ってもっぱら WTO 紛争解決機関によって
のみ行われる。したがって、ロシアが DSU に定める紛争解決手続に訴えなければ、
実際上対ロシア措置の法的正当化も問題とならない。本章の問題を考察するた
めには、ロシアがこの紛争解決手続に訴えることを前提としなければならない。

10 *Supra* note 2.

11 *Russia - Traffic in Transit, supra* note 7, pp. 23-24, paras. 7.1-7.2.

12 *Ibid.*, p. 24, para. 7.4.

13 *Ibid.*, p. 40, para. 7.65.

14 *Ibid.,* p. 41, para. 7.70.

15 *Ibid.*, p. 41, para. 7.71.

16 パネルはまた、加盟国間で随時生じる政治的または経済的衝突は、しばしば
政治的な意味で緊急または重大なものと見做しうるが、防衛上もしくは軍事上の
利益または法および公共の秩序を維持する利益を生じない限り、(iii) 号の意味で
の「国際関係の緊急事態」とはならないとも述べている。*Ibid.*, pp. 41-42, para. 7.75.

17 *Ibid.*, p. 42, paras. 7.76-7.77.

18 *Ibid.*, pp.50-51, paras. 7.102 and 7.104.

19 *Ibid.*, p. 56, para. 7.130.

20 *Ibid.*, p. 56, para. 7.131.

21 *Ibid.*, p. 56, para. 7.132. パネルは、さらに、誠実義務は、ウィーン条約法条約第
31 条 1 項および第 26 条に法典化されているように、すべての条約の根底にある
法の一般原則でありかつ一般国際法の原則であることを指摘している。

22 *Ibid.*, p. 57, para. 7.134.

23 *Ibid.*, p. 57, para. 7.135.

24 *Ibid.*, p. 57, para. 7.138.

25 *Ibid.*, p. 58, para. 7.146.

26 本件については、川瀬剛志「ロシア―貨物通過に関する措置 (DS512) ― 安全
保障例 (GATT21 条) の射程 ―」RIETI Policy Discussion Paper Series 20-P-004(独立
法人経済産業研究所、2020 年 2 月)、at https://www.rieti.go.jp/jp/publications/pdp/
20p004.pdf. 水島朋則「通過運送に関するロシアの措置事件 (DS512)」経済産業省
『WTO パネル・上級委員会報告書に関する調査研究報告書 2019 年度版』(2020
年)、at https://www.meti.go.jp/policy/trade_policy/wto/3_dispute_settlement/33_panel_
kenkyukai/2019/19-7.pdf. 平覚「ロシア領通過運送問題と GATT21 条の安全保障例
外」『令和元年度重要判例解説(ジュリスト臨時増刊第 1544 号)』(2020 年)284-285 頁。

27 本件では、カタールが、サウジアラビアはカタール企業の知的所有権に十分
な保護を与えず TRIPS 協定に違反したと申し立てたが、サウジアラビアは TRIPS

協定第 73 条 (b) 項 (iii) 号の安全保障例外を援用した。パネルは、TRIPS 協定第 42
条 (公正かつ公平な手続) および第 41 条 1 項 (知的所有権の侵害行為に対する効
果的な措置を可能にする行使手続) 違反に関し第 73 条 (b) 項 (iii) 号を援用するた
めの要件の充足を認めたが、第 61 条 (刑事上の手続) 違反に関しては充足を認め
なかった。*Saudi Arabia – IP Rights, supra* note 8, p. 124, para. 7.294. なお、本件パネル報
告書は未採択である。本件については、川瀬剛志「サウジアラビア・知的財産権
保護措置事件パネル報告—カタール危機と WTO の安全保障条項—」、at https://
www.rieti.go.jp/jp/special/special_report/120.html. 藤井康次郎「サウジアラビアによる
知財保護停止事件に係るパネル報告 (WT/DS567/R)」経済産業省『WTO パネル・
上級委員会報告書に関する調査研究報告書 2020 年度版』(2021 年), at https://www.
rieti.go.jp/jp/publications/pdp/20p004.pdf.

28　核の脅威については、今回の紛争の発生以前から一定の脅威が常態化してい
たとみることもでき、紛争発生後にはとくに当事国であるウクライナや武器援助
を行なっている NATO 諸国に対する脅威は高まっているが、その他の措置発動
国に対しては紛争発生以前とそれほど違いがないとみることもできよう。また、
措置発動国の中には、措置の発動自体が緊張や脅威を高める原因になったとみる
ことができる国も存在するであろう。

29　Joint Statement, *supra* note 2.

30　International Law Commission, *Draft Articles on Responsibility of States for Internationally
Wrongful Acts, with commentaries (ARSIWA)*, in *Yearbook of the International Law Commission 2001*,
vol. II, Part Two, as corrected, p. 31. 邦語訳については、浅田正彦編『ベーシック条約
集 2021 年版』(東信堂、2021 年) 161 頁参照。

31　Danae Azaria, "Trade Countermeasures for Breaches of International Law outside the
WTO," *International and Comparative Law Quarterly*, Vol. 71(April 2022), p. 389, p. 397.

32　*ARSIWA, supra* note 30, p. 139.

33　ILC, *Summary records of the second part of the fifty-second session, held at Geneva from 10 July to 18
August 2000* in *Yearbook of the International Law Commission 2001*, p. 337.

34　*ARSIWA, supra* note 30, p. 137.

35　Martin Dawidowicz, *Third-Party Countermeasures in International Law* (Cambridge Univer-
sity Press, 2017), pp. 282-283; Linos-Alexandre Sicilianos, "Countermeasures in Response
to Grave Violation of Obligations Owed to International Community," in James Crawford,
Alain Pellet and Simon Olleson (eds.), *The Law of International Responsibility* (Oxford University
Press, 2010), p. 1137, pp. 1146-1148.

36　Dawidowicz, *ibid.*, p. 286.

37　*Ibid.*, p. 284.

38　国家責任条文第 55 条は次のように規定する。「この責任条文は、国際違法行為が存在するための要件又は国の国家責任の内容若しくは実施が国際法の特別規則により定められる場合にはその限度で適用しない。」

39　Joost Pauwelyn, *Conflict of Norms in Public International law* (Cambridge University Press, 2003), pp. 230-232; Azaria, *supra* note 31, pp. 396-397; *ARSIWA*, *supra* note 30, p. 140 and n. 818.

40　国際司法裁判所規程第 38 条。

41　DSU 第 1 条によれば、「対象協定」とは、DSU の附属書 1 に掲げる協定を指すが、便宜上本章が用いる用語である「WTO 協定」と同一のものと理解してよい。

42　Gabrielle Marceau and Julian Wyatt, "Dispute Settlement Regimes Intermingled: Regional Trade Agreements and the WTO," *Journal of International Dispute Settlement*, Vol. 1, No. 1(2010), p.67, p. 76.

43　*Ibid.*, p. 77.

44　Michael J. Hahn, "Vital Interests and the Law of GATT: An Analysis of GATT's Security Exception," *Michigan Journal of International Law*, Vol. 12(1991), p.558, pp. 603-604.

45　Laurence Boisson de Chazournes, *Les contre-measures dans les relations internationales économiques* (Editions Pedone, 1992), p. 184.

46　Pons, *infra* note 53 はこの点を敷衍している。*Infra* note 55 および本文。

47　Boisson de Chazournes, *supra* note 45, pp. 184-185.

48　Lorand Bartels, "Article XX of GATT and the Problem of Extraterritorial Jurisdiction: The Case of Trade Measures for the Protection of Human Rights," *Journal of World Trade*, Vol. 36, No. 2(2002), p.353, p. 397.

49　*Ibid.*, p. 400.

50　*Ibid.*, p. 402.

51　岩沢雄司『WTO の紛争処理』(三省堂、1995 年) 165-166 頁。

52　経済産業省『不公正貿易報告書 2022 年版』第 15 章「一方的措置」(at https://www.meti.go.jp/shingikai/sankoshin/tsusho_boeki/fukosei_boeki/report_2022/pdf/2022_02_15.pdf, 439 頁) には次のような図表が掲げられている (442 頁)。

		〈一方的措置の内容〉	
		WTO 協定違反	WTO 協定違反なし
〈紛争の内容〉	WTO 協定に関係するもの	DSU 第 23 条違反／措置自体が違反 a	DSU 第 23 条違反 b
	上記以外	措置自体が違反 c	d

同書には、この図表について次のような説明がある。

　「図中 (a) 及び (b) の領域については、相手国による WTO 協定違反、

WTO 協定上の自国利益の侵害を問題とする以上、DSU 第 23 条により、必ず WTO の紛争解決手続を利用する必要があり、一方的措置の利用は、DSU 第 23 条違反となる。更に、(a) については、措置の内容の協定違反も当然問題となる。また、(c) については、当該措置自体が WTO 協定違反となる。つまり、(d) 以外の領域については、常に DSU 第 23 条違反又は一方的措置自体の WTO 協定違反が問われることになる」(441 頁)。

　この図表中、(c) の領域が、WTO 協定以外の国際法違反に対して WTO 協定違反で対応する一方的対抗措置を意味する。当該措置自体が違反となるとしており、対抗措置に関する慣習国際法の適用を否定しているようにみえるが DSU 第 23 条違反とはしておらず、本文で述べたいずれの否定説とも異なる。江藤は、適用法が WTO 対象協定に限定されていることを理由に国際法上の対抗措置の法理はパネルの場で認められる余地はないと述べるが、DSU 第 23 条には言及していない。江藤淳一「WTO/ ガットと一般国際法―WTO/ ガット対象外の事項に対する『一方的措置』―」『日本国際経済法学会年報』第 6 号 (1997) 122-123 頁。

53　Javier Fernández Pons, "Self-Help and the World Trade Organization," in Paolo Mengozzi (ed.), *International Trade Law on the 50 th Anniversary of the Multilateral Trade System* (Dott. A. Giuffré Editore, 1999), p. 55, p. 95.

54　*Ibid.*, p. 94.

55　*Ibid.*, p.97 and n. 106. ここで、GATT 第 21 条の安全保障例外が非 WTO 法の安全保障問題を含まない先行違反に対応するために WTO 義務の停止を正当化するというのは、(b) 項 (iii) 号の「その他の国際関係の緊急事態」を広く解釈していることによると思われる。

56　*Ibid.*, pp. 97-98.

57　*Legal Consequences for States of the Continued Presence of South Africa in Namibia (South West Africa) notwithstanding Security Council Resolution 276 (1970), Advisory Opinion, I.C.J. Report 1971*, p.47, para. 96.

58　Pons, *supra* note 53, p. 98, n. 108.

59　*Ibid.*, p. 98-99. ただし、彼は、パネルや上級委員会の管轄権や適用法が非 WTO 法に及ばないことから、慣習国際法上の対抗措置の法理は適用されないとして結論的には否定説の立場に接近する。*Ibid.*, pp. 101-104.

60　Pauwelyn, *supra* note 39, p. 232.

61　Azaria, *supra* note 31, p. 404.

62　*Ibid.*, p. 401.

63　*Ibid.*, p. 406.

64　Appellate Body Report, *Mexico-Tax Measures on Soft Drinks and Other Beverages*, WT/DS308/

AB/R, adopted 24 March 2006(*Mexico-Soft Drinks*).

65　GATT 第 20 条 (d) 項は次のように規定する。「この協定の規定は、締約国が次のいずれかの措置を採用すること又は実施することを妨げるものと解してはならない。ただし、それらの措置を、同様の条件の下にある諸国の間において任意の若しくは正当と認められない差別待遇の手段となるような方法で、又は国際貿易の偽装された制限となるような方法で、適用しないことを条件とする。……(d) この協定の規定に反しない法令 (税関行政に関する法令、第 2 条 4 及び第 17 条の規定に基づいて運営される独占の実施に関する法令、特許権、商標権及び著作権の保護に関する法令並びに詐欺的慣行の防止に関する法令を含む。) の遵守を確保するために必要な措置」。

66　*Mexico-Soft Drinks, supra* note 64, p. 31, para. 75.

67　Azaria, *supra* note 31, p. 391.

68　*Ibid.*, p. 412.

69　*Mexico-Soft Drinks, supra* note 64, p. 32, para. 77.

70　*Ibid.*

71　Azaria, *supra* note 31, p. 412.

72　European Commission, "*Proposal for a Regulation of the European Parliament and of the Council on the protection of the Union and its Member States from economic coercion by third countries*," 8.12.2021, COM(2021)775 final, at https://trade.ec.europa.eu/doclib/docs/2021/december/tradoc_159958.pdf.

73　Cornelia Furculita, "Guest Post: Does EU's Anti-coercion Instrument violate Art. 23 of the DSU?," *International Economic Law Policy Blog* (posted on 21 February 2022), at https://ielp.worldtradelaw.net/2022/02/guest-post-does-eus-anti-coercion-instrument-violate-art-23-of-the-dsu.html#_ftn2.

74　Panel Report, *United States – Import Measures on Certain Products from the European Communities*, WT/DS165/R, adopted 10 January 2001.

75　*Ibid.*, p. 24, para. 6.21.

76　Panel Report, *European Communities – Measures Affecting Trade in Commercial Vessels*, WT/DS301/R, adopted 20 June 2005.

77　*Ibid.*, p.121, para. 7.196.

78　Azaria, *supra* note 31, p. 423.

79　Isabelle Van Damm, "Jurisdiction, Applicable Law, and Interpretation," in Daniel Bethlehem, Donald Mcrae, Rodney Neufeld, Isabelle Van Damme (eds.), *The Oxford Handbook on International Trade Law* (Oxford University Press. 2009), pp.298-300.

80　この論争については、平覚「WTO 紛争解決手続における適用法—多数国間環

境協定は適用法になりうるか―」『法学雑誌（大阪市立大学）』第 54 巻 1 号（2007
年）161 頁。

81　WTO の先例には、対抗措置の均衡性原則、行為の帰属に関する国家責任法を
適用するものが存在する。同上、179-180 頁。

82　Van Damme, *supra* note 79, p.319.

83　対抗措置に関する規則は、二次規範を扱うとされる国家責任条文中に含めら
れているが、行為の違法性に関わるとみれば一次規範とみることもできる。しか
し、厳密な意味で一次規範であるのか二次規範であるのかの分類論はあまり重要
ではない。Van Damme が指摘するような対抗措置の規則の機能に注目すべきであ
ろう。Azaria, *supra* note 31, p. 396 and n. 34; Eric David, "Primary and Secondary Rules," in
James Crawford et al. (eds.), *supra* note 35, p.27, pp. 31-32.

84　*Mexico Soft Drinks*, *supra* note 64, p. 33, para. 78.

85　*Ibid.*, p. 23, para. 56

86　Azaria, *supra* note 31, p.391.

87　Appellate Body Report, *United States – Standards for Reformulated and Conventional Gasoline*,
WT/DS2/AB/R, adopted 20 May 1996, p. 17.

88　Pieter-Jan Kuijper, "Does the World Trade Organization Prohibit Retorsions and Repri-
sals? Legitimate 'Contracting Out' or 'Clinical Isolation' Again ?" in Merit E. Janow, Victoria
Donaldson and Alan Yanovich (eds.), *The WTO : Governance, Dispute Settlement and Developing
Countries* (Juris Publishing, Inc., 2008), p. 706.

89　*Ibid.*, p. 707.

90　William J. Davey and Andre Sapir, "Soft Drinks case: the WTO and regional agreements,"
World Trade Review, Vol.8, No. 1 (2009), p. 18.

91　中谷は、「部分社会」を担当する WTO の紛争処理機関も「全体社会」である国
際法全般に配慮する必要性を説く。中谷和弘「国家安全保障に基づく経済的規制
措置―国際法的考察―」『日本国際経済法学会年報』第 31 号（2022 年）123-124 頁。

92　United Nations General Assembly, *Resolution adopted by General Assembly on 2 Marc 2022*, A/
RES/ES-11/1, 18 March 2022, p. 3.

第9章　ウクライナ戦争と国際投資法

玉田　大

はじめに

　ロシアによるウクライナ侵攻(2022年)に起因する投資紛争が多発している。発生している紛争は、その原因と紛争当事者により大きく4つに分かれる。①ロシアの軍事侵攻(及び2014年のクリミア併合)により、多くのウクライナ人財産が破壊又は収用されており、ここから国際投資紛争が発生している(ウクライナ投資家対ロシア政府)。②外資企業(米欧日企業)のロシア事業撤退を阻止するための措置をロシアがとっており、ここから国際投資紛争が発生している(外国人投資家対ロシア政府)。③ウクライナ政府が国内にあるロシア系財産に対してとっている措置によってロシア人及び外国人投資家が損害を被っており、ここから国際投資紛争が発生している(外国人投資家対ウクライナ政府)。④日本政府がロシア人・団体に対して資産凍結措置をとっており、ここから国際投資紛争が発生する恐れがある(ロシア投資家対日本政府)。これらの投資紛争については、個別の投資条約に基づいて設置される投資仲裁による紛争解決が目指されることになる。以下、①から④の順に検討しよう。

Ｉ．ウクライナ投資家対ロシア政府

　ロシアの軍事侵攻により、ウクライナ民間人財産に大規模な損害が発生しているため、ウクライナ＝ロシア投資協定(宇露BIT、1998年署名、2000年発効)[1]にもとづく投資仲裁によって損害回復が試みられる可能性がある[2]。

1.　クリミア投資仲裁の分析

　その前哨戦として、クリミア併合(2014 年) に起因する投資紛争が仲裁に付託され、以下のように仲裁手続が進行中である。

表 9-1　クリミア併合に起因する投資仲裁一覧

申立人	付託	露	事案内容と仲裁判断 (公表済は下線)
Aeroport Belbek and Kolomoisky[3]	2015	欠席	空港運営権収用。**中間判断** [2017/2/24] (管轄権肯定)[4]。**責任判断** [2019/2/4]。**ハーグ上訴裁判決** [2022/7/19] (露の取消請求棄却)。
Privatbank and Finilon[5]	2015	欠席	銀行事業禁止および収用。**中間判断** [2017/2/24] (管轄権肯定)[6]。**責任判断** [2019/2/4]。**ハーグ上訴裁判決** [2022/7/19] (露の取消請求棄却)。
Lugzor[7]	2015	出席	不動産収用。(詳細不明)
Ukrnafta[8]	2015	欠席	石油貯蔵庫収用。**管轄権判断** [2017/6/26]。**本案判断** [2019/4/12] (賠償命令)。**スイス最高裁判決** [2019/12/12] (露の取消請求棄却)。
Stabil[9]	2015	欠席	石油貯蔵庫収用。**管轄権判断** [2017/6/26]。**本案判断** [2019/4/12] (賠償命令)。**スイス最高裁判決** [2019/12/12] (露の取消請求棄却)。**米地裁判決** [2022/4/9] (仲裁判断承認)。
Everest Estate[10]	2015	欠席	不動産収用。**管轄権判断** [2017/3/20]。**本案判断** [2018/5/2]。**ハーグ上訴裁判決** [2022/7/19] (露の取消請求棄却)。
Oschadbank[11]	2016	欠席	銀行支店収用。**仲裁判断** [2018/11/26] (11 億米ドル賠償命令)。露が再審請求。
Naftogaz[12]	2016	出席	石油ガス資産収用。**管轄権判断** [2019/2/22]。**ハーグ上訴裁判決** [2022/7/19] (露の取消請求棄却 / 一部認容)。
DTEK Krymenergo[13]	2018	出席	配電事業収用。(詳細不明)
Ukrenergo[14]	2019		発電設備収用。(詳細不明)

出典：筆者作成

　クリミア投資仲裁につき、以下の点を指摘することができる。第 1 に、いずれの仲裁案件においても、申立人はウクライナ投資家(クリミア内で事業を行っていた企業又は個人)、被申立国はロシアであり、適用法規は宇露 BIT とUNCITRAL 仲裁規則 (1976 年) である。現時点 (2022 年 10 月末) で、仲裁廷がロシアの BIT 義務違反を認定し、さらに賠償額を決定した事件が幾つか存在するが、ロシアによる賠償支払に至った事件は存在しない。第 2 に、一連の仲裁判断は、結論 (管轄権肯定、義務違反認定、賠償命令) が共通しており、

仲裁廷の間の判断の相互参照が影響していると考えられる[15]。なお、クリミア投資仲裁はすべて UNCITRAL 仲裁であり、仲裁判断は原則として非公開である。現時点で公開されているのは一部の仲裁判断に止まる（表9-1の下線部分）。第3に、BIT 上の「投資財産」の地理的要件（「領域」）に関連して、本来、クリミアの領有権問題を先決的に解決する必要があるが、仲裁廷は回答を回避し、「実効的支配」基準を用いて地理的要件を満たすと判断している。同基準をドンバス地方（その他）に適用し得るか否かが今後の争点となる（後述）。第4に、クリミア投資仲裁では、いずれの事件においてもロシア側の正当化事由が検討されていないが[16]、2022 年以降の仲裁案件でも同様の判断が維持されるか、検討を要する。第5に、初期の案件においてロシア政府は仲裁手続を欠席した。これは、クリミアの国際法上の地位に仲裁廷が触れることをロシア政府が警戒していたためと解される[17]。その後、（領有権の判断なしに管轄権判断を下す仲裁判断が現れたことにより）こうした懸念がなくなり、仲裁手続（抗弁提起、本案防禦、賠償額算定）及び関連手続（仲裁判断取消、執行停止請求、再審請求）に出席し始めている。このように、（領有権問題に触れないという条件付きではあるが）ロシア政府は投資協定及び投資仲裁を完全に無視するのではなく、むしろ仲裁廷闘争を通じて法的見解を示し、自国の立場を法的に正当化しようとしている[18]。クリミア投資紛争の今後の動向を見定める必要はあるものの、ウクライナ侵攻（2022 年）に起因する投資紛争について、ロシア政府が仲裁手続に出席する可能性がないわけではない[19]。

2. 「投資財産」の地理的要件
(1) 宇露 BIT 第1条1：「領域」

　ウクライナ投資家対ロシア政府の投資仲裁における争点の1つは、財産所在地の法的地位である。一般に、A 国と B 国の間で締結された BIT の目的は、一方の締約国（A 国）の投資家 a が他方の締約国（B 国）内に有する投資財産を保護することである。従って、A 国内にある a の財産は、そもそも BIT 上で保護される「投資財産」とはみなされない。この点について、宇露 BIT 第1条1は次のように規定する。「『投資財産』(investments) は、一方の締約国［ウクライナ］の投資家が他方の締約国［ロシア］の領域において (on the territory of

the other Contracting Party)作られたあらゆる種類の資産および知的価値を指す」。
従って、仮にドンバス地方のウクライナ人財産が損害を被った場合、当該財産が BIT 上で保護される「投資財産」とみなされるためには、当該場所がロシア「領域」(territory)であることが求められる[20]。逆に、ドンバス地方がウクライナの「領域」であるとすると、当該財産はウクライナ国内にあるウクライナ国民の財産であり、1 条の「投資財産」に該当しない。このように、宇露 BIT 上の投資保護を目指す場合、財産所在地の法的地位が重要な争点となる。特に問題となるのは、軍事的に占領されている場所が BIT 上のロシア「領域」とみなし得るか否かである。

(2) 適用基準：法的措置と物理的支配

　軍事占領のみで「領域」要件を満たすか否かに関して、PrivatBank v. Russia 仲裁廷(中間判断 2017 年)は次のように述べて否定的な見解を示した。「一方の国の軍隊(troops)が他国の領域に存在する場合、当該軍隊が問題の領域において事実上の実効的支配(effective de facto control)を及ぼしているとしても、これによって BIT の適用が開始されるとは考えない。兵隊は BIT 上の義務をバックパックの中に持ち運んでいるのではない(Solders do not carry BIT obligations in their backpacks)。条約の適用にはそれ[＝軍隊の存在]以上のものが求められる[21]」。続けて仲裁廷は、「確立した長期に渡る支配」(settled, long-term control)が求められるとし、その判断に際しては、①当該国家が支配を公認し、合法化する(formalise, constitutionalise)ための法的措置(legal steps)をとっていること(法的措置基準)、及び、②「確立した、長期にわたる、物理的な支配の表示」(物理的支配基準)の 2 つの基準を挙げている[22]。すなわち、①②の両基準に基づいて BIT 上の「領域」要件が判断されることになる。

(3) 適用基準：管轄権と事実上の支配

　Stabil v. Russia 仲裁廷(管轄権判断 2017 年)も同様の判断を示し、以下のように述べて、クリミアが宇露 BIT 上のロシア「領域」であると結論付けている。第 1 に、クリミアにおいてロシアが「物理的支配(physical control)を伴う実効的支配(effective control)を確立している」ことには疑問の余地がない(para. 132)。

第2に、BIT上の文言である「領域」(territory) の通常の意味は、「国際法上の合法な権原を有さなくても、締約国が管轄権 (jurisdiction) 及び事実上の支配 (de facto control) を行使している場所を含む」(para. 146)。結論として、仲裁廷はクリミアがBIT上の「領域」に含まれると判断した。ここで仲裁廷が判断基準とした「管轄権」については内容が不明であるが、国内法上の根拠を有する権限行使と理解すれば、Privatbank v. Russia 仲裁廷の示した基準①（法的措置基準）と同一の基準と解することができる。すなわち、同じように①（法的措置基準）と②（物理的支配基準）に基づいてBIT上の「領域」を判断していると解し得る。

(4) 具体的な争点

　上記の2つの判断基準（①②）を用いた場合[23]、具体的には以下の点が争点となり得る。第1に、ドンバス地方に関して、2014年から2022年には、（ロシア系住民による独立宣言と実効的支配は存在したものの）ロシアの軍事占領は生じておらず、ロシアによる実効的支配が及んでいたと解するのは困難である（①②を満たさない）[24]。第2に、2022年2月以降、キーウ等のウクライナ諸都市に対するロシアのミサイル攻撃が行われているが、この場合もBIT上のロシア「領域」要件を満たさない（①②を満たさない）。第3に、2022年2月24日以降、ウクライナ東部（ドンバス）と南部（ヘルソンとザポリッジャ）においてロシアによる軍事占領が生じているが（②を満たす）、ロシア国内法上の編入措置（又はこれに相当する措置）は行われていない（①を満たさない）。第4に、ロシアによるウクライナ4州の編入（2022年10月3〜4日）[25]以降は基準①②をいずれも満たす。ただし、編入された4州のうち、ロシア軍の占領が州全域に及んでいない地域（特にドネツク州とザポリッジャ州）については、基準②を満たさないと解される。

(5) ザポリッジャ原子力発電所の国有化

　実際に投資紛争が生じ得る例として、ザポリッジャ原子力発電所の国有化がある。同原発は欧州最大の原子力発電所であり、ウクライナ原子力企業エネルゴアトムが保有している。2022年10月5日の大統領令により、ロシア

は同原発を管理下に置くための国営企業を設立し、原発資産を移転させることを決定した[26]。BIT 上の「領域」要件については、第 1 に、ロシア国内法上、ザポリッジャ州は既にロシアに編入されており、基準①（法的措置基準）を満たす[27]。第 2 に、2022 年 3 月以降、原発自体はロシア軍の支配下にあるため、基準②も満たす。その結果、ザポリッジャ原発の所在地域は BIT 上のロシア「領域」とみなされるため、エネルゴアトム社はロシア政府を相手に投資仲裁に紛争を付託し、宇露 BIT 上の違法収用を主張し得ることになる。

(6) 投資財産の設立時点の問題

　上記のように、BIT 上の「領域」要件について、仲裁廷は 2 つの基準（①②）を用いており、慎重な判断を示している。ただし、BIT 第 1 条 1 は、「領域」要件に加えて、投資財産が（投資受入国の）「国内法に従って」(in accordance with its legislation) 設立されることを求めている。そのため、以下の 2 通りの理解が可能となる。①当初の投資設立時点が判断基準であるため、クリミア併合前のウクライナ法に基づいて設立されたと解する（この場合、BIT 上の投資財産とはならない）。②投資設立時点は、クリミアがロシアに併合された時点を判断基準とするため、クリミア併合後はロシア法に基づいて設立された財産と解する（この場合は BIT 上の投資財産となる）。仲裁廷は後者の立場をとっているものの、この点は文言解釈として無理があり、今後の仲裁案件においても争点となり得る[28]。

3.　実体的義務の違反

　宇露 BIT 上で問題となる実体的義務は、投資の奨励と保護の義務（第 2 条）[29]、内国民待遇義務及び最恵国待遇義務（第 3 条）、収用要件（第 5 条）[30]、資金の自由移転の確保義務（第 7 条）である。なお、Stabil v. Russia の仲裁廷（本案判断）は、比較的簡潔に違法収用（第 5 条違反）の認定を行ったものの (para. 259)、その他の義務違反についての判断はすべて省略している (para. 260)[31]。ただし、ロシアの行為の規模や性質に鑑みて、多くの案件では、比較的容易に BIT 上の投資保護義務違反（特に違法収用）が認定されると考えられる。

4.　紛争解決手続

　宇露 BIT 上の投資紛争解決手段は次の 2 つである。第 1 に、投資家対国家の紛争解決手続である。まずは交渉による解決に向けた最大限の努力が求められ（第 9 条 1）、6 ヶ月以内に交渉によって紛争が解決しない場合に以下の選択が可能である。①投資財産が作られた領域の締約国の権限ある裁判所又は仲裁裁判所。②ストックホルム商業会議所仲裁協会（SCC）。③ UNCITRAL 仲裁裁判所。①はロシア国内裁判であり、救済の可能性が低いため、ウクライナ投資家は②③を選択することになる。クリミア事案では、全ての事件において③が選択されている。2022 年以降の新たな対ロシア投資仲裁も同様に③に進むものと目される。なお、仮に仲裁判断においてロシア政府に対する賠償命令を得たとしても、その後に仲裁判断の執行の問題が生じる。この場合、ロシア国内での執行が困難であるため、第三国（例：米国）において仲裁判断の承認執行を求めることになる。第 2 に、宇露 BIT には国家間の紛争解決手続（国家間仲裁手続）も定められている（第 10 条）。投資家対国家の紛争解決手続が機能しない場合（あるいはそれと同時並行で）、ウクライナ政府がロシア政府を相手に国家間仲裁手続を利用する可能性が残されている[32]。

5.　安全保障例外および武力紛争法

　宇露 BIT は安全保障例外条項を設けていないため、戦争や武力紛争の際の適用方法については明らかではない。ただし、第 6 条[33]において、戦争起因の損害賠償の際の最恵国待遇義務が定められていることから、戦争時にも BIT が適用されることが前提とされている。なお、Stabil v. Russia 仲裁廷は、安全保障例外や緊急避難等の正当化事由を一切検討していないが、その理由に関しては、（クリミアでは武力紛争が終了しており）BIT の適用に際して問題視する必要がなかったためか、あるいは、単にロシアが欠席し、安全保障例外等の正当化を行わなかったためか、明らかにしていない。

　クリミア投資紛争と異なり、2022 年のウクライナ侵攻に起因する投資紛争に関して、仲裁廷が同様の結論に至ると考えるのは難しい。第 1 に、仮に宇露 BIT が適用可能であるとしても、ウクライナ侵攻については（クリミア投資紛争と異なり）現在進行形の武力紛争が存在するため、慣習国際法上の緊

急避難等の正当化事由が提起される可能性がある。第2に、戦争の際の投資損害賠償において最恵国待遇義務が課されるに止まる（BIT第6条）ことに鑑みると、戦争損害を受けた投資財産が完全賠償（ハル基準に基づく公正市場価格の賠償支払）を得ると解するのは困難である。第3に、武力紛争法上、軍事的利益に比例して過度の付随的損害を引き起こす無差別攻撃が禁止されるに止まる[34]。その結果、BITが武力紛争時に適用される場合、国際投資法上の帰結（＝投資財産に対する高額の賠償命令）と武力紛争法上の帰結（＝軍事的必要性が高い場合に民間財産損害の賠償義務が生じない）の間に齟齬が生じる。以上のように、仮にクリミア投資仲裁が一定程度順調に進行していたとしても、ウクライナ侵攻に起因する投資仲裁は背景事実が異なるため、同様に順調に進行するとは限らない。

6.　戦後賠償との関係

投資仲裁は、個々の投資損害を回復するための1つの法的手段ではあるが、被害者・被害財産の規模に鑑みると、個別的解決は現実的ではなく、また十分でない[35]。そのため、本来的には、戦後処理形態について（投資仲裁以外の）方策も検討しておく必要がある。第1に、今次のウクライナ侵略では、民間人犠牲・損害が大規模に発生しているため、個々の事案の賠償認定を行っていると膨大な時間がかかる。救済実現を優先する場合、一括賠償支払（ランプサム）が現実的であろう[36]。第2に、第1次大戦後の混合仲裁裁判所のように、被害者個人が個々にロシアを相手取って賠償請求を行うことを認める方式もあり得る。ただし、独立の賠償審査機関（賠償委員会等）を設置する場合、既存の投資仲裁との間で権限配分等の調整が必要となる。

Ⅱ.　外国人投資家対ロシア政府

1.　ロシア事業からの外資企業の撤退

ロシアによるウクライナ侵攻の後、外資企業（米欧日企業）によるロシア事業からの撤退表明・撤退決定が相次いでいる[37]。ロシア事業撤退の背景として、以下の点を指摘し得る。第1に、対露経済制裁（輸出禁止措置）によって

サプライチェーンが断絶し、部品調達が困難となり、事業撤退を余儀なくされている[38]。第2に、本国の経済制裁に呼応・連動して、(法的義務はないものの)自主的に撤退している。第3に、ロシア事業継続によって評判(レピュテーション)低下を招く危険があり、撤退せざるを得ない。このように、やむを得ず撤退を判断している場合もあるため、全てが対ロシア「制裁」と評し得るわけではない。

　ロシア側は、外資企業が急に撤退した場合、様々な不利益が発生するため(例：設備管理の維持が困難となる、経営能力がない、雇用維持が困難となる、GDP成長率を低下させる)、外資企業を(一定程度)国内に引き留める必要がある。ただし、石油ガス開発のようにロシア側の立場が強い産業分野では、逆に外資撤退(を決断できるか否か)をロシア側が迫る場合もある。

2.　外資撤退に関連するロシアの措置

(1) 強制実施権 (2022年3月6日)

　ロシア政府決定第299号(「特許使用に際しての補償金不払い」)により、「非友好国」企業の知的財産(特許、意匠等)利用料がゼロに設定された[39]。ロシア国内では、外国企業の撤退後、ロシア企業が類似のロゴを用いて経営続行する例があり[40]、上記決定は商標権侵害を発生させないための手段と解される。他方、一般に投資保護条約では知的財産権が投資財産として保護されていることから[41]、投資財産に対する損害として投資仲裁に紛争を付託することが可能である。

(2) 外部管理法案 (2022年4月12日)

　ロシア下院に提出された外部管理法案[42](現時点で未可決[43])の概要は以下の通りである[44]。第1に、以下の場合、裁判所の決定にもとづいて外部管財人が任命される(第1条2項)。①ロシア(連邦、法人および自然人)に対して非友好的行動を実行する外国国家[45]と関係を有する外国人が、企業の支配権を有する者である、または企業の議決権付き株式もしくは企業の定款資本金を全体の25%以上直接的もしくは間接的に保有している場合、及び、②企業が、ロシア連邦またはロシア連邦構成主体における経済および民事取引の安定性

の確保ならびに市民の権利および合法的利益の保護にとって重要な意義を有する場合[46]。第 2 に、上記企業が、① 2022 年 2 月 24 日以降に明白な経済的理由なしに企業の活動停止について宣言し、②活動の実施にとって重要な意義を有する企業の契約を破棄し、又は、③全体の 3 分の 1 を超える従業員に対して企業従業員数又は定数の削減を通告した場合、同様に外部管財人が任命される。第 3 に、外部管財人は該当企業について精算又は倒産手続を開始し、株式持分を競売で売却する。外部管財人の機能を果たしていた企業は、落札者が提示した価格で購入する優先権を有する（第 13 条 15 項）。売却最低価格でも買手がない場合、株式持分はロシア連邦が当該最低価格で取得する（第 13 条 25 項）。

　以上のように、重要産業分野において外資 25％以上の企業がロシア事業から撤退する場合、外部管財人が任命され、企業再編手続・倒産手続が開始され、他企業への売却又はロシア連邦に低価格で売却される。同法案は、直接的に収用・国有化を目指したものというよりは、むしろ撤退外資企業を国内に止める、あるいは撤退後の代替企業への組織転換を目指すものと解される。ただし、適用要件が曖昧であり、拡大解釈が可能である点[47]に加え、多くの場合に（無補償又は不十分な補償による）間接収用又は直接収用が生じる、という点から、投資損害リスクは大きい[48]。後述のように、日露 BIT による保護を検討すべき事案である。

(3) サハリン 2 の株式移転（2022 年 6 月 30 日）

　ロシア石油天然ガス開発プロジェクト「サハリン 2」は、英領バミューダ会社サハリンエナジー（Sakhalin Energy Investment Company Ltd）が運営し、ロシア国営ガス会社ガスプロム（50％ プラス 1）、英シェル（27.5％ マイナス 1）、三井物産（12.5％）、三菱商事（10％）が株式保有していた。ロシアのウクライナ侵攻後、2022 年 2 月に英シェルは同事業からの撤退を表明している[49]。

　大統領令 416 号（2022 年 6 月 30 日）[50]により、ロシアは同事業について新たに有限責任会社を設立し、サハリンエナジーの全ての権利と義務を同会社に移転した。既存の参画企業は持分維持申請（期限 1 か月）を行い、ロシア政府が株式数に比例して当該持分を引き渡すか否かを決定する（ただし決定基準

は不明)。引渡されなかった場合、株式持分はロシア法人に売却される（1条h項）。すなわち、日本企業が持分維持の申請をしなかった場合、あるいは申請しても持分引渡が認められない場合、無補償で当該株式持分を失うことになる（従って当然に違法収用となる）。日本国内では賛否両論があったが、三井物産の申請（12.5％保有）[51]と三菱商事の申請（10％保有）[52]がいずれもロシア政府によって認められたため、最終的に投資紛争は発生しなかったと解される。ただし、サハリン2問題は、対外投資と経済制裁の複雑な関係を示すことになった。一方で、日本国内では、対ロシア制裁強化（＝サハリン2事業撤退）とエネルギーの安定供給確保（＝サハリン2事業継続[53]）の間の議論が活発になされた。他方、サハリン2に関して日本企業は長期生産物分与契約を締結しており、比較的安価なエネルギー取得が可能である。そのため、仮に日本企業が事業撤退した場合、ロシアは第三国（中国）に高額でガスを販売することが可能となり、外貨収入を増やすことができるため、「制裁」という観点からは逆効果となる[54]。このように、「制裁」という観点から見た場合、事業撤退より事業継続が望ましいことになる。

(4) サハリン1の株式売却停止（2022年8月5日）と株式移転（2022年10月7日）

2022年8月5日のロシア大統領令第520号[55]により、主要産業分野（化石燃料と銀行等）において2022年末までの株式売却（事業撤退）が禁止された。禁止対象取引には「サハリン1」事業が含まれており（第2項(c)）、同事業に関連する「生産物分与協定、共同事業契約、またはその他の契約の締約者が保有する参加持分、権利および義務の所有、利用および（または）処分に係る権利の設定、変更、解除もしくは抵当権設定を直接的および（または）間接的に招く取引（オペレーション）」がすべて禁止された。サハリン1に出資する米エクソンモービル社（ExxonMobil、30％株式保有）は、2022年3月1日に事業撤退および新規投資をしないことを発表していたが[56]、上記措置により、2022年末まで株式売却ができなくなった[57]。そのため同社は、ロシア政府に対する投資仲裁付託を通告している[58]（現在、仲裁手続が進んでいるか否かは不明）。その後、エクソンモービルはサハリン1から完全撤退し、ロシア政府によって権益を没収されたと主張している[59]。

その後、2022 年 10 月 7 日の大統領令 (723 号)[60] により、サハリン 1 についても (サハリン 2 と同様に) ロシア新会社が設立され、事業移転が行われることが決定された[61]。サハリン 1 には、米エクソン (30%)、日本のサハリン石油ガス開発 (30%)、ロシア国営石油ロスネフチ (20%)、インド石油天然ガス公社 (ONGC) (20%) が出資しており、サハリン石油ガス開発には経済産業省、伊藤忠商事、石油資源開発、丸紅などが出資している。日本政府と日本企業には、サハリン 1 事業を継続するか撤退するかの決定が求められることになるが、サハリン 2 の場合と同様に事業継続を目指すものと思われる[62]。

3. 日露 BIT

上記のようなロシアの措置が日本企業 (日本人投資家) に対して実施され、日本企業がロシア国内で投資損害を被った場合、日露 BIT[63] に基づく紛争解決手続 (投資仲裁手続) による損害回復を目指すことが考えられる。以下では、実際に仲裁付託した場合の順序に従って、問題となる争点を検討しよう。

(1) 仲裁付託 (仲裁条項)

日露 BIT 第 11 条 2 は、投資仲裁付託について以下のように規定する。「いずれか一方の締約国の投資家が行う投資から生ずる法律上の紛争が友好的な交渉により解決されない場合には、当該紛争は、当該一方の締約国の投資家の要請に基づき次のいずれかに付託される」。候補となる紛争解決手続は、(1) ICSID 条約[64] が両締約国間において効力を有する場合には、同条約の規定による調停又は仲裁、(2) ICSID 条約が両締約国間において効力を有しない場合には、ICSID 追加的制度 (ICSID Additional Facility) についての規則に基づく調停又は仲裁、(3) UNCITRAL (国際連合国際商取引法委員会) 仲裁規則に基づく仲裁、の 3 つである。いずれの場合も、投資家側 (日本企業) が一方的に仲裁に紛争を付託することによって、仲裁管轄権が設定される。なお、選択肢 (1) について、日本は ICSID 条約を批准しているが、ロシアは未批准であるため (署名のみ)、日本投資家が利用し得るのは (2) 又は (3) に限られる。

(2) 実体的争点 (投資保護の実体規定)

　投資仲裁に紛争を付託する場合、日露 BIT 上のロシアの義務違反を主張することになる。日露 BIT は、通常の「投資財産」の定義規定 (第1条)[65] を置いた上で、最恵国待遇義務 (第3条1)、内国民待遇義務 (第3条2)、公正衡平待遇義務 (第3条3)[66]、収用要件 (第5条)[67]、資金移転の自由 (第8条) を定めている。恐らく最も多くの投資保護義務違反が生じ得るのが違法収用 (間接収用) である。具体的に上記の外部管理法 (案) を見てみると、①法案では、国民生活の保護という規制目的が示されており、事案によっては適正な規制権限の行使として正当化される (=間接収用に該当しない) 場合も想定し得る[68]。仮に収用に該当することが認められる場合には、②ロシアが「非友好国」国民の財産を対象としている点から、差別的措置であり、合法収用要件を満たさないと考えられる[69]。また、③無補償の場合、補償要件を満たさず、違法収用となる。④市場価値の低下したロシア・ルーブルで補償支払いを行った場合も、同条の「実効的な補償」要件を満たさない。

(3) 安全保障例外

　日露 BIT の「不可分の一部を成す」附属書には、次のような安全保障例外規定 (第5条1) が設けられている。「協定第3条2の規定 [内国民待遇] にかかわらず、各締約国 [ロシア] は、外国投資家 [日本人投資家] の活動を排除し又は制限する経済分野及び地域を、国の安全のために真に必要な場合において (in case it is really necessary for the reason of national security) 関係法令に従って決定する権利を留保する」。同条については、以下の点が争点になり得る。第1に、同条は安全保障例外と位置付けられるものの、適用対象事項が内国民待遇義務 (BIT 第3条) に限定されており、その他の条文の違反を正当化し得るとは解されない。第2に、ウクライナ侵攻自体は「国 [ロシア] の安全」にかかわる問題と解することが可能であるが、同侵攻を背景として生じた外資撤退とそれを阻止するための外国人財産の国有化が、「ロシアの安全のため」に「真に必要」であると解するのは難しいであろう。第3に、手続上、BIT 発効後に同条の「新たな経済分野及び地域を決定する場合」、「その決定の日から 60 日以内に当該経済分野及び地域を他方の締約国 [日本] に対し通報する」

ことが求められる (附属書第5条3)。第4に、当該「通報」があった場合、日本側 (日本政府) は「協定第13条の規定に基づいて申入れを行うことができる」(附属書第5条4)。すなわち、国家間紛争解決手続が想定されている。

(4) 仲裁判断の執行

　仮に日本人投資家側に有利な仲裁判断が出たとしても、仲裁判断の執行の問題が残る。第1に、日露BIT第11条3は以下の規定である。「仲裁の決定 (decision) は、最終的なものとし、かつ、紛争の当事者を拘束する。この決定は、その執行が求められている領域の属する国で適用されている仲裁の決定の執行に関する法令に従って執行される」。第2に、ロシアは連邦法 No.171-FZ (2020年6月8日)[70] によって商事手続法を改正し、対ロシア制裁から生じる紛争について、ロシア商事裁判所の排他的管轄権を設定し、他国の仲裁や裁判所の裁定・判決をロシアで執行し得ないこととした。上記の日本投資家対ロシア政府の投資紛争が対ロシア制裁から生じる紛争に該当するか否かは明らかではないが[71]、仮に該当する場合は、投資仲裁判断をロシア国内で執行することは排除される。第3に、1958年の外国仲裁判断の承認執行に関する条約 (ニューヨーク条約) にもとづき、同条約当事国における仲裁判断の承認執行を求めることが可能である。ただし、この場合も、同条約第5条1項 (b) に規定される「公序」例外が援用されることが考えられる。また、最終的に仲裁判断を執行する際に問題となるのが、対象財産の法的性質と主権免除である。例えば、仲裁申立人 (勝訴側) が、第三国 (米国) でロシア国有財産の差押え・執行を求めた場合、米国裁判所は当該財産の執行免除を認める必要がある。なお、当該財産が「商業的目的」に使用されている場合、執行の可能性はある (国連国家免除条約19条参照[72]) が、諸外国においてロシアの商業目的の財産を見出すのは困難と解される。現時点で、欧米諸国は自国内のロシア国有財産 (中央銀行預金等) を凍結しており (後述)、上記の強制執行に備えているとも考えられるが、実際に強制執行を行うか否かは定かではない。なお、一般的に中央銀行資産は公的目的の資産とみなされるため、執行対象とはみなされない。

(5) 国家間仲裁

BIT 上の紛争は、投資家と投資受入国の間だけでなく、投資家本国と投資受入国の間でも生じる。この場合の紛争解決について、日露 BIT 第13条は以下のように規定する。「各締約国［ロシア］は、この協定の運用に影響を及ぼす問題に関して他方の締約国［日本］の行う申入れに対し好意的な考慮を払うものとし、また、当該申入れに関する協議のための適当な機会を与える」。このように、日本政府は「申入れ」を行うことが可能であるが、その後にとりえる手続は「協議」に限られており、実効的な紛争解決に繋がるとは言い難い。

(6) 全体的評価

以上のように、ロシアによる投資制限措置は、一見すると日露 BIT 上の投資保護義務の違反を引き起こす可能性があるが、投資仲裁による紛争解決にはハードルが多く存在する。ただし、上記のクリミア投資仲裁例で見たように、ロシアが投資仲裁を全面的に否定しているわけではない。関連する対ロシア投資紛争案件を詳細に分析しつつ、日本企業は投資仲裁の利用可能性や立論について検討しておく必要がある。

Ⅲ．外国人投資家対ウクライナ政府

ロシアのウクライナ侵攻後、ウクライナ政府は国内のロシア系財産の差押えを行っており、ロシア投資家（およびその他の外国人投資家）の投資財産に損害が生じている。そのため、今後、ウクライナ政府を相手取った仲裁案件が開始される可能性がある（なお、宇露 BIT 上の安全保障例外等の論点については前述）。

1. ロシア投資家対ウクライナ政府

2022年5月11日、ウクライナのゼレンスキー大統領は、ロシア系銀行がウクライナに有する資産の差押え (seizure) を認める大統領令326号を発出し、翌日、ウクライナ最高議会が大統領令を承認する法案を可決した[73]。これに

より、ロシア銀行大手のズベルバンク(ロシア貯蓄銀行)とロシア開発対外経済銀行(Vnesheconombank: VEB)のウクライナ子会社の株式(の大半)が差押さえられることになった(実質的には補償なしの間接収用に該当し得る)。これに対して両銀行は、宇露 BIT にもとづき、ウクライナ政府を相手取って紛争を仲裁に付託し、違法収用を主張することを明らかにしている[74](実際に仲裁手続が開始されているか否かは現時点では不明)。ちなみに、VEB は 2019 年にウクライナ政府を相手に投資紛争の仲裁付託(SCC 仲裁)を行っており[75]、管轄権が認められている(2021 年の先決的抗弁中間判断)[76]。

2. オーストリア投資家対ウクライナ政府

　ウクライナ政府による資産差押えの対象には、ロシア企業だけでなく、ロシア系企業が含まれる。例えば、オーストリアの AMIC Energy 社(ウクライナでガソリンスタンドを経営)は、2015 年にロシア企業グループ LUKEOIL の傘下にあった LUKOIL Ukraine CFI 社を完全子会社化し、同社は後に AMIC Ukraine と名称変更された。2022 年 8 月 18 日、ウクライナ経済安全保障局(the Bureau of Economic Security of Ukraine: ESBU)は、AMIC Ukraine 社(と名指しはしていなかったものの)が「ロシアと関係を有する(is connected to the Russian Federation)」ことを理由として、AMIC Energy 社の 308 か所の資産(ガソリンスタンド、貯蔵施設等)の差押手続を開始した。AMIC Energy 社はこの判断に反発し、国際投資仲裁への紛争付託の意思を示している[77]。なお、オーストリアとウクライナの間には BIT[78] があり、ICSID 仲裁又は UNCITRAL 仲裁を選択することが可能である。

IV. ロシア投資家対日本政府

　日本政府の対ロシア金融制裁(資産凍結措置)によってロシアの戦争継続能力の逓減が期待されるところであるが、ロシア投資家対日本政府の投資紛争を引き起こす恐れがある。

1. 資産凍結措置（金融措置）

　2022 年 2 月 26 日から日本政府が実施している対ロシア（後にベラルーシを追加）経済制裁（「金融措置・貿易措置」）[79] は、(1) 資産凍結等の措置、(2) ロシア連邦の特定団体への輸出等に係る禁止措置、(3) ロシア連邦への奢侈品の輸出禁止措置、の 3 つに分かれる。このうち (1) が金融制裁と呼ばれており、制裁対象者（個人・団体）に対する (i) 支払規制（外務省告示により指定された者に対する支払等を許可制とする）及び (ii) 資本取引規制（外務省告示により指定された者との間の資本取引（預金契約、信託契約及び金銭の貸付契約）等を許可制とする）の 2 つの措置で構成される。(1) (ii) の措置により、対象個人・団体が有する日本国内の銀行口座預金の移転ができなくなる（いわゆる「資産凍結」）。

　資産凍結措置の対象者は、直近の措置の時点（2022 年 10 月 7 日）で個人が計622 名、団体が計 53 団体である。ロシアの戦争遂行能力の維持に貢献・寄与し得るか否かが選別基準になっていると考えられ、制裁対象個人には、公人（大統領、国務大臣、国会議員、軍人）と民間人（とその配偶者及び親族）が広く含まれる[80]。制裁対象団体に関しては、銀行や金融関係企業・軍需企業に加え、（一見するとウクライナ戦争に関係のない）民間企業が含まれる。金融制裁の中で最も注目されるのが、中央銀行に対する資産凍結である。2022 年 3 月 1 日に、ロシア連邦中央銀行（Central Bank of the Russian Federation）が制裁対象リストに加えられた結果[81]、同銀行は日本銀行に保有する円建て外貨準備（2021 年時点で 4〜5 兆円）を他の金融機関に送金できなくなった[82]。

2. 日露 BIT 上の論点

　上記の日本政府の資産凍結措置に関しては、そもそも国際法上の免除違反の問題が生じ得るが[83]、加えて以下のように日露 BIT 上の投資紛争を生ぜしめる危険がある。第 1 に、日露 BIT 上の保護対象である「投資財産」は「すべての種類の資産」であり（第 1 条 1. なお、第 1 条 1 (a) 〜 (e) は「投資財産」の例示列挙に止まる）、ロシア個人・団体が日本国内に有する銀行口座預金は「投資財産」に該当する。第 2 に、日露 BIT 上、投資家は「自然人」を含むため、ロシアの個人（例えばプーチン大統領を含む）と企業が投資家に該当する。第 3 に、日本政府による資産凍結は、財産権自体を否定するものではないものの、財

産の使用や享受 (use and enjoyment) を阻害するため、間接収用を構成し得る[84]。従って、補償支払等の合法収用要件 (BIT 第 5 条 1) を満たさない場合、違法収用となり得る。第 4 に、資産凍結は「投資に関連する移転を行う自由」を保証する義務 (第 8 条 1) に違反し得る。第 5 に、ロシア個人・団体を特に狙い撃ちにした措置であることから、内国民待遇義務 (第 3 条 2) と最恵国待遇義務 (第 3 条 1) に違反し得る。以上より、日本政府は、ロシア人投資家が投資仲裁付託を行う可能性を十分に考慮に入れつつ、上記論点について整理・準備を行っておく必要がある。

おわりに

　本章で見たように、ロシアによるウクライナ侵攻 (及びクリミア併合) に起因する投資紛争が多様な形で発生している (あるいは今後発生する可能性がある)。クリミア併合やウクライナ侵攻から直接的に生じる投資紛争だけでなく、ロシアからの事業撤退、ロシアによる企業国有化、対ロシア金融制裁 (資産凍結) など、投資仲裁の対象となり得る問題は多岐に渡る。本章の分析から、以下の点を指摘することができる。

　第 1 に、ウクライナ投資家対ロシア政府の投資紛争が仲裁に付託されており、今後も同様の仲裁案件が生じると考えられる。当然ながら、投資仲裁自体に現在進行形の軍事侵攻を止める力はない。とは言え、多数の対ロシア投資仲裁において様々な国際法上の評価が示されることにより、ロシアの法的な立場を多方面から弱めていくことが期待できる[85]。領土問題や武力行使問題に関しては、国家間裁判による包括的解決が期待できない以上、個々の投資仲裁を積み重ねていく地道な努力が求められる。

　第 2 に、ロシアの軍事侵攻では、jus ad bellum と jus in bello の違反が多発しており (本書の浅田論文と阿部論文を参照)、一見するとロシアが国際法を全て無視しているように見える。ただし、ロシアに適用される国際法規則は無数にあり、そのすべてをロシアが無視している (又は無視し得る) わけではない。本章で見たように、当初、ロシアはクリミア投資仲裁を欠席していたが、徐々に仲裁廷闘争にコミットする姿勢を見せ始めている。そのため、ロシア側に

法的見解を示させる場として、投資仲裁が機能する余地がある。今後、ロシアが投資仲裁にどのような態度・反応を見せるか、注視しておく必要がある。

第3に、本章の分析は、投資協定と投資仲裁を主に対象としているため、被申立国による抗弁や本案防禦に関しては、他に多様な考慮が必要である。とりわけ、ロシアの先行違法行為を前提とした対抗措置として各種措置が正当化される可能性がある[86]。第三国対抗措置の射程と投資仲裁における援用可能性については、別途検討を要する。

第4に、国際投資法と武力紛争法の関係が争点となり得る。一般にBIT上の安全保障例外条項は、欠如しているか、あるいは存在していても不明瞭である。そのため、武力紛争時にもBITが適用されると解さざるを得ない場合が多いが、そもそも国際投資法（高水準の投資財産保護）と武力紛争法（軍事的必要性に応じて民間人財産への付随的損害発生が認められる）の間には大きな齟齬が生じ得る。今後、ウクライナ関連の投資仲裁における争点となり得るであろう。

第5に、（本章では検討していないが）対ロシア制裁の一環として、日本政府は対露直接投資の禁止措置をとっている[87]（英国も類似の措置をとっている[88]）。対外投資禁止自体は「投資財産」設立前の行為であり、BIT上の「投資財産」が存在しない以上、本来的には投資協定の規律対象とはならない。他方、「制裁」としての直接投資禁止については、長期的にはロシア経済の成長率を下げ、戦争継続を困難にすることが期待される。

［注記］
(1) 本章におけるインターネット情報の最終アクセス日は2022年10月31日である。
(2) 以下のウェブサイト記事に関しては、記事毎のURLを省略している。
　・Investment Arbitration Reporter: https://www.iareporter.com/
　・日本経済新聞：https://www.nikkei.com/
　・ジェトロ（地域・分析レポート）：https://www.jetro.go.jp/biz/areareports/

注
1　Agreement between the Government of the Russian Federation and the Cabinet of

Ministers of the Ukraine on the Encouragement and Mutual Protection of Investments (Moscow, November 27, 1998), at https://investmentpolicy.unctad.org/international-investment-agreements/treaties/bit/2859/russian-federation---ukraine-bit-1998-.

2　例えば、ウクライナ人実業家 Akhmetov 氏は、SCM 社（ウクライナ最大の投資グループ）を通じて広範な産業分野（金属、鉱業、エネルギー、メディア、通信、農業、運輸、物流等）の利益をウクライナ国内に有していたが、ロシアのウクライナ侵攻により損害を被ったため（46 億米ドル強）、投資仲裁への付託を検討している。Vladislav Djanic, "Ukrainian Businessman Foreshadows Billion-Dollar Claim Against Russia over War Losses," *Investment Arbitration Reporter* (May 26, 2022).

3　Aeroport Belbek LLC and Mr. Igor Valerievich Kolomoisky v. Russian Federation, PCA Case No. 2015-07, at https://www.italaw.com/cases/3826.

4　非公開のため詳細は不明であるが、クリミア併合の国際法上の違法性判断を回避しつつ、実効的支配基準で宇露 BIT の適用を肯定したと報じられている。Luke Eric Peterson, "In Jurisdiction Ruling, Arbitrators Rule that Russia is Obliged under BIT to Protect Ukrainian Investors in Crimea Following Annexation," *Investment Arbitration Reporter* (Mar 9, 2017). PrivatBank v. Russia の中間判断と同内容と思われる。

5　PJSC CB PrivatBank and Finance Company Finilon LLC v. Russian Federation, PCA Case No. 2015-21, at https://www.italaw.com/cases/3970. なお、本件は Belbek v. Russia と同じ構成の仲裁廷で同時に審理されている。

6　後に中間判断は訂正（correct）され、新たに 2017 年 3 月 27 日付とされている。

7　Limited Liability Company Lugzor and Others v. Russian Federation, PCA Case No. 2015-29, at https://www.italaw.com/cases/6345. 当初、ロシア政府は仲裁手続を欠席していたが、途中から方針を変更し、出席するようになった。

8　PJSC Ukrnafta v. The Russian Federation, UNCITRAL, PCA Case No. 2015-34, at https://www.italaw.com/cases/4032.

9　Stabil LLC and Others v. Russian Federation, UNCITRAL, PCA Case no. 2015-35, at https://www.italaw.com/cases/4034.

10　Everest Estate LLC et al. v. the Russian Federation, PCA Case No. 2015-36, at https://www.italaw.com/cases/4224.

11　Oschadbank v. Russia, PCA Case No. 2016-14, at https://www.italaw.com/cases/7491.

12　NJSC Naftogaz of Ukraine et al. v. the Russian Federation, PCA Case No. 2017-16, at https://www.italaw.com/cases/4381.

13　DTEK Krymenergo v. Russia, PCA Case No. 2018-41, at https://investmentpolicy.unctad.org/investment-dispute-settlement/cases/1022/dtek-v-russia.

14　Ukrenergo v. Russia, PCA Case No. 2020-17, at https://www.italaw.com/cases/7563.

15　加えて、幾つかの事件では仲裁手続が同時進行で行われている。例えば、Belbek v. Russia と PrivatBank v. Russia は同じ構成の仲裁廷で審理されており、（別個の仲裁判断ではあるが）同じ日に仲裁判断が下されている。Ukrnafta v. Russia と Stabil v. Russia も同様の関係にある。こうした事情の背景には、ウクライナ人実業家 Kolomoisky 氏が多くの事件で申立人企業の実質的な最終株主であることが影響していると考えられる。

16　Stabil v. Russia 仲裁廷は、（ロシアが欠席し正当化を行わなかったためか）管轄権と本案のいずれにおいても、ロシア側の正当化可能性（安全保障例外、緊急避難等）を一切検討していない。

17　Ila Rachkov and Elizaveta Rachkova, "Crimea-Related Investment Arbitration Cases against Russia before International Investment Arbitration Tribunals," *Moscow Journal of International Law*, No. 4 (2020), p. 145, at https://www.mjil.ru/jour/article/view/384?locale=en_US.

18　IA Reporter, "Awards under Russia-Ukraine BIT Surface," *Investment Arbitration Reporter* (Oct 3, 2022).

19　ICJ のジェノサイド主張事件（ウクライナ対ロシア）において、ロシアは先決的抗弁を提出しており（2022 年 10 月 3 日）、法的議論を展開する意思を示している。*Allegations of Genocide under the Convention on Prevention and Punishment of the Crime of Genocide (Ukraine v. Russia)*, Order of 7 October 2022.

20　宇露 BIT 第 1 条 4 では「領域」(territory) の定義が設けられているが、「ウクライナの領域又はロシアの領域を指す」と規定されるに止まり、軍事占領時の「領域」についての言及はない。

21　PrivatBank v. Russia, para. 191. 脚注 204 において仲裁廷は、域外適用に関する欧州人権裁判所の判例に触れつつ、BIT が多数国間の人権条約と異なる点を確認し、欧州人権裁判所の判例を本件で用いないことを明言している。なお、（人権裁判所よりも）厳格な判断基準を用いる根拠として、仲裁廷は投資の「持続性」(sustained character) を指摘している。

22　PrivatBank v. Russia, para. 192.

23　なお、クリミア併合に対する不承認義務と抵触する点を根拠として、一連のクリミア投資仲裁における「領域」の解釈を批判する見解がある。Felix Krumbiegel, "The Applicability of the Russia-Ukraine Bilateral Investment Treaty to Crimea in the Light of the Duty of Non-recognition in International Law," *Journal of International Arbitration*, vol. 38 (2021), p. 669.

24　2014 年から 2020 年にかけてのドンバス地方の法的状態に鑑みて、同地方はあくまでもウクライナ領であり、ロシアの事実上の支配も認められないため、宇

露 BIT の適用対象ではないと結論付ける見解として以下を参照。Stefan Lorenz-meier and Maryna Reznichuk, "Investment law and the Conflict in the Donbas Region: Legal Challenges in a Special Case," in Tobias Ackermann and Sebastian Wuschka (eds.), *Investments in Conflict Zones: the Role of International Investment Law in Armed Conflicts, Disputed Territories, and 'Frozen' Conflicts* (Brill, 2020), pp. 434-435.

25　ウクライナ 4 州（ドネツク、ルハンスク、ザポリッジャ、ヘルソン）のロシアへの「編入」に関しては、大統領声明（9 月 30 日）、大統領による関連文書（編入条約）の署名（10 月 4 日）、ロシア上下院での可決（10 月 3 日、4 日）が行われている。

26　日本経済新聞（2022 年 10 月 6 日）「ザポリッジャ原発、ロシアが国有化　プーチン氏が大統領令」。

27　プーチン大統領による原発国有化宣言は 4 州編入のための国内的措置の施行と同じ日（10 月 5 日）であり、PrivatBank v. Russia 仲裁廷が要求する「確立した長期に渡る領域支配」（settled, long-term control）がザポリッジャ州及びザポリッジャ原発地区について認められるか否かは争点となり得る。ただし、同仲裁廷は、クリミア編入法の施行日（2014 年 3 月 21 日）に「確立した長期に渡る領域支配」が「結晶化」（crystallisation）したと捉えており（para. 194）、ザポリッジャに関しても、4 州編入法の施行によって領域支配が「結晶化」したと解する余地はある。

28　後者の解釈に対する批判として以下を参照。濵本正太郎「投資協定仲裁判断例研究 (147) BIT にいう『領域』は国際法上の領域と必ずしも合致しないと判断した事例」『JCA ジャーナル』69 巻 8 号（2022 年）46 頁。

29　宇露 BIT 第 2 条 2：「各締約国は、自国の法にもとづき、他の締約国の投資家の投資財産につき、完全かつ無条件の法的保護を保証しなければならない（shall guarantee […] the complete and unconditional legal protection）」。

30　Article 5(1): "Investments made by investors of one Contracting Party in the territory of the other Contracting Party shall not be expropriated, nationalized or subject to other measures equivalent in effect to expropriation, except in cases where such measures are taken in the public interest under due process of law, are not discriminatory and are accompanied by prompt, adequate and effective compensation."

31　申立人が、ロシアによる収用以外の条約義務違反によって収用損害とは別の又はより大きな損害を被ったと主張していないことを理由として、違法収用以外の義務違反についての検討を省いている（para. 260）。違法収用にもとづく賠償額に変化・修正がない以上、他の義務違反の認定は不要という判断である。2022 年以降の対ロシア投資仲裁でも同様の判断がなされる可能性はある。

32　Peter Tzengt, "Sovereignty over Crimea: A Case for State-to-State Investment Arbitration," *Yale Journal of International Law*, vol. 41 (2016), pp. 466-468.

33　宇露 BIT 第 6 条：「一方の締約国の投資家が、戦争、騒乱又は類似の状況の結果としてその投資財産に損害を被った場合、他の締約国が、損害に関連してとられる措置について第三国の投資家に与えるよりも不利でない制度 (regime) が与えられる」。

34　関連条文を含め、浅田正彦「ウクライナ戦争と国際法—武力行使と戦争犯罪を中心に—」『ジュリスト』1575 号 (2022 年) 111 頁参照。

35　投資仲裁では一定程度の仲裁費用負担が生じるため、小規模な投資損害については必然的に仲裁付託の選択肢が排除される。また、人命損失等、「投資財産」に含まれない損害も多いため、投資仲裁で全ての損害回復を目指すのは無理である。

36　個人 (研究者) の提案であるが、ウクライナ戦争終結後の戦後処理として、共同基金 (joint fund) を設立し、死傷・損害を受けた個人と企業に対する一括補償 (lump sum compensation) 制度を構築することが提案されている。Marc Weller, "Possible Draft of a Framework Agreement on the Restoration of Peaceful Relations between Ukraine and the Russian Federation," *Opinio Juris* (March 22, 2022).

37　日本経済新聞 (2022 年 9 月 23 日)「トヨタがロシア撤退　侵攻長期化、日本の車大手で初」。その後、10 月 11 日に日産もロシア事業撤退を決定している。日本経済新聞 (2022 年 11 月 11 日)「日産、ロシア撤退へ　1 ユーロで売却し特別損失 1000 億円」。

38　日本経済新聞 (2022 年 4 月 15 日)、「ロシア進出日本企業、36% が事業停止・撤退　民間調べ」。

39　ロシア連邦政府決定 2022 年 3 月 6 日付第 299 号。「当該特許権者の合意なしに発明、実用新案または意匠を利用する権利を行使した者がそれらの発明、実用新案または意匠を利用して行った商品の生産および販売、役務の履行ならびにサービスの提供から得た実際の収益額の 0 パーセントをもって、補償金の額とする」。At, www.jp-ru.org/wp/wp-content/uploads/2022/03/J_P_299_20220306.pdf.

40　例えば、露から撤退した米マクドナルドの店舗に、露飲食店チェーン企業「ワーニャおじさん」が入り、類似のロゴを用いていた (同社はロゴ商標権をロシア特許庁に申請)。また、スウェーデン家具企業イケアの撤退 (露事業の一時停止) に伴い、露家具店「イデア」が類似ロゴの商標申請を行っている。日本経済新聞 (2022 年 3 月 28 日)「ロシアでロゴ模倣相次ぐ　ブランド撤退、受け皿狙う」。

41　例えば、日露 BIT では、「特許、商標、意匠 […] 知的所有権」が「投資財産」として保護されている (第 1 条 (1)(d))。

42　「組織運営に係る外部管財について」(法案 104796-8)。At, www.jp-ru.org/wp/wp-content/uploads/2022/03/J_ZP_20220412.pdf.

43　2022 年 8 月 4 日時点で法案は未可決である。JETRO「在ロシア日系企業駐在員、任地へ『期限付き』で帰還」(2022 年 8 月 4 日)。

44　原文では「組織」とあるが、内容上は「企業」と解されるため、そのように訳出する。

45　ロシア連邦政府指令 2022 年 3 月 5 日付第 430 号において「非友好国」(Unfriendly States) リストが発表されており、欧米諸国に加えて日本が含まれている。At, www.jp-ru.org/wp/wp-content/uploads/2022/03/J_R_430_20220305.pdf.

46　②の要件の詳細は法案第 1 条 6 項に列挙されている。例えば、交通又は社会インフラやエネルギー施設が挙げられているように、ロシア経済及び国民生活にとって重要性を有する場合が想定されている。

47　日露貿易投資促進機構事務局 (一般社団法人ロシア NIS 貿易会)「ウクライナ侵略後のロシアとのビジネスに関する FAQ」。At, www.jp-ru.org/wp/wp-content/uploads/2022/05/FAQ.pdf.

48　日本経済新聞 (2022 年 3 月 12 日)「経済封鎖で企業に試練　ロシア政府『撤退なら資産接収』」。日本経済新聞 (2022 年 4 月 2 日)「ロシア事業撤退、資産接収には投資仲裁で対抗も」。朝日新聞デジタル (2022 年 4 月 13 日)「ロシア撤退企業、国営銀が管理も　議会に法案提出」。

49　Shell, "Shell has announced that it intends to exit equity partnerships held with Gazprom entities," available at https://www.shell.com/about-us/major-projects/sakhalin/sakhalin-an-overview.html. BBC, "Russia moves to take control of Sakhalin-2 oil and gas project," (July 1, 2022), at https://www.bbc.com/news/business-62008413.

50　ロシア大統領令第 416 号「若干の外国国家及び国際機関の非友好的行動に関連する燃料エネルギー分野 における特別経済措置の適用について」(サハリン 2 に関する特別措置)。At, www.jp-ru.org/wp/wp-content/uploads/2022/03/J_U_416_20220630.pdf.

51　ロシア政府指令 2442 号「サハリン 2 への日本企業の参加承認 1」(2022 年 8 月 26 日)。At, www.jp-ru.org/wp/wp-content/uploads/2022/03/J_R_2442_20220826.pdf.

52　ロシア政府指令 2474 号「サハリン 2 への日本企業の参加承認 2」(2022 年 8 月 31 日)。At, www.jp-ru.org/wp/wp-content/uploads/2022/03/J_R_2474_20220831.pdf.

53　日本政府は当初から権益維持の方針をとり、萩生田経済産業大臣 (当時) が三井物産と三菱商事にサハリン 2 の事業参入継続を要請している。「萩生田経済産業大臣の閣議後記者会見の概要」(2022 年 8 月 5 日)。At, https://www.meti.go.jp/speeches/kaiken/2022/20220805001.html.

54　保坂伸 (資源エネルギー庁長官) の以下の発言を参照。「仮にロシアに権益が渡るということになりますと、ロシアは日本向けの安い長期契約ではなくてスポッ

トに出しますので、より高い価格で当該権益からの生産物を第三国や市場で売却することでより多くの外貨を稼ぐことになります。制裁に参加しない第三国に［…］権益が渡る場合も、同様に彼らを利することになります。［…］ロシアに対する制裁の実効性を確保する観点からも、サハリン2の権益につきましては引き続き維持していく考えでございます」。第208回国会参議院経済産業委員会第9号（2022年5月12日）。At, https://kokkai.ndl.go.jp/txt/120814080X00920220512/8.

55　ロシア連邦大統領令520号（2022年8月5日）「幾つかの外国国家および国際機関の非友好的行動に関連する金融および燃料エネルギー領域における特別経済措置の適用について」。At, www.jp-ru.org/wp/wp-content/uploads/2022/03/J_U_520_20220805.pdf.

56　ExxonMobil, "ExxonMobil to discontinue operations at Sakhalin-1, make no new investments in Russia," (March 1, 2022), at https://corporate.exxonmobil.com/News/Newsroom/News-releases/2022/0301_ExxonMobil-to-discontinue-operations-at-Sakhalin-1_make-no-new-investments-in-Russia.

57　Bloomberg News（2022年8月6日）「プーチン大統領、外資系石油会社と銀行に年末までの事業撤退を禁止」。At, https://www.bloomberg.co.jp/news/articles/ 2022-08-05/RG5EA5DWX2PS01.

58　Damien Charlotin, "ExxonMobil Threatens Arbitration against Russia over Difficulties in Exiting Oil and Gas Project," *Investment Arbitration Reporter* (September 1, 2022). 米露 BIT（1992年署名済）(Treaty between the United States of America and the Russian Federation concerning the Encouragement and Reciprocal Protection of Investment (1992), at https://investmentpolicy.unctad.org/international-investment-agreements/treaty-files/2236/download.) はロシア側が未批准のため未発効である。また、ロシアはエネルギー憲章条約（ECT）の締約国ではないため（https://www.energycharter.org/process/energy-charter-treaty-1994/energy-charter-treaty/.）、恐らく投資契約上の仲裁条項に依拠した投資仲裁を模索しているものと推測される。

59　日本経済新聞（2022年10月18日）「米石油大手エクソン、『サハリン1』から完全撤退」。

60　「若干の外国国家および国際機関の非友好的行動に関連する燃料エネルギー分野における 追加特別経済措置の適用について」（www.jp-ru.org/cms/wp-content/uploads/2022/10/J_U_723_20221007.pdf.）。

61　日本経済新聞（2022年10月8日）「ロシア、サハリン1を新会社に移管　判断迫られる日本勢」。

62　なお、サハリン2（液化天然ガスが中心）と異なり、サハリン1で採取される原油は代替調達が容易であり、「短期的には権益を手放しても原油が不足し生活

や経済活動に大きな影響が出るとは考えにくい」と言われる。日本経済新聞（2022年 10 月 8 日）「サハリン 1 も新会社に移管　日本の官民、対応協議へ」。

63　「投資の促進及び保護に関する日本国政府とロシア連邦政府との間の協定」（1998 年 11 月 13 日署名、2000 年 5 月 27 日発効）, at https://www.mofa.go.jp/mofaj/gaiko/treaty/pdfs/A-H12-1631_1.pdf#page=3.

64　「国家と他の国家の国民との間の投資紛争の解決に関する条約」（ワシントン条約）、1965 年採択。

65　「投資財産」として以下のものを例示している。(a) 動産及び不動産に関する権利、(b) 株式及びその他の形態の会社の持分、(c) 金銭債権又は金銭的価値を有する契約に基づく給付の請求権であって、投資に関連するもの、(d) 特許、商標、意匠、集積回路の回路配置、営業用の名称、原産地表示又は原産地名称及び開示されていない情報を含む知的所有権、(e) 天然資源の探査及び採掘のための権利を含む特許に基づく権利。

66　「各締約国の投資家の投資財産及び収益は、他方の締約国の領域内において、常に公正かつ衡平な待遇を与えられ、並びに不断の保護及び保障を享受する。いずれの締約国も、自国の領域内において、不当な又は差別的な措置により、他方の締約国の投資家の投資に関連する事業活動をいかなる意味においても阻害してはならない。各締約国は、他方の締約国の投資家が行なう投資に関して義務を負うこととなった場合には、当該義務を遵守する」。

67　第 5 条 1：「いずれの一方の締約国の投資家の投資財産及び収益も、他方の締約国の領域内において、公共のため、かつ、正当な法の手続に従ってとられるものであり、差別的なものでなく、また、迅速、適当かつ実効的な補償を伴うものである場合を除き、収用若しくは国有化又はこれらと同等の効果を有するその他の措置の対象としてはならない」。

68　濵本正太郎「ロシアによる『非友好国』国民資産の収用と国際投資法」『JCAジャーナル』69 巻 6 号（2022 年）5 頁。

69　鈴木優「ロシアによる『非友好国』企業の『国有化法案』に関する一考察」『JCAジャーナル』69 巻 5 号（2022 年）5 頁。

70　非公式英訳につき以下を参照。Freshfields Bruckhaus Deringer, "An Unofficial Translation of the Russian Federal Law on Amendment of the Arbitazh (Commercial) Procedure Code of the Russian Federation to Protect the Rights of Individuals and Legal Entities in view of the Restrictive Measures Introduced by Foreign States, State Associations and/or Unions and/or State (Interstate) Institutions of Foreign States or State Associations and/or Unions," at http://ssl.freshfields.com/noindex/documents/0720/Federal-law-No-171-FZ.pdf.

71　スペイン鉄道会社とロシア国有鉄道会社の間の商事仲裁事案に関して、ロシアの裁判所は、2020 年商事手続法に基づき、ICC 仲裁判断の国内での執行を拒否する決定を下している（2022 年 6 月 27 日）。Vladislav Djanic, "CIS Round-Up: Russian Court Deems Arbitration Clauses Unenforceable against Sanctioned Entities, New Cases, Concluded Disputes, and an ECtHR Ruling," *Investment Arbitration Reporter* (October 6, 2022).

72　「国及びその財産の裁判権からの免除に関する国際連合条約」（国連国家免除条約。2004 年採択、未発効）。19 条は以下の規定である。「いずれの国の財産に対するいかなる判決後の強制的な措置（差押え、強制執行等）も、他の国の裁判所における裁判手続に関連してとられてはならない。ただし、次の場合は、この限りでない。(a) 当該国が、次のいずれかの方法により、そのような強制的な措置がとられることについて明示的に同意した場合 (i) 国際的な合意 (ii) 仲裁の合意又は書面による契約 (iii)［…］(b)［…］(c) 当該財産が、<u>政府の非商業的目的以外に当該国により特定的に使用され、又はそのような使用が予定され</u>、かつ、法廷地国の領域内にあることが立証された場合。ただし、そのような強制的な措置については、裁判手続の対象とされた団体と関係を有する財産に対してのみとることができる」（下線玉田）。

73　ウクライナ最高議会、ウクライナ大統領令の承認に関する法案「2022 年 5 月 11 日付のウクライナ国家安全保障防衛評議会の決定について」「ロシア連邦およびウクライナの居住者の財産権の強制収用について」（Проект Закону про затвердження Указу Президента України "Про рішення Ради національної безпеки і оборони України від 11 травня 2022 року "Про примусове вилучення в Україні об'єктів права власності Російської Федерації та її резидентів"）, at https://itd.rada.gov.ua/billInfo/Bills/Card/39594.

74　Vladislav Djanic, "Two Russian Banks Threaten Treaty Arbitration against Ukraine Following Seizure of their Assets in the Context of the Ongoing Russia-Ukraine War," *Investment Arbitration Reporter* (May 12, 2022).

75　State Development Corporation "VEB.RF" (Vnesheconombank) v. Ukraine, SCC Case No. 2019/113 and V2019/088, at https://investmentpolicy.unctad.org/investment-dispute-settlement/cases/973/veb-v-ukraine; https://www.italaw.com/cases/8469. クリミア併合後、Everest Estate v. Russia において、申立人（ウクライナ企業）が 1.5 億米ドルの賠償をロシア政府に命じる仲裁判断を得た（2018 年）。同申立人は、仲裁判断の承認執行を求める訴えをウクライナ・キーウ上訴裁判所に提起し、同裁判所が 2018 年にロシア銀行 3 社（VEB、Sberbank、VTB）のウクライナ子会社資産を没収する決定を下した。これに対して VEB がウクライナを相手に仲裁付託したのが VEB v. Ukraine 事件である。

76　VEB v. Ukraine, Partial Award on Preliminary Objections (January 31, 2021), para. 149. 人的管轄権に関して、VEB がロシア法上特殊な地位を有し、実質的にロシア政府の完全支配下にあったため、BIT 上の「投資家」に該当するか否かが争われたが、仲裁廷はこの点を認めた。その際、仲裁廷は、ICSID 条約上で用いられてきた Broches テストの一般的適用性を否定している。Ibid., para. 145.

77　Lisa Bohmer, "Seizure of Gas Stations Allegedly Linked to Russian Interests Prompts Threat of Investment Arbitration against Ukraine," *Investment Arbitration Reporter* (August 20, 2022).

78　Agreement between the Republic of Austria and Ukraine on the Requirement and Mutual Protection of Investments, at https://investmentpolicy.unctad.org/international-investment-agreements/treaties/bit/282/austria---ukraine-bit-1996-.

79　具体的な内容は首相官邸「ロシアによるウクライナ侵略を踏まえた対応について」(https://www.kantei.go.jp/jp/headline/ukraine2022/index.html.) のページ中の「日本政府による制裁措置等　金融措置・貿易措置」を参照。

80　例えば、プーチン大統領の親友と報じられるチェロ奏者のセルゲイ・ロルドゥーギン氏 (Sergei Roldugin) が制裁対象者リストに含まれている (リスト番号 509)。

81　外務省告示 (2022 年 3 月 1 日公布)。At, www.mofa.go.jp/mofaj/files/100308181. pdf.

82　日本経済新聞 (2022 年 2 月 28 日)「ロシアの外貨準備を凍結　21 年時点で 4 〜 5 兆円」。

83　外国中央銀行資産の凍結は慣習国際法上の免除に違反する。国連国家免除条約 (未発効) 第 18 条は以下のように規定する。「いずれの国の財産に対するいかなる判決前の強制的な措置 (仮差押え、仮処分等) も、他の国の裁判所における裁判手続に関連してとられてはならない」。中谷和弘は、同条の違反を認めつつ、対抗措置による違法性阻却が可能という。中谷和弘「ロシアに対する経済制裁」『ジュリスト』1575 号 (2022 年) 116 頁。なお、ロシア政府の先行違法行為 (武力行使禁止原則違反) を停止させるために、ロシア民間人の資産を凍結することが対抗措置として認められるか否かについては、詳細な検討を要する。国家から独立した法人格を有する中央銀行についても同様の問題が生じる。

84　例えば、上記の Stabil v. Russia 本案判断 (para. 225) を参照。

85　Cameron Miles, "Lawfare in Crimea: Treaty, Territory, and Investor-State Dispute Settlement," *Arbitration International* (2022) (advance access publication October 3, 2022), pp. 14-16, at https://doi.org/10.1093/arbint/aiac009.

86　山田卓平「経済制裁の法的規律 (2・完) ―対ロシア制裁の検討―」龍谷法学 54

巻 1 号（2021 年）189-200 頁参照。

87　日本政府は、2022 年 5 月 12 日以後に開始されるロシア向けの新規の対外直接投資を許可制とした（2022 年 4 月 12 日の閣議了解、ロシア向けの「新規の対外直接投資の禁止措置」）。At, www.mofa.go.jp/mofaj/files/100330732.pdf.

88　英国政府が石油会社 BP に対して、ロスネフチ（Rosneft）との事業関係を整理（断絶）するよう圧力をかけたと報じられている。Washington Post (February 27, 2022), "BP to 'exit' its $14 billion stake in Russian oil giant in stark sign that Western business is breaking ties over Ukraine invasion," at https://www.washingtonpost.com/business/2022/02/27/bp-russia-rosneft-ukraine/.

資　料

資料1　ウクライナ戦争関連年表

2014	3.16	クリミア、住民投票 (ロシア編入賛成多数)
	3.17	ロシア、クリミア共和国の独立承認
	3.18	ロシア、クリミア共和国と併合条約署名
	3.27	国連総会決議 68/262 採択 (住民投票無効) 100-11-58
	5.12	ドネック共和国 (DPR) とルハンスク人民共和国 (LPR) 独立宣言
2015	2.12	ミンスク合意II署名
	9.8	ウクライナ、2014 年 2 月 20 日以降のウクライナ領域での行為につき ICC の管轄権受諾
2022	2.21	ロシア、DPR と LPR の独立承認
	2.21	ロシア、DPR および LPR と「友好協力相互援助条約」署名
	2.22	米英加、対ロシア制裁を発表
	2.23	EU 理事会、ロシア人の資産凍結と渡航禁止を決定。日本、対露制裁を発表
	2.24	ロシア、「特別軍事作戦」開始。国連事務総長あて書簡
	2.25	安保理、ロシア非難決議案否決 (ロシア拒否権)
	2.26	ウクライナ、ロシアを ICJ に提訴、暫定措置要請
	2.26	日本、対露経済制裁 (金融措置・貿易措置) 実施
	2.28	ICC カーン検察官、予審裁判部に捜査開始の許可の請求決定を発表
	3.1	日本、ロシア連邦中央銀行の外貨準備を凍結
	3.2	ICC カーン検察官、リトアニアなどの事態付託で捜査開始を発表
	3.2	国連緊急特別総会決議 ES-11/1 採択 (ウクライナに対する侵略) 141-5-35【資料2】
	3.12	EU、ロシアの 7 金融機関を SWIFT のネットワークから排除
	3.16	ICJ、ウクライナ・ロシア事件で軍事作戦即時停止などの暫定措置命令 (13-2)
	3.24	国連緊急特別総会決議 ES-11/2 採択 (ウクライナに対する侵略の人道的帰結) 140-5-38【資料3】
	3.31	ウクライナ、ブチャ奪還。惨状の報道。
	4.12	ロシア下院、外部管理法案 (国有化法案) の審議
	4.26	国連総会決議 76/262 採択 (拒否権行使の説明会合開催制度) コンセンサス
	5.9	ウクライナ民主主義防衛レンドリース法成立
	5.18	フィンランド、スウェーデン、NATO 加盟申請。
	5.23	ウクライナ国内裁判所、ロシア兵に終身刑判決 (後に控訴審で減刑)
	6.9	ドネック裁判所、ウクライナ軍英兵などに死刑判決
	6.30	ロシア大統領令 416 号、サハリン 2 の株式移転
	7.19	ラトビアなど、ICJ ウクライナ・ロシア事件への訴訟参加宣言書提出
	8.5	ザポリージャ原発サイトへの砲撃、その後も相次ぐ

2022	9.11	ゼレンスキー大統領、ハルキウ州イジュームの奪還宣言
	9.21	プーチン大統領、部分的動員令演説
	9.23-27	ウクライナ東部4州で「住民投票」実施
	9.30	ウクライナ東部4州の併合「条約」署名
	9.30	安保理、住民投票無効決議案否決（ロシア拒否権）
	10.3	ロシア、ウクライナ・ロシア事件でICJに先決的抗弁提出
	10.7	ロシア大統領令723号、サハリン1の株式移転
	10.8	クリミア橋爆破
	10.10	ロシア、クリミア橋爆破への報復攻撃
	10.12	国連緊急特別総会決議ES-11/4採択（ウクライナの領土保全）143-5-35【資料4】
	11.14	国連緊急特別総会決議ES-11/5採択（ウクライナに対する侵略の救済および賠償の促進）94-14-73【資料5】

資料2　国連緊急特別総会決議ES-11/1（ウクライナに対する侵略）

採択　2022年3月2日（賛成141、反対5、棄権35）

総会は、

（前文省略）

1. 領水を含む国際的に認められた国境内におけるウクライナの主権、独立、統一および領土保全に対する総会の関与を再確認する。
2. 憲章第2条4項に違反したロシア連邦によるウクライナに対する侵略を最も強い表現で遺憾とする。
3. ロシア連邦に対し、ウクライナに対する武力の行使を直ちに停止し、いかなる加盟国に対するいかなるこれ以上の違法な武力による威嚇または武力の行使も慎むよう要求する。
4. ロシア連邦が国際的に認められた国境内におけるウクライナの領域から自国の軍隊のすべてを直ちに、完全かつ無条件に撤退させることをまた要求する。
5. ウクライナのドネツクおよびルハンスク地域の一定の地区の地位に関連するロシア連邦による2022年2月21日の決定をウクライナの領土保全および主権の侵害でありかつ憲章の原則に合致しないものとして遺憾とする。
6. ロシア連邦がウクライナのドネツクおよびルハンスク地域の一定の地区の地位に関する決定を直ちにかつ無条件に撤回するよう要求する。
7. ロシア連邦に対して、憲章および友好関係に関する宣言に規定された諸原則を遵守するよう要請する。
8. 当事者に対して、ミンスク合意を遵守し、ノルマンディー・フォーマットおよび三者間コンタクト・グループを含む関連する国際枠組においてその完全な履行に向けて建設的に作業するよう要請する。
9. すべての当事者に対して、ウクライナにおいてそれを必要としている人々に、ウクライナ国外の目的地への安全かつ制限のない通行を認める

と共に、人道支援に対する迅速、安全かつ妨げられないアクセスを容易にし、人道要員ならびに女子、高齢者、障碍者、先住人民、移民および児童を含む脆弱な状況にある人々を含む文民を保護し、人権を尊重するよう要求する。

10. ウクライナに対する違法な武力の行使へのベラルーシの関与を遺憾とし、ベラルーシに対して、自らの国際義務を遵守するよう要請する。

11. 国際人道法のすべての違反ならびに人権の侵害および蹂躙を非難し、すべての当事者に対し、適用可能な場合には 1949 年のジュネーヴ諸条約および 1977 年の第 1 追加議定書を含む国際人道法の関連する規定を厳格に尊重しならびに国際人権法を尊重するよう要請し、この点に関して、すべての当事者が専ら医療上の任務に従事しているすべての医療要員および人道要員、その輸送手段および用具ならびに病院その他の医療施設の尊重および保護を確保することを更に要求する。

12. すべての当事者が文民たる住民、民用物を保護する国際人道法に基づく義務を完全に遵守し、文民たる住民の生存に不可欠な物を攻撃し、破壊し、除去し、無用化することを差し控え、人道要員および人道救援活動のために使用される委託貨物を尊重しおよび保護するよう要求する。

13. 緊急救援調整官に対して、この決議の採択の 30 日後にウクライナにおける人道状況と人道対応に関する報告書を提出するよう要請する。

14. ロシア連邦とウクライナとの間の紛争の政治的対話、交渉、仲介その他の平和的手段を通じた即時の平和的解決を要請する。

15. 事務総長、加盟国、欧州安全保障協力機構その他の国際的および地域的機関による現在の事態の悪化防止を支持する継続的な努力ならびにウクライナに関する国際連合危機調整官を含む国際連合および人道機関のロシア連邦による侵略が作り出した人道上および難民の危機に対応するための努力を歓迎すると共に要請する。

16. 総会の第 11 回緊急特別会期を一時的に休会すること、および加盟国からの要請があれば、総会の議長に会合を再開する権限を与えることを決定する。

資料3　国連緊急特別総会決議 ES-11/2（ウクライナに対する侵略の人道的帰結）

採択　2022 年 3 月 24 日（賛成140、反対5、棄権 38）

総会は、

（前文省略）

1. 「ウクライナに対する侵略」と題する 2022 年 3 月 2 日の決議 ES-11/1 の完全な実施の必要性を繰り返し述べる。

2. ロシア連邦によるウクライナに対する敵対行為、特に文民と民用物に対するあらゆる攻撃の即時停止を要求する。

3. また、人道要員、ジャーナリストならびに女子および児童を含む脆弱な状況にある人々を含む文民が完全に保護されることを要求する。

4. さらに、専ら医療上の任務に従事しているすべての医療要員および人道要員、その輸送手段および機器、ならびに病院その他の医療施設の完全な尊重と保護を要求する。

5. 武力紛争における文民たる住民の生存に不可欠な物および必須サービスの提供に不可欠な民生インフラの完全な尊重と保護を要求する。

6. また、すべての当事者が、外国の国民とりわけ学生を含む武力紛争および暴力から逃れる文民を差別することなく保護し、任意で、安全で、妨げられない通行を認めるよう要求する。

7. さらに、当事者に対し、人道要員、その輸送手段、補給品および機器が、ウクライナおよびその隣国においてそれを必要としている人に安全で妨げられずに人道目的でアクセスできるよう確保する義務を遵守するよう要求する。

8. ウクライナの諸都市、特にマリウポリ市の包囲が、文民たる住民の人道状況をさらに悪化させ、避難の努力を妨げていることを強調し、したがってそれらの包囲を終了するよう要求する。

9. 国際人道法のすべての違反ならびに人権の侵害および蹂躙を非難し、すべての武力紛争当事者に対し、適用可能な場合には、1949 年のジュネー

ヴ諸条約および 1977 年の第 1 追加議定書を含む国際人道法を厳格に尊
重し、ならびにノン・ルフールマンの原則を含む国際人権法および国際
難民法を尊重するよう要請する。

10. 国際連合人道対応計画 2022、国際連合の立ち上げたウクライナ人道対
応緊急アピール、ならびにウクライナおよびその隣国のための地域的な
難民対応計画に対して全面的に財政支援を行うよう加盟国に対して要請
し、世界の人道概観 2022（2022 年 2 月の更新を含む）の認定に懸念をもっ
て留意する。

11. 事務総長、加盟国、国際連合システムの諸機関および国際社会による
人道支援ならびに難民への支援および保護を提供するための継続的な努
力を歓迎すると共に要請し、また事務総長によるウクライナに関する国
際連合危機調整官の任命を歓迎する。

12. 決議 ES-11/1 に従い、ウクライナにおける人道状況と人道対応に関す
る報告書を提出するように緊急救援調整官に対して求める要請を繰り返
し、事務総長に対してこの決議の実施に関して定期的に総会に概要説明
を行うよう要請する。

13. すべての当事者間で交渉を継続するよう強く奨励し、ロシア連邦とウ
クライナとの間の紛争の政治的対話、交渉、仲介その他の国際法に従っ
た平和的手段を通じた即時の平和的解決を再度要請する。

14. 総会の第 11 回緊急特別会期を一時的に休会すること、および加盟国
からの要請があれば、総会の議長に会合を再開する権限を与えることを
決定する。

資料4　国連緊急特別総会決議 ES-11/4 (ウクライナの領土保全——国際連合憲章の原則の堅守——)

採択　2022年10月12日 (賛成143、反対5、棄権35)

総会は、

(前文省略)

1　領水を含む国際的に認められた国境内におけるウクライナの主権、独立、統一および領土保全に対する総会の関与を再確認する。

2　ウクライナの国際的に認められた国境内の地域における違法ないわゆる住民投票のロシア連邦による組織化、ならびに上記住民投票の組織化に続く、ウクライナのドネツク、ヘルソン、ルハンスクおよびザポリージャ地域の違法な併合の試みを非難する。

3　2022年9月23日から27日まで、ロシア連邦の一時的な軍事的支配下にありまたはあったウクライナのドネツク、ヘルソン、ルハンスクおよびザポリージャ地域の一部で行われた違法ないわゆる住民投票に関するロシア連邦の違法な行動、ならびにその後のこれらの地域の違法な併合の試みは、国際法上効力を有さず、ウクライナのこれらの地域の地位のいかなる変更の基礎ともならないことを宣言する。

4　すべての国、国際機関および国際連合専門機関に対し、ロシア連邦によるウクライナのドネツク、ヘルソン、ルハンスクおよびザポリージャ地域のいずれかまたはすべての地位のいかなる変更も承認せず、また、かかる地位の変更を承認したと解釈されうるいかなる行動または取引をも慎むよう要請する。

5　ロシア連邦に対し、ウクライナのドネツク、ヘルソン、ルハンスクおよびザポリージャ地域の一定の地区の地位に関する2022年2月21日および9月29日の決定を、ウクライナの領土保全および主権の侵害でありかつ国際連合憲章の諸原則に合致しないものとして、直ちにかつ無条件に撤回するよう要求し、ならびに、国際的に認められた国境内のウク

ライナの領域からそのすべての軍隊を直ちに、完全かつ無条件に撤退させることを要求する。

6　人道上および難民の危機に対応するための国際連合、加盟国および人道機関の努力を歓迎する。

7　事務総長および加盟国による継続的な努力を歓迎すると共に強力な支持を表明し、加盟国ならびに欧州安全保障協力機構その他の国際的および地域的機関を含む国際機関に対し、国際的に認められた国境内におけるウクライナの主権および領土保全を尊重しかつ憲章の諸原則に従って、政治的対話、交渉、仲介その他の平和的手段を通じて、現在の事態の鎮静化および紛争の平和的解決を支持することを要請する。

8　総会の第 11 回緊急特別会期を一時的に休会すること、および加盟国からの要請があれば、総会の議長に会合を再開する権限を与えることを決定する。

資料5　国連緊急特別総会決議 ES-11/5（ウクライナに対する侵略の救済および賠償の促進）

採択　2022 年 11 月 14 日（賛成94、反対14、棄権 73）

総会は、

（前文省略）

1　ウクライナの主権、独立、統一および領土保全に対する総会の関与、ならびにウクライナに対する武力の行使を直ちに停止するようにとのロシア連邦に対する要求および領水を含む国際的に認められた国境内におけるウクライナの領域から自国の軍隊のすべてを直ちに、完全かつ無条件に撤退させるようにとのロシア連邦に対する要求を再確認する。

2　ロシア連邦が国際連合憲章に違反する侵略を含むウクライナにおけるまたはウクライナに対する国際法のいかなる違反ならびに国際人道法および国際人権法のいかなる違反にも説明責任が問われなければならないこと、ならびにロシア連邦が当該行為によって生じたいかなる損害も含む侵害に賠償を与えることを含め、すべての国際違法行為の法的帰結を引き受けなければならないことを認識する。

3　ウクライナにおけるまたはウクライナに対するロシア連邦の国際違法行為から生じる損害、損失または侵害に対する賠償のための国際制度をウクライナと協力して設置する必要もまた認識する。

4　加盟国に対して、ウクライナにおけるまたはウクライナに対するロシア連邦の国際違法行為によって生じたすべての関係する自然人および法人ならびにウクライナ国に対する損害、損失または侵害に関する証拠および請求の情報の文書の形式による記録として利用しならびに証拠収集を促進しおよび調整するための国際損害登録所をウクライナと協力して設置することを勧告する。

5　総会の第 11 回緊急特別会期を一時的に休会すること、および加盟国からの要請があれば、総会の議長に会合を再開する権限を与えることを決定する。

索　引

執筆者紹介

浅田 正彦［編著者紹介参照］

玉田 大［編著者紹介参照］

阿部 達也（あべ　たつや）（第2章）
　　青山学院大学国際政治経済学部教授

佐藤 丙午（さとう　へいご）（第3章）
　　拓殖大学国際学部教授

林 美香（はやし　みか）（第4章）
　　神戸大学大学院国際協力研究科教授

中谷 和弘（なかたに　かずひろ）（第5章）
　　東京大学大学院法学政治学研究科教授

鈴木 一人（すずき　かずと）（第6章）
　　東京大学大学院公共政策学連携研究部教育部教授

川島 富士雄（かわしま　ふじお）（第7章）
　　神戸大学大学院法学研究科教授

平 覚（たいら　さとる）（第8章）
　　大阪市立大学名誉教授

編著者紹介

浅田　正彦（あさだ　まさひこ）（はしがき、第1章、資料）

同志社大学法学部教授、国連国際法委員会委員

主要著書：『日中戦後賠償と国際法』（東信堂、2015年）、『イランの核問題と国際法』（東信堂、2021年）、『化学兵器の使用と国際法』（東信堂、2022年）、『国際法（第5版）』（編著、東信堂、2022年）、『ベーシック条約集2022』（編集代表、東信堂、2022年）、『判例国際法（第3版）』（共同編集代表、東信堂、2019年）、Economic Sanctions in International Law and Practice（Editor, Routledge, 2020）など

玉田　大（たまだ　だい）（はしがき、第9章、資料）

京都大学大学院法学研究科教授

主要著書：『国際裁判の判決効論』（有斐閣、2012年）、Whaling in the Antarctic: Significance and Implications of the ICJ Judgment（Editor, Brill/Nijhoff, 2016）、『分野別 国際条約ハンドブック』（共著、有斐閣、2020年）、Implementation of the United Nations Convention on the Law of the Sea: State Practice of China and Japan（Editor, Springer, 2021）、『国際法（第2版）』（共著、有斐閣、2022年）、『ベーシック条約集2022』（編集委員、東信堂、2022年）など

ウクライナ戦争をめぐる国際法と国際政治経済

2023年2月20日　初　版第1刷発行		〔検印省略〕
2023年7月31日　初　版第2刷発行		定価はカバーに表示してあります。

編著者Ⓒ浅田正彦・玉田大／発行者 下田勝司　　　　　印刷・製本／中央精版印刷

東京都文京区向丘 1-20-6　　郵便振替 00110-6-37828

〒113-0023　TEL (03)3818-5521　FAX (03)3818-5514

Published by TOSHINDO PUBLISHING CO., LTD.

1-20-6, Mukougaoka, Bunkyo-ku, Tokyo, 113-0023, Japan

E-mail : tk203444@fsinet.or.jp　http://www.toshindo-pub.com

発　行　所
株式会社　東信堂

東信堂

ベーシック条約集〔二〇二三年版〕	編集 浅田正彦	二六〇〇円
ハンディ条約集〔第2版〕	代表 浅田正彦／編集 浅田正彦	一六〇〇円
国際法〔第5版〕	代表 浅田正彦編著	三〇〇〇円
国際環境条約・資料集	編集 松井・富岡・田中・薬師寺・坂元・西村	八六〇〇円
国際人権条約・宣言集〔第3版〕	編集 松井・小畑・坂元・徳川	三八〇〇円
国際機構条約・資料集〔第2版〕	編集 香西・安藤・坂元・薬師寺	三二〇〇円
判例国際法〔第3版〕	代表 浅田・酒井	三九〇〇円
国際法新講〔上〕〔下〕	田畑茂二郎	上 二六〇〇円／下 二九〇〇円
ウクライナ戦争をめぐる国際法と国際政治経済〔坂元茂樹・薬師寺公夫両先生古稀記念論集〕	編著 玉田大	二六〇〇円
現代国際法の潮流 I・II	編集 薬師寺公夫・坂元茂樹／浅田・桐山・德川・西村・樋口	各八四〇〇円
21世紀の国際法と海洋法の課題	編集 薬師寺公夫・坂元茂樹	七八〇〇円
国際海洋法の現代的形成	田中則夫	六八〇〇円
在外邦人の保護・救出―朝鮮半島と台湾海峡有事への対応	武田康裕編著	四二〇〇円
国際海峡	坂元茂樹編著	四六〇〇円
条約法の理論と実際	坂元茂樹	四二〇〇円
グローバル化する世界と法の課題	松井芳郎	八二〇〇円
現代国際法の思想と構造 I ―歴史、国家、機構、条約、人権	編集 松田竹男・田中則夫・薬師寺公夫・坂元茂樹	四二〇〇円
現代国際法の思想と構造 II ―環境、海洋、刑事、紛争、展望	編集 松田竹男・田中則夫・薬師寺公夫・坂元茂樹	六二〇〇円
日中戦後賠償と国際法	浅田正彦	五二〇〇円
国際環境法の基本原則	松井芳郎	三八〇〇円
北極国際法秩序の展望：科学・環境・海洋	稲垣治・柴田明穂編著	五八〇〇円
国際規範としての人権法と人道法	篠原梓	三二〇〇円
通常兵器軍縮論	福井康人	三六〇〇円
大量破壊兵器と国際法	阿部達也	五七〇〇円

国際法・外交ブックレット

為替操作、政府系ファンド、途上国債務と国際法	中谷和弘	五〇〇円
イランの核問題と国際法	浅田正彦	一〇〇〇円
もう一つの国際仲裁	中谷和弘	一〇〇〇円
化学兵器の使用と国際法―シリアをめぐって―	浅田正彦	一〇〇〇円
国際刑事裁判所―国際犯罪を裁く―	尾﨑久仁子	一〇〇〇円

※定価：表示価格（本体）＋税

〒113-0023　東京都文京区向丘1-20-6　TEL 03-3818-5521　FAX03-3818-5514
Email tk203444@fsinet.or.jp　URL:http://www.toshindo-pub.com/

東信堂

※定価：表示価格（本体）＋税　　〒113-0023　東京都文京区向丘1-20-6　TEL 03-3818-5521　FAX03-3818-5514
Email tk203444@fsinet.or.jp　URL:http://www.toshindo-pub.com/

※定価：表示価格（本体）＋税

〒113-0023　東京都文京区向丘1-20-6　TEL 03-3818-5521　FAX03-3818-5514
Email tk203444@fsinet.or.jp　URL:http://www.toshindo-pub.jp/